계열 합격 끝판왕
인문계열

계열 합격 끝판왕

인문계열

저자 박상철 백광일 김형준 이범석 최희원
김홍겸 김재형 장희재 기획 정동완

 **머릿말**

시중에 진로·진학 관련 책이 많이 있다. A 저자의 'OOO 끝판왕', B 저자의 '△△끝판왕' 등 많은 진학 관련 책이 판매되고 있다. 매우 훌륭한 책들이며 입시준비 및 진학하는 데 실질적으로 많은 도움을 주고 있다.

그런데 학생과 학부모는 책의 비용보다 훨씬 비싼 사설 기관에 의지하며 컨설팅을 받는 게 현실이다. 사설 기관은 생활기록부 컨설팅, 학생부 컨설팅 등 다양한 말로 대면 혹은 인터넷을 이용한 비대면 형태로 진행한다. 주로 학생부종합전형에 대한 서류 평가 내용이다. 해당 컨설팅을 받은 뒤에 고액의 비용을 사용자가 지불한다.

저자인 나는 궁금했다.
'좋은 책이 많은 데, 왜 학생과 학부모는 비싼 비용을 지불하면서 사설 기관에 갈까?'

저 생각이 지금 '계열 끝판왕' 시리즈를 만들게 된 동력이 되었다. 저자인 나는 3가지 이유를 생각했다.

1. 학생부종합전형을 정확히 모르기 때문에 다른 곳에 위탁한다.
2. 학생부종합전형을 알지만, 너무 정보가 산재 되어있어서 보기 힘들어서 위탁한다.
3. 시판되는 책이 모집 요강 요약 및 단순 입시 사례집 식의 내용이며, 실제 내가 참고할 것
   이 없어서 위탁한다.

나는 '계열 끝판왕' 시리즈를 통해서 위에 3가지 이유를 없애고 싶었다.
알기 쉽게 설명하고, 꼭 필요한 정보를 적재적소에 배치하여 읽기 쉽게 하며, 단순 안내가 아니라 실제 내용을 제시해야겠다는 다짐을 하였다.

'계열 끝판왕' 시리즈는 학생의 희망하는 계열별로 선택하여 전체 내용을 진행한다.
학생 자신이 선택한 계열과 실제 자신의 성향이 맞는지 확인하는 방법을 잘 소개하고 계열에 대한 안내를 자세히 하고 있다. 이를 통해 자신의 계열을 한 번 더 확인할 수 있다.

그리고 학생부종합전형에 대한 자세한 내용을 알기 쉽게 정리하였다. 이후 진로진학 도우미를 곁에 둔 것처럼 고등학교 생활의 시작부터 마무리까지 친절한 설명으로 하나하나 알려주는 학생부 로드맵을 만들었다.

2015개정교육과정을 시작으로 고교학점제가 현실화함에 따라 매우 중요해진 것이 교과선택 영역이다. 이를 공감하여 교과선택을 한 단원으로 분리하여 계열 및 학과에 적합한 교과란 무엇인지를 설명하였다.

학생부종합전형에서 평가요소 중 학업역량 및 전공적합성(진로역량)의 비중이 대부분 대학에서는 높다. 이를 잘 드러내는 방법으로 탐구보고서가 적합하다. 따라서 탐구보고서를 어떻게 시작하고 완성까지 하는지 안내하였다.

앞선 내용을 다 해왔다면 학생의 생활기록부가 알차게 채워졌을 것이다. 그런데 과연 어떤 생활기록부가 잘 쓰여진 것인지, 나의 생활기록부는 좋은 것인지 고민이 많다. 학교 현장의 교사도 어떻게 하면 학생의 모습을 잘 드러낼지 고민이 많다. 이를 해결하기 위해 합격 학생부 세부능력 및 특기사항 단원을 만들었다. 또한 해당 학생부를 통해 작성한 자기소개서도 제시하였다. 해당 자기소개서를 분석 및 평가를 제공하면서 어떤 자기소개서가 의미 있는 것인지를 나타내었다. 이를 통해 자기소개서는 어떻게 작성해야 하며, 해당 자기소개서를 참고하여, 나는 어떻게 작성 또는 학교 활동을 해야 할지도 제시하였다.

대학별 고사에서 많이 시행하는 것이 면접이다. 면접은 학생부를 기반한 서류면접평가가 대부분이다. 시중의 면접 책 또는 면접 컨설팅에서는 면접 요강 및 단순 사례만을 안내한다. 면접이 있으려면 학생부가 있어야 해당 면접의 흐름이 이해된다. 이에 따라 계열별 면접 포인트와 앞 단원에 제시한 학생부를 이용하여 면접 문항 추출 그리고 해당 문항이 만들어진 이유를 제시하였다.

기존의 책과는 다르게 여러 계열을 묶어 놓은 책이 아니며, One Point Lesson으로 계열에 정확히 밀접한 내용으로 총 6단원을 구성했다. 구체적인 활동과 사례, 교과 선택, 탐구보고서, 생활기록부, 면접을 일대일로 컨설팅받는 것처럼 만들었다.

'계열 끝판왕'은 책을 읽었다고 해서 점수가 올라가거나 역량이 올라가는 책이 아니다. 어떤 활동을 해보길 권장하며 안내하는 책이다. 많은 학생과 학부모 그리고 교사까지 해당 책을 읽어서 실제 책에 있는 내용을 시도해보길 바란다. 시도에서 시작한 누적된 경험이, 새로운 도전이 만들고 더 나은 발전이 견인 할 것이다.

끝으로 해당 시리즈를 출판할 수 있게 협력해주고 오래 기다려준 '꿈구두' 관계자에게도 이 자리를 빌려 깊은 감사 말씀을 드린다.

저자일동

추천하는 글

우리에게 교과서라는 말이 있다. 이는 학교에서 교과 과정에 따라 주된 교재로 사용하기 위하여 편찬한 책 혹은 해당 분야에서 모범이 될 만한 사실을 비유적으로 이르는 말이다. 그리고 어릴 적 몰입하던 무협지에는 적을 물리치기 위한 무림고수들의 권법이나 병법, 무술 등을 오롯이 담은 비책들이 반드시 등장한다.

그 비책을 얻기 위해 정말 최선을 다한다. 교과서 혹은 비책이 있으면 그야말로 무소불위.

그렇다. 이번 노작은 언제나 그랬듯이 학생부종합전형 나아가 모든 입시를 대비하는 교과서요 비책이다. 특히 이번 책에서는 선택과목에 대한 내용이 눈에 띈다.

요즘 학부모와 학생의 최대관심사가 과목의 선택 아니던가. 계열별 학과별로 아주 쉽고 요긴하게 잘 설명해주었다. 아무쪼록 수험생 모두가 저자들의 교육과정과 교과서(비책)를 잘 따라서 소기의 성과를 거두기를 바란다.

이만기 ● (유웨이교육평가연구소장 겸 부사장)

'끝판왕' 시리즈가 화제다. '끝판왕 시리즈'는 선생님과 학생 그리고 학부모들이 함께 보는 책으로 끝판왕 시리즈는 중학교 입학에서부터 학생들이 자기주도적인 학습설계를 하기 위해 꼭 봐야할 가이드 북이다.

계열 선택, 학생부 로드맵, 교과선택, 과제탐구, 학생부 세부능력 및 특기사항, 자소서, 면접 등을 한 번에 담았다. 또한 인문, 사회, 자연, 공학, 교육, 의생명 등 6개 영역으로 구성된 분야별 콘텐츠들은 학생들의 진로탐색과 구체적인 실행을 위한 안내서로서 훌륭한 키오스크 역할을 하고 있다. 학생들과 학생들을 지도할 선생님들이 꼭 가져야 할 Must-Have 아이템이다.

조훈 ● (서정대 교수, 사)한국진로진학정보원 사무국장)

중고등학생에게 현실적인 목표가 무엇이냐고 질문을 하면 거의 원하는 대학, 학과에 합격하는 것이라고 합니다. 인생의 목표는 '행복하게 사는 것인데 자신이 하고 싶은 것을 하면서 경제적으로도 풍요롭게 사는 것'이라고 합니다. 먼저 위 문답과 함께 이 책을 살펴보면서 느낀 것은 미래에 행복하게 사는 사람이 더욱 많아지는 사회를 만들어야 한다는 교육의 목표와 근본에 매우 실용적으로 접근했다는 것입니다. 최근 교육과정을 보면 모든 학생은 독립된 인격체로 자기 적성과 흥미를 가지고 있고 차별화된 달란트가 내재하여 이를 고려한 자기주도적인 진로선택과 설계 과정을 매우 강조하고 있습니다. 스스로 자신이 가장 행복하게 잘할 수 있는 분야를 선택하여 결정할 수 있게 도와주는 다양한 탐구 수업 등 교육과정이 편성되어 있습니다. 그리고 이러한 교육과정을 위해서는 제대로 된 자료와 정보의 제공이 필수입니다. 이 책은 학생들이 미래의 삶의 방향을 정하는 대학입시 학과 선택에 도움을 줄 수 있는 자료와 정보는 물론이고 방안까지 현 교육과정에 맞춰 제공해주고 있습니다. 학교 현장에서 다방면의 진학 및 입시지도를 한 현직 선생님들이 학생들의 행복한 미래를 위해 그동안 쌓은 노하우를 아낌없이 제공했기에 학생, 선생님, 학부모님 모두 유익한 보탬이 되었으면 합니다.

김영호 ● (DBpia 학술논문 이사)

과거에는 학벌이 미래의 삶을 보장 했지만 현 시대는 학벌이 더 이상 그것을 약속해 주지 않습니다. 학벌보다는 학생이 원하는 진로를 잘 선택하는 것이 중요해진 시대입니다.
엄청 치열한 경쟁사회인 한국에서 내 아이가 첫 관문인 입시를 실패하게 되면 불행한 인생을 살아가지 않을까. 이런 생각들이 부모들의 불안감을 만들게 됩니다. 지금 고생하면 평생 행복할 것이라는 막연한 희망을 주면서 학생이 원하지도 않은 입시전쟁 속으로 떠밀게 됩니다. 부모와 학생들의 공감대 형성 부족이 이런 현상을 만들어가고 있다고 생각합니다. 학생이 원하는 진정한 진로가 무엇이며 그 진로를 위해 역량 강화를 할 과목은 어떤 것인지, 어떤 것을 준비해야 하는지 이 책을 통해 부모와 학생이 공감대를 형성하여 행복한 미래를 만들어 가길 바랍니다.

이창훈 ● (테크빌교육 티처몰 대표)

변화의 흐름을 읽지 못하면 실패하기 십상이다. 단순히 기본교과만 잘 해서 좋은 대학에 합격하는 시대는 지났다. 특히 학생부종합전형의 비중이 절대적인 현 상황에서 이를 제대로 활용하기 위해서는 학생 스스로가 어떠한 꿈을 가지고 있는지 잘 보여줘야 한다. 이 책은 계열 선택부터 학생부 로드맵, 자소서, 면접 매뉴얼 등을 한번에 담은 가히 <진로, 진학, 학습 분야 끝판왕 시리즈>라 불릴만하다. 입시를 목전에 둔 학생과 학부모뿐만 아니라 이 상황이 곧 도래할 예비 수험생들에게도 어떻게 세밀한 전략을 세워 준비해야 하는지 제대로 짚어주고 있다.

김무현 ● 한국학원대학교 학장, (주)해오름커뮤니케이션즈 대표

기다리던 진로·진학 공략집!
학생.학부모.교사 누구라도 쉽게 따라 할 수 있어야 진짜 진로·진학 안내서입니다.
매 페이지 차근차근 실천할 수 있는 정보가 한눈에 펼쳐집니다.
계열에 맞는 학교생활 실천 이 책과 함께 계획해 보시길 강력히 추천드려요.

남현정 ◉ (흥진고등학교 3학년 부장)

이 책은 학생 희망 계열 맞춤형 교과목 선택과 독서를 친절하게 안내하고 있으며, 계열별 과
제집착력과 문제해결력을 돋보이게 하는 과제연구를 스스로 할 수 있도록 친절하게 안내
하고 있다. 이를 통해 전공적합성을 잘 드러내는 학생부 작성이 가능하도록하여 '나'를 가장
돋보이게 하는 고교생활 가이드이다.

조성훈 ◉ (에듀클라우드닷컴 대표)

최근 공개된 대학별 학생부종합전형 입시결과는 지원자학생들의 소속고교 교과이수 로드
맵 설계에 따른 맞춤형 진로진학 학업역량에 더욱 큰 비중을 둔 평가로 볼 수 있습니다. 특
히 블라인드 평가로 인하여 더욱 중요해진 학업성취도에 비례하는 교과지식활용 중심의 세
특예시와 풍부한 면접준비방법은 전국의 수험생들과 학부모님들에게 도움이 되리라 생각
됩니다.

전용준 ◉ (두각학원 입시전략연구소장)

2015 개정 교육과정에 따른 과목선택의 중요성을 인식시키고 자신의 미래 진로와 전공에
관한 탐색에 도움을 주어 미래 진로 설정을 체계화시키며 진로진학의 로드맵을 제시해주는
최적의 기본서가 될 것이다.

안종배 ◉ (국제미래학회 회장)

학교생활기록부 전체를 관통한다. 학과에 대한 이해부터 대입 준비를 위한 과정을 아우르
는 광범위한 내용을 바탕으로 학생부 작성에 최적화 된 이론서를 보는 느낌이다.

오정택 ◉ (초대 서울중학교 진로진학상담교사협의회 회장)

사회가 빠르게 변화하고 있음에도 불구하고 고등학교 교육과정에서 추구하는 교육의 본질은 크게 바뀌지 않습니다. 고등학교에서의 생활은 무엇보다 자기 자신에 대한 이해를 바탕으로 자기 주도적으로 인생의 목표와 방향을 정하고 최선의 전략을 선택하여 부단한 노력과 실천의 과정을 토대로 목표를 성취하는 시기라고 생각합니다. 이러한 과정과 행동이 반복되면서 학생들은 성장을 이룰 수 있고 변화와 발전이 나타나 대학에 합격하는 결과로 이어지지 않을까 생각해봅니다. 이러한 학생들의 노력과 실천의 과정에 '계열별 끝판왕'이라는 책은 고등학교 생활의 전반을 이끌어주고 안내해주는 나침반의 역할을 충분히 할 수 있는 지침서라고 여겨집니다. 공교육과 사교육 분야의 전문가들이 만들어낸 이 놀라운 지침서를 바탕으로 고등학교에서의 첫 출발을 멋지게 펼쳐나가기를 진심으로 응원합니다.

윤진욱 ● (투비유니콘 대표)

고교학점제 도입, 자소서폐지 등 교육제도와 입시의 변화가 더욱 복잡하고 혼란스러운 이때 시기적절하게 좋은 책이 나온 것을 기쁘게 생각합니다. 계열별 학과들 정리부터 학생부, 면접 준비 방법까지 실제 예시들이 가득한 이 책이 진로와 진학에 고민 중인 학부모와 학생들에게 추천합니다.

고봉익 ● (TMD 교육그룹 대표)

Contents

맞춤형
계열선택

맞춤형 계열선택

가. 계열선택의 중요성

지금 책을 읽고 있는 여러분들의 장래희망은 무엇인가? 경찰, 의사, 교사, 공학자, 프로그래머 등등 자신 나름대로의 꿈을 갖고 있을 것이다. 물론 아직 자신의 꿈을 정하지 못한 학생들도 있겠지만 아마 적어도 '어느 쪽에 관심을 갖고 있을 것이다.'와 같은 생각은 하고 있을 것이다. 만약 아직 이런 생각이 없어도 괜찮다. 앞으로 여러 가지 체험들을 하면서 자신이 어느 분야에 관심이 있는지 차츰차츰 알아가면 될 것이라고 생각이 된다.

사실 자신의 앞날을 결정하는 것이란 쉽지 않은 일이다. 그것이 자신의 인생과 중대하다고 생각하면 그것은 더더욱 부담이 가는 선택이 된다. 하지만 언젠가는 그런 선택을 해야 할 때가 오고 만다. 학생의 입장에서 생각해보면 중학교에서 고등학교로 진학할 때 한 번, 그리고 고등학교에서 선택과목을 선정하는 순간이 이러한 선택과 연결이 될 것이라고 생각한다.

학교에서 학생들을 대상으로 상담을 하다보면 이 두 순간 학생들은 많은 고민을 한다. 중학교 학생들의 경우 고등학교를 선정함에 있어서 **일반계 고등학교를 가야하는지, 특성화 고등학교를 가야하는지 아니면 특수목적고등학교를 갈 것인지** 많이 고민을 한다. 어떠한 고등학교를 선택하느냐에 따라서 자신의 앞날이 결정되기 때문이다. 일반계 고등학교를 가면 대학 입시를 위해 고등학교 3년을 보낼 것이고 특성화 고등학교를 가면 취업과 대입을 목표로 고등학교 생활을 하게 될 것이다. 마지막으로 특수목적고등학교에 진학한 학생들은 자신이 원하는 세부적인 과목(언어 혹은 수학 및 과학)을 더 배우게 될 것이다. 중학교 3학년의 선택으로 인해서 고등학교 생활 및 대학교 혹은 취업으로의 진로가 달라지게 되는 것이다.

일반계
고등학교

특성화
고등학교

특수목적
고등학교

  앞서 말한 선택을 통해 고등학교로 진학을 해도 고등학교에서는 또 다른 혹은 더 커다란 선택이 우리를 기다리고 있다. 학교의 상황마다 다르겠지만 대부분의 학교에서 1학년 말, 2학년 말에 국어, 영어, 수학과 같은 주지과목을 비롯하여 사회, 과학 등의 분야에서 과목을 선택한다. 일반계 고등학교를 중심으로 하여 고등학교 과목의 이수는 대개 1학년 시기에 공통과목을 이수하고 2학년, 3학년 시기에 선택과목을 이수하는 형태를 취한다. 현재도 이렇게 학생들이 선택을 할 수 있게 되지만 2023-2024년의 2년 동안의 시범 시행과정을 거쳐서 2025년에 본격적으로 도입되는 고교학점제에서는 이러한 성향이 더욱 더 크게 나타난다.[1] 즉 학생이 어떠한 계열을 선택하느냐에 따라서 학생들이 수강하는 과목이 달라질 것이며 이는 앞으로 자신들의 학교 생활을 좌우하게 될 것이다. 특히나 '문·이과

---

1) 정부의 방침에 따라 그 시행 시기가 달라질 수 있다.

통합교육과정'을 표방하며 현재 시행되고 있는 2015개정교육과정이나 '융합협 인재'의 양성을 목표로 하고 있는 2022개정교육과정만 보더라도 예전에 우리가 흔히 들어왔던 문과 혹은 이과 식의 구별은 더 이상 존재하지 않으며 존재할 필요가 없어지게 된다. 그렇기에 학생들은 자신의 진로성향을 정확하게 파악하고 앞으로 인문, 사회, 자연, 공학, 교육 등과 같은 계열에서 어떠한 쪽으로 자신의 진로방향을 세울 것인가를 고민해 보아야 한다.

·· 일반계 고등학교의 과목편성(예시) ··

기초

교과(군)	공통과목	일반선택과목	진로선택과목
국어	국어	화법과 작문, 독서, 언어와 매체, 문학	실용 국어, 심화 국어, 고전 읽기
수학	수학	수학Ⅰ, 수학Ⅱ, 미적분, 확률과 통계	실용 수학, 기하, 경제 수학, 수학과제 탐구
영어	영어	영어 회화, 영어Ⅰ, 영어 독해와 작문, 영어Ⅱ	실용 영어, 영어권 문화, 진로 영어, 영미 문학 읽기
한국사	한국사		

탐구

교과(군)	공통과목	일반선택과목	진로선택과목
사회	통합사회	한국지리, 세계지리, 세계사, 동아시아사, 경제, 정치와 법, 사회·문화, 생활과 윤리, 윤리와 사상	여행지리, 사회문제 탐구, 고전과 윤리
과학	통합과학 과학탐구 실험	물리학Ⅰ, 화학Ⅰ, 생명과학Ⅰ, 지구과학Ⅰ	물리학Ⅱ, 화학Ⅱ, 생명과학Ⅱ, 지구과학Ⅱ, 과학사, 생활과 과학, 융합과학

교과(군)	공통과목	일반선택과목	진로선택과목
체육		체육, 운동과 건강	음악, 미술, 연극
예술		음악, 미술, 연극	음악 연주, 음악 감상과 비평 미술 창작, 미술 감상과 비평

생활교양

교과(군)	공통과목	일반선택과목	진로선택과목
기술·가정	국어	기술·가정, 정보	농업 생명 과학, 공학 일반, 창의 경영, 해양 문화와 기술, 가정과학, 지식 재산 일반
제2외국어 /한문	중국어 I 일본어 I	독일어 I, 일본어 I 러시아어 I, 아랍어 I 베트남어 I, 프랑스어 I 스페인어 I, 중국어 I, 한문 I	독일어 II, 일본어 II 러시아어 II, 아랍어 II 베트남어 II, 프랑스어 II 스페인어 II, 중국어 II, 한문 II
교양		철학, 논리학, 심리학, 교육학, 종교학, 진로와 직업, 보건, 환경, 실용 경제, 논술	

일반계 고등학교의 교육과정 편제표(예시)

교과영역	교과	과목	기준단위	운영단위				1학년		2학년		3학년		영역합계	필수이수단위
				공통	일반	진로	전문	1학기	2학기	1학기	2학기	1학기	2학기		
기초	국어	국어	8	8				4	4					24	10
		문학	5		4					4					
		독서	5		4						4				
		언어와 매체/화법과 작문 [택1]	5		4							4			
		심화국어	5			4							4		
	수학	수학	8	8				4	4					24	10
		수학 I	5		4					4					
		수학 II	5		4						4				
		확률과 통계	5		4							4			
		수학과제 탐구	5			4							4		
	영어	영어	8	8				4	4					24	10
		영어 I	5		4					4					
		영어 II	5		4						4				
		영어 독해와 작문	5		4							4			
		영어 회화	5			4							4		
	한국사	한국사	6	6				3	3					6	6
	기초교과선택	고전 읽기/기하/영어권 문화/ 인공지능 수학 [택1]	5			4				2	2			10	-
		현대문학 감상/미적분/ 심화 영어 I [택1]	5			6						3	3		
탐구	사회	통합사회	8	8				4	4					8	10
	과학	통합과학	8	6				3	3					8	12
		과학탐구실험	2	2				1	1					8	12

교과영역	교과	과목	기준단위	운영단위				1학년		2학년		3학년		영역합계	필수이수단위
				공통	일반	진로	전문	1학기	2학기	1학기	2학기	1학기	2학기		
탐구	탐구교과선택	한국지리/세계사/정치와 법/경제/윤리와 사상/물리학Ⅰ/화학Ⅰ/생명과학Ⅰ/지구과학Ⅰ [택3]	5		6					3	3			36	-
			5		6					3	3				
			5		6					3	3				
		세계지리/동아시아사/사회·문화/생활과 윤리/여행지리/사회문제 탐구/물리학Ⅱ/화학Ⅱ/생명과학Ⅱ/지구과학Ⅱ/생활과 과학 [택3]	5		6							3	3		
			5		6							3	3		
			5		6							3	3		
체육·예술	체육	체육	5		4			2	2					12	10
		스포츠 생활	5			4				2	2				
		운동과 건강	5		4							2	2		
	예술	음악	5		4			2	2					12	10
		미술	5		4					2	2				
		음악 연주↔미술 창작	5			4						2	2		
생활·교양	기술·가정/제2외국어/한문/교양	기술·가정	5		6			3	3					16	16
		중국어Ⅰ/일본어Ⅰ [택1]	5		6					3	3				
		정보/공중 보건↔간호의 기초/전기·전자 기초↔전기 회로 [택1]	5		4							2	2		

제시된 두 가지 표는 일반계 고등학교에서 공통과목, 일반선택과목, 진로선택과목을 어떻게 개설하는지에 대한 예시이다. 고등학교에 진학하게 되면 공통과목을 이수한 후에 각 계열에 맞게 과목을 선택하여 수강해야 한다. 공통과목은 말 그대로 문·이과 등의 계열 구분이 없이 모든 고등학생이 배워야 하는 필수적인 내용을 담은 것으로서 기초 소양을 함양하고 기초학력을 보장할 수 있는 과목이다. 이에 비해 선택과목은 학생들의 진로 희망에 따라서 선택할 수 있는 과목이다.

아래의 표에서 볼 수 있듯이 선택과목은 크게 일반선택과목과 진로선택과목으로 나뉜다. 일반 선택과목의 경우 고등학교 단계에서 필요한 교과별 학문의 기본적인 이해를 바탕으로 한 과목이고 진로선택과목의 경우 교과융합학습, 진로 안내학습, 교과별 심화학습 및 실생활 체험학습 등이 가능한 과목 및 자신의 진로에 도움이 되는 심화된 학습을 할 수 있는 과목을 이야기한다. 자신의 진로와 적성에 맞는 과목을 선택하는 것이 중요해졌으며, 자신이 희망하는 계열에 필요한 역량을 기를 수 있는 과목을 선택해야 한다.

··• 고등학교 선택과목의 체계 •··

일반선택과목
고등학교 단계에서 필요한 교과별 학문의 기본적인 이해를 바탕으로 한 과목
(예) 세계지리/동아시아사/사회·문화/생활과 윤리/물리학I/생명과학I 등

진로선택과목
가능한 과목 및 자신의 진로에 도움이 되는 심화된 학습을 할 수 있는 과목
(예) 기하/수학과제탐구/여행지리/물리학 II 등

선택과목

학생들은 자신의 진로희망에 따라 계열을 선택하는 것이 매우 중요하다. 진로희망에 따라서 계열선택이 달라지고 이로 인해서 향후 고등학교 과목과 생활이 결정되기 때문이다.

나. 계열의 분류

계열을 분류하는 것은 사람들마다 매우 다른 기준을 지니고 있다. 또한 대학마다 단과대학의 구성 및 학과의 구성 자체가 달라서 일관된 기준으로 계열을 나누기는 쉽지 않다. 하지만 일반적으로 사용되는 자료 및 수험생이 활용할 수 있는 자료를 중심으로 하여 각 대학의 계열을 다음 표에 제시된 바와 같이 크게 7가지로 나눌 수 있다.

··일반적인 대학 계열의 분류··

물론, 위에서 제시한 대학 계열의 분류에 있어서 반론이 있을 수 있다. 하지만 앞서 언급했듯이 분류의 경우 절대적인 것은 아니며 다만 수험생이 교육과 관련된 여러 자료를 활용할 때 활용하기 편하게 분류해 놓은 것이다.

각 계열에 맞는 학과를 분류해야 하는데 전국의 대학교가 200개가 넘고 전문대학까지 포함하면 330여개 정도 되는 대학이 있어서 이를 분류하기란 쉬운 일이 아니다. 또한 대학마다 활용하는 단과대학 및 학과의 명칭 역시 다르다. 따라서 이를 위해서는 통일된 기준이나 적절한 예시가 필요하다. 이에 대해 우리나라에서 거의 모든 학과가 있는 서울대학교의 단과대학 편성 및 학과편성을 예시로 살펴보자.

서울대학교 홈페이지(www.snu.ac.kr)을 참고하여 분류한 계열별 단과대학 및 학과 리스트는 다음과 같다(단, 학과의 특이성으로 인해 연합전공 및 연계전공은 분류에서 배제하였다).

인문계열

단과대학   인문대학
설치학과   국어국문학과 중어중문학과 영어영문학과 불어불문학과
          독어독문학과 노어노문학과 서어서문학과 아시아언어문명학부
          언어학과 국사학과 동양사학과 서양사학과 철학과 종교학과 미학과
          고고미술사학과

사회계열

단과대학   사회과학대학
설치학과   정치외교학부(정치학전공) 정치외교학부(외교학전공) 경제학부
          사회학과 인류학과 심리학과 지리학과 사회복지학과 언론정보학과

단과대학   경영대학
설치학과   경영학과

단과대학   생활과학대학
설치학과   소비자아동학부(소비자학전공) 소비자아동학부(아동가족학전공)
          식품영양학과 의류학과

자연계열

단과대학	자연과학대학
설치학과	수리과학부 통계학과 물리천문학부(물리학전공) 물리천문학부(천문학전공) 화학부 생명과학부 지구환경과학부
단과대학	농업생명과학대학
설치학과	식물생산과학부 산림과학부 응용생물화학부

공학계열

단과대학	공과대학
설치학과	건설환경공학부 기계공학부 항공우주공학과 재료공학부 전기·정보공학부 컴퓨터공학부 화학생물공학부 건축학과 산업공학과 에너지자원공학과 원자핵공학과 조선해양공학과
단과대학	농업생명과학대학
설치학과	식품·동물생명공학부 바이오시스템·소재학부 조경·지역시스템공학부

의생명계열

단과대학	의과대학	단과대학	간호대학
설치학과	의예과 의학과	설치학과	간호학과
단과대학	약학대학	단과대학	수의과대학
설치학과	약학과 제약학과	설치학과	수의예과 수의학과

교육계열

단과대학	사범대학
설치학과	교육학과 국어교육과 영어교육과 불어교육과 독어교육과 사회교육과 역사교육과 지리교육과 윤리교육과 수학교육과 물리교육과 화학교육과 생물교육과 지구과학교육과 체육교육과 **※ 초등교육과 및 특수교육과 추가**

단과대학   미술대학
설치학과   동양화과 서양화과 조소과 디자인학부(공예) 디자인학부(디자인)
단과대학   음악대학
설치학과   성악과 작곡과(작곡전공, 이론전공) 기악과 (피아노전공, 현악전공,
             관악전공) 국악과

위에서 제시한 계열별 단과대학 분류에 맞추어 자신이 현재 지망하고 있는 계열은 어느 쪽인지 그리고 어떠한 학과에 진학하고 싶은지 아래의 표에 간단히 서술해보도록 하자.

자신의 희망계열
자신의 희망학과

그럼 계열분류를 통해서 자신에게 어떤 계열이 맞는지 알아보도록 하자.

다. 계열분류 검사

자신이 어떤 계열을 원하는지 확실하지 않을 때는 관련 검사를 통해서 본인의 성향을 파악할 수 있다. 물론 간단한 심리검사를 하는 것이 편리할 수도 있지만, 시간이 조금 걸리더라도 자신의 미래를 위해서 검증된 심리검사를 하는 것이 미래의 진로를 결정하는 데에 있어 더욱 좋을 것이다. 이를 위해 국가에서 심리검사를 개발하고 활용할 수 있도록 했다. 커리어넷이나 워크넷 등에 접속하면 쉽게 이 검사들을 활용할 수 있다.(QR 코드를 사용해도 좋다)

커리어넷 진로상담검사(www.career.go.kr)

진로상담검사 QR코드
로그인 후 이용가능

직업적성검사 ➕ 직업과 관련된 다양한 능력 중에서 어떠한 능력을 어느 정도 가지고 있는가를 알아보는 진단검사다. 이 검사는 제한된 직업만을 그 결과로 제시하는 것이 아니라 다양한 직업군에서 요구하는 능력 및 적합성을 알려준다. 이 결과를 바탕으로 하여 진로탐색의 폭을 넓힐 수 있다.

직업흥미검사(K), (H) ➕ 학생이 어떠한 분야에 관심과 흥미가 있는지를 알아보고 이 관심과 흥미에 따른 적합한 직업 및 유사직업을 확인하는 검사다.

직업가치관검사 ➕ 능력 발휘, 자율성, 보수, 자기계발, 안정성, 사회적 인정 등의 직업과 관련된 가치관 중에서 학생이 어떤 것을 우선순위에 두는지 검사한 후 어떤 직업과 어울리는지를 확인하는 검사다.

진로성숙도검사 ➕ 학생이 진로 탐색, 진로 선택, 진로 결정에 대한 태도, 능력, 행동이 어느 정도 준비되어 있고 이 역할들의 이해 정도를 알아보는 검사다.

출처: 커리어넷 홈페이지/진로끝판왕 53쪽

유의사항

커리어넷에서 실시하는 검사는 매번 다르게 나올 수 있다. 따라서 고등학교 1학년 때부터 지속적으로 검사를 수행해보고 그 변화의 추이를 관찰하는 것이 중요하다. 만약 자신이 일정한 진로성향을 보인다면 그 분야로 진출하는 것이 당연하겠지만 1학년에서 검사한 결과가 2학년 혹은 3학년에서 검사했을 때와 다르게 나타난다면 이것이 왜 이렇게 나오는지 그리고 현재 자신이 진짜 원하는 것이 무엇인지 등을 생각하고 자신의 생각을 바탕으로 하여 주변의 담임교사 및 진로상담교사에게 상담을 받는 것을 추천한다.

1) 커리어넷을 활용한 진로 심리검사 결과 엿보기

가) 커리어넷의 적성검사 결과를 아래의 그래프에 적어보고 추천 직업을 함께 적어보자.

능력	0	10	20	30	40	50	60	70	80	90	100
신체·운동능력											
손재능											
공간지각력											
음악능력											
창의력											
언어능력											
수리·논리력											
자기성찰능력											
대인관계능력											
자연친화력											
예술시각능력											

상위 3개 능력 🔍
추천 직업 🔍

검사 결과를 바탕으로 하여 계열마다 필요한 능력을 정리하면 다음과 같다. 물론 이 분류가 절대적인 것은 아니니 계열을 선택하면서 참고자료로 활용하길 바란다.

계열	필요능력
인문계열	창의력, 언어능력, 자기성찰능력
사회계열	창의력, 언어능력, 수리·논리력, 대인관계능력
자연계열	공간지각력, 창의력, 수리·논리력, 자연친화력
공학계열	공간지각력, 창의력, 대인관계능력
의생명계열	창의력, 언어능력, 수리·논리력, 대인관계능력
교육계열	창의력, 언어능력, 수리·논리력, 대인관계능력, 자연친화력
예체능계열	신체·운동능력, 손재능, 음악능력, 창의력, 예술시각능력

출처 : 진로끝판왕 54쪽

나) 흥미유형 결과를 아래의 표에 표시하고, 그 결과에 따른 추천 직업을 적어보자.

흥미유형	점수	상위 2개 영역	추천 직업
탐구형(I)			
예술형(A)			
사회형(S)			
기업형(E)			
관습형(C)			

다) 직업가치관 검사의 결과를 적어보고 그에 적합한 추천직업을 적어보자.

흥미유형	점수	상위 2개 영역	추천 직업
능력발휘			
자율성			
보수			
안정성			
사회적 안정			
사회봉사			
자기계발			
창의성			

라) 자신의 특성 및 그에 적합한 관련 직업을 정리해 보자.

구분	상위 2개 영역	추천 직업
흥미		
적성		
가치관		
신체적 조건		

마) 결과를 종합적으로 판단하여 자신의 직업을 선택해보자.

나의 선택 직업	이 직업을 선택한 이유

출처 : 진로끝판왕 54 ~ 55쪽

2) 커리어넷을 활용한 진로 심리검사 결과 엿보기

가) 다음의 활동지에 평소 자신이 잘한다고 생각하는 것에 체크해보자.

체크!

인간 친화적 지능
- 다른 사람의 마음, 감정, 느낌을 잘 이해하는 능력
- 다른 사람과 효과적이며 조화롭게 일할 수 있는 능력
- 타인의 현재 상태가 어떠한지 추론할 수 있는 능력
- 타인의 감정에 적절하게 대처하는 능력

자기 성찰 지능
- 자신의 감정에 대한 통제력을 가지고 적절하게 조절 및 계발하는 능력
- 자신의 감정과 행동을 잘 조절함으로써 미래를 효율적으로 준비하는 능력
- 자신이나 타인의 문제해결 능력

자연 친화 지능
- 주변 환경, 동·식물 및 인간을 포함한 종들의 인식 및 분류하는 능력
- 동·식물 등의 행동 특성에 관심이 많고 이들이 가지는 문제에 적절히 대처할 수 있는 능력

공간 지능
- 원근, 방향, 길이 등 공간에 대한 인식능력과 이를 전환하고 조성할 수 있는 능력
- 기본적인 물리적 자극 없이도 물리적인 것을 재창조할 수 있는 능력

음악 지능
- 노래 부르기에 필요한 멜로디와 박자를 인식할 수 있는 능력
- 악기 연주능력과 악보 인식능력
- 작곡의 원리를 이해하고 작곡하는 능력
- 곡의 장르와 내용을 파악하는 능력

신체 운동 지능
- 힘, 리듬, 속도 등 필요한 요소를 적절히 활용하여 효과적으로 신체를 사용할 수 있는 능력
- 도구를 적절히 활용할 수 있는 능력
- 손작업과 표현적 활동을 할 수 있는 능력

≫

논리 수학 지능	숫자를 인식하고 부호화하는 능력	
	다양한 요소들을 분류, 범주화하고 유추할 수 있는 논리적 사고력	
	가설을 논리적으로 풀어내는 능력	

언어 지능	언어의 여러 상징체계를 빠르게 배우는 능력	
	문법과 어휘 인식능력, 쓰인 글의 논리적 맥락을 이해하는 능력	
	언어에 대한 민감성	

나) 위의 표를 통하여 자신의 강점 지능과 약점 지능을 알아보자.

순위	1순위	2순위
강점지능		
약점지능		

출처 : 진로끝판왕 49~50쪽

다) 각 계열별 필요지능

위에서 제시한 지능 중에서 각 계열에 어떤 지능이 필요한지 알아보도록 하자.

계열	지능
인문계열	인간친화적지능, 자기성찰지능, 언어지능
사회계열	인간친화적지능, 논리수학지능
자연계열	자연친화지능, 공간지능, 논리수학지능
공학계열	자연친화지능, 공간지능, 논리수학지능
의생명계열	인간친화적지능, 논리수학지능, 자기성찰지능
교육계열	인간친화적지능, 공간지능
예체능계열	자기성찰지능, 음악지능

라. 인문계열의 특성

　인문학은 그 계열의 이름이 뜻하고 있듯이 사람에 대한 학문이다. 즉 사람들이 어떻게 살아야 하는지 그리고 어떠한 언어와 문화 속에서 살아가는지를 중점적으로 공부하는 분야이다. 이런 측면에서 볼 때 인문계열은 인생을 살아감에 있어서 가장 중요하며 근본적인 문제에 대한 답을 던지고 이에 대한 답을 찾는 과정이라고 볼 수 있다. 이러한 차원에서 볼 때 인문계열은 모든 학문의 근원이 된다고 볼 수 있다.

　인문계열은 크게 여러 언어와 문화를 배우는 어문학과 사람과 사회를 배우는 인문과학분야로 나눌 수 있다. 어문학에서는 영어, 독어를 비롯한 새로운 언어를 집중적으로 배우기 때문에 많은 도전정신이 필요하다. 반면에 인문과학 분야에서는 사람과 사회에 대한 폭넓은 관심 및 사유, 지적호기심 등을 지니고 있어야 한다.

1) 어문학계열

가) 어문계열 특성

　어문학계열은 각 나라의 언어와 문화를 배우는 곳이다. 해당언어를 새롭게 배워야하기 때문에 많은 도전정신이 필요하며 각 나라의 문화를 배우기 때문에 새로운 것을 잘 받아들이는 자세 역시 필요하다. 관련된 학과로는 언어학과, 국어국문학과, 중어중문학과, 영어영문학과, 불어불문학과, 독어독문학과, 노어노문학과, 서어서문학과 등이 있다.

　이 중에서 특이하게 보이는 것이 언어학과인데 언어학과의 경우 한 가지 특정한 언어를 습득하기보다는 전반적인 언어의 원리를 학습하는 학과이다. 즉 언어

습득의 원리가 어떻게 되는지 그리고 언어를 사용하는 데에 어떠한 패턴이 있는지 등을 공부한다. 이 학과는 인문계열에 속해 있지만, 그 내용과 방법론을 찾아보면 다분히 자연계열 및 공학계열의 방법론을 활용하기도 한다. 물론 앞서 이야기한 OO어문학과에서도 언어학 일부를 배울 수 있다.

OO언어학에서는 그 언어를 말하기, 듣기, 쓰기, 읽기 등으로 분류하여 4년의 기간 동안 심층적으로 배운다. 물론 앞서 이야기한 언어 이외에도 학교의 특성에 따라 아랍어, 태국어, 페르시아어, 우크라이나어, 스칸디나비아어 등 소수 언어를 배울 수도 있다.

나) 어문계열 진로

어문계열의 경우에는 대개 관련된 언어를 사용하는 회사로 입사하게 된다. 언어가 다양한 곳에 사용되는 만큼 진출할 수 있는 분야도 다양하다. 이런 기업에 입사하면 신문, 방송 기자, 방송작가, 아나운서, PD 및 평론가처럼 방송 분야에서 활동할 수 있으며 언론, 출판이나 문화계에 종사할 수 있다. 또한 국제통상이나 물류와 관련해서 다양한 기업체에 취직하여 일을 할 수 있다. 또한 교직이수를 통해서 교사로 진출하거나 대학원 등에 진학하여 공부를 더 한 뒤에 교수 및 민간 연구소에서 근무할 수도 있다.

또한 공직에서 취업을 할 수 있다. 언어의 재능을 살려 외교관이나 KOTRA, KOICA 등의 기관에서 활동할 수 있다. 이 외에도 동시통역사, 통번역가 및 NGO 활동가 및 언어치료사, 인공지능 개발자 등 다양한 분야에서 활동할 수 있다.

다) 어문계열 관련 능력

어문계열에 진학하기 위해서는 새로운 나라의 문화나 언어를 배워야 하기 때문에 자신이 배워야 하는 언어 문화권의 호기심이 요구된다. 언어학 전공의 경우에는 꼼꼼함과 섬세함이 필요하며 상상력과 창의적 사고도 필요하다. 또한 각종 언어와 관련된 어학시험을 통해서 스스로 자신의 언어 실력을 점검해 보는 것도 좋다.

라) **어문계열 관련 학과 및 유사학과**

어문계열 관련 학과 및 유사학과들에 대해서 알아보자.

국어국문학	미디어문학과, 한국어국문학부, 국어국문학과, 한국언어문학과, 한국어문학과, 한국언어문화학과, 국어국문·창작학과, 글로벌한국학과, 국어국문문예창작학부
노어노문학	노어러시아학과, 노어학과, 러시아어과, 러시아어문학과, 러시아어학과, 노어과, 러시아어통역학과, 러시아어통번역학과, 러시아언어문화학과
독어독문학	독일어문화학과, 독일언어문화학과, 독일어문학과, 독일언어·문화학과, 독어독문학전공, 독일언어문학과, 독일어문화학부
불어불문학	불어과, 유럽문화학부(프랑스어문학전공), 불어불문학전공, 유럽학부(프랑스언어문화전공)
스페인어학	서어서문학과, 스페인어문학과, 스페인문학과, 스페인중남미학과, 스페인어통번역학과, 스페인어학부, 중남미학부
영어영문학	영어통번역학부, 영어영문학과, 영어영문학부, 영미영어문화학과
일어일문학	일어일본학과, 일본어학부, 관광일어학과, 일어일문학과, 커뮤니케이션일본어학부, 관광일본어학과, 비즈니스일본어학부
중어중문학	중국어학부, 중국어문학과, 중어학과, 관광중국어학과, 중국어문화학과, 중국어중국학과, 중어중국학과

출처 : 고1, 2학년 담임교사를 위한 진로진학지도 가이드북 대구시교육청

2) 인문학계열

가) **인문학계열 특성**

인문계열은 인간의 사상 및 인간의 문화를 중심으로 연구를 하는 학문이다. 주로 역사와 철학을 중심으로 관련된 학과들이 설치되어 있다. 이와 관련된 학과는 철학, 역사학, 고고학, 문헌정보학 정도로 생각해볼 수 있다. 철학은 인간의 삶에 있어서 근본적인 물음을 탐구하는 학문이다. 역사 및 고고학은 한국의 역사를 탐

구하는 국사학, 동양의 역사를 탐구하는 동양사, 서양의 역사를 탐구하는 서양사 파트로 나눌 수 있다. 마지막으로 문헌정보학은 다양한 문헌들 중에서 가치 있는 정보를 선별하고 보존하고 제공하는 것을 탐구하는 학문이다.

나) 인문학계열 진로

인문계열의 경우 대개 언론, 출판, 문화계에 취업하여 신문방송기자, PD, 평론가 등으로 일을 할 수 있다. 대학원에 진학하여 조금 더 공부한 후에 학계에 남아 교수나 연구원 등으로 활동할 수도 있으며 행정공무원, 변호사 등으로 일을 할 수 있다. 또한 특별히 문헌정보학의 경우 국공립도서관 및 문화재청, 지역문화원에서 일을 할 수도 있다. 그 외에도 NGO나 시민단체 등 여러 가지 분야에서 활동할 수 있다.

다) 인문학계열 관련 능력

인문학계열에 진학하기 위해서는 인간의 삶에 대한 사유를 할 수 있는 비판적인 사고능력이 필요하다. 여러 가지 배경지식을 바탕으로 이를 어떻게 분석하여 인간의 삶과 사회에 대한 사유를 할지 결정해야 한다. 또한 자신이 생각한 바를 글로 풀어내야 하기에 글쓰기 능력이나 의사소통 능력 역시 중요하다.

라) 인문학계열 학과 및 유사학과

고고인류학	고고학과, 역사고고학, 역사문화학과, 역사문화학전공, 역사문화학부, 고고미술사학과, 고고문화인류학과, 고고인류학과
사학	동양사학과, 서양사학과, 역사학과, 한국사학과, 사학, 미술사학과, 사학과, 인문콘텐츠학부 역사콘텐츠학과, 한국역사학과
철학	철학·윤리문화학과, 철학윤리문화학부, 철학상담학과, 역사·철학상담학과, 철학윤리학과, 철학상담·심리학과, 역사철학부
한문학	한문학과

출처 : 고1, 2학년 담임교사를 위한 진로진학지도 가이드북 대구시교육청

자신이 어떤 계열인지를 아는 것은 앞으로의 수업 선택, 동아리 과정, 봉사활동 등 학교 생활 전반에 영향을 미친다. 이렇듯 자신이 지닌 성향과 능력, 관심사가 어떤 계열과 맞는지를 살펴보는 것은 매우 중요한 일이라고 할 수 있다. 앞선 장에서 여러 가지 진로 검사를 통해서 그리고 계열과 관련된 설명을 통해서 자신에게 어떤 계열이 맞는지를 알아보는 시간을 가졌다. 이를 통해 자신이 인문, 사회, 자연, 공학, 교육, 의생명 계열, 예체능 중 하나에 관심이 있다는 것을 알게 될 것이다. 이것은 여러분의 고등학교 생활에 직면하는 여러 가지 선택에서 많은 영향을 미칠 것이다.

　이제부터는 이 로드맵을 세련되게 하는 것이 필요한 시간이다. 자신이 어떤 계열인지를 알게 되었으면 실행에 옮겨야 할 시간이다. 자신이 선택한 계열에 맞게 교과목을 선택하고 관련된 동아리 활동을 하며 봉사활동과 진로탐색활동 역시 이와 연계되면 아주 좋을 것이다. 이러한 모든 것이 균형을 이룰 때에 비로소 자신이 원하는 대학에 진학을 시도해 볼 수 있는 기회가 생기는 것이다. 소위 '학종'이라고 불리는 학생부 종합전형에서 요구하는 자기주도성, 전공적합성 등을 이제 학교 활동을 통해서 보여주어야 한다.

　학교에서 하는 모든 활동은 학교생활기록부라는 곳에 기재가 된다. 담임선생님들을 비롯하여 각 수업을 담당하신 교과선생님, 동아리 선생님 등이 여러분의 활동을 보고 학교생활기록부에 관찰한 내용을 기록하신다. 바로 이 학교생활기록부가 대학 진학에 있어서 가장 중요한 부분이다.

다음 장에서는 이 학교생활기록부와 관련된 이야기를 하고자 한다. 학교생활기록부는 엄연히 선생님들이 기록을 하는 부분이기는 하지만 이 기록의 대상을 바로 학생들의 학업과 관련된 활동과 비교과 활동(자율활동, 동아리활동, 봉사활동, 진로활동 등)이다. 즉 학생부를 기록하는 것은 선생님들이지만 이러한 기록의 원천에는 학생들의 활동이 담겨 있다는 것이다. 따라서 자신의 학교생활기록부가 자신의 대학 진학에 도움이 되기 위해서는 이 학생부에 적혀야 할 것이 무엇인지를 알고 시작을 하는 것이 좋다. 즉 일종의 세련된 로드맵이 필요하다는 것이다.

다음 장에서는 계열별로 여러분이 고등학교 생활을 하는 동안 학교생활기록부가 자신에게 유리하게 적용되기 위해서는 어떤 요소들이 학교생활기록부에 기재가 되어야 하는지 알아볼 것이다. 이를 위해서 학교생활기록부가 어떻게 구성되어 있는지를 살펴본 후에 자신의 계열에 맞게 학교생활기록부를 활용하기 위해서는 어떠한 활동이나 교과목을 선택하면 자신이 희망하는 대학에서 유리하게 작용할 수 있을지를 이야기한다. 또한 어떤 비교과 영역을 채워두어야 같은 성적이라도 조금 더 좋은 학교에 갈 수 있는지에 대한 전략과 같은 것을 제시한다. 즉 다음 장은 자신의 학교생활기록부를 브랜딩하기 위해서는 어떠한 분야에 노력을 해야 할지를 조사한다. 아무쪼록 앞장의 내용이 여러분들의 진로를 결정하는 데에 있어서 큰 도움이 되었으면 한다.

2

합격 학생부
로드맵

합격 학생부 로드맵

가. 학생부종합전형에 대하여

1) 그림으로 보는 학생부종합전형

수시모집에서 학생부교과전형과 함께 가장 높은 비율로 학생을 선발하는 전형은 바로 '학생부종합전형'이다. 학생들의 3년간 누적 기록이 담긴 학교생활기록부 내용을 바탕으로 성장 및 발전 과정을 평가하며, 대학별로 저마다 고유의 평가 기준을 갖추고 있다. 지원 가능한 모든 대학을 분석하여 개별적으로 접근하는 것이 가장 좋겠지만, 입시 준비하는 교사, 학생, 학부모의 입장에서는 먼저 전체 흐름을 이해할 필요가 있다.

학생부종합전형 공통 평가요소 및 평가항목

 학업역량 대학 교육을 충실히 이수하는 데 필요한 수학 능력

1. 학업성취도
고교 교육과정에서 이수한 교과의 성취수준이나 학업 발전의 정도

2. 학업태도
학업을 수행하고 학습해 나가려는 의지와 노력

3. 탐구력
지적 호기심을 바탕으로 사물과 현상에 대해 탐구하고, 문제를 해결하려는 노력

 진로역량 자신의 진로와 전공(계열)에 관한 탐색 노력과 준비 정도

1. 전공(계열) 관련 교과 이수 노력
고교 교육과정에서 전공(계열)에 필요한 과목을 선택하여 이수한 정도

2. 전공(계열) 관련 교과 성취도
고교 교육과정에서 전공(계열)에 필요한 과목을 수강하고 취득한 학업성취 수준

3. 진로 탐색 활동과 경험
자신의 진로를 탐색하는 과정에서 이루어진 활동이나 경험 및 노력 정도

 공동체역량 공동체의 일원으로서 갖춰야 할 바람직한 사고와 행동

1. 협업과 소통능력
공동체의 목표를 달성하기 위해 협력하며, 구성원들과 합리적인 의사소통을 할 수 있는 능력

2. 나눔과 배려
상대방을 존중하고 이해하여 원만한 관계를 형성하며, 타인을 위하여 기꺼이 나누어 주고자 하는 태도와 행동

3. 성실성과 규칙준수
책임감을 바탕으로 자신의 의무를 다하고, 공동체의 기본 윤리와 원칙을 준수하는 태도

4. 리더십
공동체의 목표 달성을 위해 구성원들의 상호작용을 이끌어가는 능력

출처: NEW 학생부종합전형 공통 평가요소 및 평가항목, 건국대·경희대·연세대·중앙대·한국외대

위 그림은 2022년 2월에 발표된 「NEW 학생부종합전형 공통 평가요소 및 평가항목(건국대·경희대·연세대·중앙대·한국외대)」 자료 중 일부다. 특정 대학에서 공통으로 활용하는 내용을 토대로 학생부종합전형 전체를 해석하는 것은 무리일지도 모른다. 하지만 평가자 입장에서 학생부종합전형을 바라보는 관점을 대변하고 있다. 따라서 해당 내용을 정확히 해석하고 이해한다면 학교생활기록부를 준비하는 데 많은 도움을 받을 것이다.

여기서 학생부종합전형 평가의 핵심 줄기는 '학업역량', '진로역량', '공동체역량'의 3가지다. 2018년 2월에 발표된 「학생부종합전형 공통 평가요소 및 평가항목(건국대·경희대·서울여대·연세대·중앙대·한국외대)」 자료에서는 '학업역량', '전공적합성', '인성', '발전가능성'의 4가지 평가요소를 활용하였다. 하지만 학생부 항목 및 내용 축소, 자기소개서 및 교사 추천서 폐지 등의 변화로 대학에 제공되는 정보가 줄었고, 고교학점제 도입이라는 학교 현장의 변화를 반영하고자 새로운 평가 요소가 도입되었다.

2) 평가 요소 알아보기 ('학업역량', '진로역량', '공동체역량'을 중심으로)

가) 학업역량

학업역량은 '대학 교육을 충실히 이수하는 데 필요한 수학 능력'을 말한다. 대부분 교과 등급은 학업역량이라고 생각하기 쉽지만 단순한 등급 수치만으로 학생을 평가하는 것은 위험성을 갖고 있다. 그래서 교과의 성취도뿐만 아니라 세부능력 및 특기사항(수업 과정에서의 탐구활동, 수행평가), 교내대회(수상경력), 동아리활동, 독서활동, 봉사활동 등을 함께 확인한다.

(※ 수상경력, 자율동아리, 봉사활동(개인), 독서활동상황 등은 2024학년도 대입부터 미반영)

학업역량의 세부 평가항목은 '학업성취도', '학업태도', '탐구력'으로 구분된다. 앞의 그림에서 학업성취도(고교 교육과정에서 이수한 교과의 성취수준이나 학업 발전의 정도), 학업태도(학업을 수행하고 학습해 나가려는 의지와 노력), 탐구력 (지적 호기심을 바탕으로 사물과 현상에 대해 탐구하고, 문제를 해결하려는 노력) 의 정의를 살펴보았다.

이제 항목별 세부 평가 내용을 알아보자.

학업성취도	학업태도	탐구력
· 종합적 학업능력 · 추세적 발전 정도 · 희망 전공과의 연계	· 자발적 학습 의지 · 자기 주도적 노력 · 적극적인 태도와 열정	· 지식 확장을 위한 노력 · 구체적인 성과 · 열의와 지적 관심

'학업성취도' 항목에서는 '종합적 학업능력', '추세적 발전 정도', '희망 전공과의 연계'를 평가한다. 3년간의 종합적 학업성취도를 확인하고, 학년이나 학기에 따른 성적의 변화를 체크하며, 희망 전공 분야 관련 과목에 대한 개별적인 평가를 바탕으로 학업역량을 파악한다.

'학업태도' 항목에서는 '자발적 학습 의지', '자기 주도적 노력', '적극적인 태도 와 열정'을 평가한다. 교과 수업에 능동적인 태도와 열정으로 참여하는지 확인하고, 새로운 정보와 지식을 얻기 위해 자기주도성을 바탕으로 노력하는지 체크하며, 명확한 목적의식을 바탕으로 배우고자 하는 의지를 바탕으로 학업역량을 파악한다.

'탐구력' 항목에서는 '지식 확장을 위한 노력', '구체적인 성과', '열의와 지적 관심'을 평가한다. 수업 중 궁금증을 풀어보거나 역량을 기르기 위해 학교 프로그램으로 관심을 확장해나갔는지 확인하고, 탐구 과정을 통해 구체적인 산출물을 만들었는지 체크하며, 활동 과정에서의 학문적 열정이나 지적 관심을 바탕으로 학업역량을 파악한다.

나) 진로역량

진로역량은 '자신의 진로와 전공(계열)에 관한 탐색 노력과 준비 정도'를 말한다. 이전에 '전공적합성'이라는 표현을 썼을 때는 전공과 직접적인 관련이 높은 활동에만 비중을 두는 다소 좁은 경향성이 문제점으로 드러났다. 그래서 전공 대신 진로로 개념을 확장함으로써 대학의 전공 맞춤형 활동을 강조하기보다 학생의 장래 희망과 관련된 다양한 활동과 경험에 더욱 초점을 두고 있음을 알 수 있다.

진로역량의 세부 평가항목은 '전공(계열) 관련 교과 이수 노력', '전공(계열) 관련 교과 성취도', '진로 탐색 활동과 경험'으로 구분된다. 앞의 그림에서 전공(계열) 관련 교과 이수 노력(고교 교육과정에서 전공(계열)에 필요한 과목을 선택하여 이수한 정도), 전공(계열) 관련 교과 성취도(고교 교육과정에서 전공(계열)에 필요한 과목을 수강하고 취득한 학업 성취 수준), 진로 탐색 활동과 경험(자신의 진로를 탐색하는 과정에서 이루어진 활동이나 경험 및 노력 정도)의 정의를 살펴보았다.

이제 항목별 세부 평가 내용을 알아보자.

전공(계열) 관련 교과 이수 노력	전공(계열) 관련 교과 성취도	진로 탐색 활동과 경험

· 과목 선택의 적절성과
  이수 과목 수
· 위계에 따른 선택과목
  (일반/진로) 이수 여부
· 관련 과목 이수를 위한
  추가 노력
	· 전공(계열) 관련 과목
	  성취수준
	· 전공(계열) 관련 동일
	  교과 내 선택과목
	  (일반/진로) 성취수준
		· 관심 분야나 흥미와
		  관련한 활동과 경험
		· 전공(계열) 관련
		  탐색 활동과 경험

‘전공(계열) 관련 교과 이수 노력’ 항목에서는 ‘과목 선택의 적절성과 이수 과목 수’, ‘위계에 따른 선택과목(일반/진로) 이수 여부’, ‘관련 과목 이수를 위한 추가 노력’을 평가한다. 지원 전공(계열) 관련 과목 수와 이수 단위를 확인하고, 진로·적성에 따라 관련 진로선택과목을 이수했는지 체크하며, 학교에서 미개설된 과목을 수강하는 자기주도적 탐색 과정(공동교육과정, 소인수 수업, 온라인 보충 이수 학습 활용 등)을 바탕으로 진로역량을 파악한다.

‘전공(계열) 관련 교과 성취도’ 항목에서는 ‘전공(계열) 관련 과목 성취수준’, ‘전공(계열) 관련 동일 교과 내 선택과목 (일반/진로) 성취수준’을 평가한다. 전공(계열) 관련 교과 이수 과목의 교과 성취를 확인하고, 동일 교과 내 일반선택과목의 석차등급과 진로선택과목의 성취도를 비교한 종합적인 교과 성취수준을 바탕으로 진로역량을 파악한다.

‘진로 탐색 활동과 경험’ 항목에서는 ‘관심 분야나 흥미와 관련한 활동과 경험’, ‘전공(계열) 관련 탐색 활동과 경험’을 평가한다. 학교 교육에서 활동과 경험을 통한 성장과 성취를 확인하고, 교과 활동이나 창의적 체험활동에서 전공(계열)에 대한 관심을 가지고 탐색한 경험을 바탕으로 진로역량을 파악한다.

다) 공동체역량

공동체역량은 ‘공동체의 일원으로서 갖춰야 할 바람직한 사고와 행동’을 말한다. 예전에는 ‘인성’과 ‘발전가능성’이라는 측면으로 나누어 평가했었다. 하지만 개인적 차원의 의미가 많이 부각 되는 ‘인성’ 항목과 학업역량 및 전공적합성과 중복되는 측면이 많았던 ‘발전가능성’ 항목을 없애고, 공동체 차원으로 평가의 범위를 확장하고자 ‘공동체역량’으로 명칭을 통합하여 변경했다.

공동체역량의 세부 평가항목은 ‘협업과 소통능력’, ‘나눔과 배려’, ‘성실성과 규칙준수’, ‘리더십’으로 구분된다. 앞의 그림에서 협업과 소통능력(공동체의 목표를 달성하기 위해 협력하며, 구성원들과 합리적인 의사소통을 할 수 있는 능력), 나늄과 배려(상대방을 존중하고 이해하여 원만한 관계를 형성하며, 타인을 위하여 기꺼이 나누어 주고자 하는 태도와 행동), 성실성과 규칙준수(책임감을 바탕으로 자신의 의무를 다하고, 공동체의 기본윤리와 원칙을 준수하는 태도), 리더십(공동체의 목표 달성을 위해 구성원들의 상호작용을 이끌어가는 능력)의 정의를 살펴보았다.

이제 항목별 세부 평가 내용을 알아보자.

협업과 소통 능력	나눔과 배려	성실성과 규칙준수	리더십
· 서로 돕고 함께 행동하는 모습 · 공동 과제 수행 및 완성 경험 · 공감과 수용	· 나눔의 실천과 생활화 · 양보와 배려 · 상대방에 대한 이해와 존중	· 책임감과 성실 · 공동체가 정한 규칙준수	· 계획과 실행의 주도성 · 인정과 신뢰

'협업과 소통능력' 항목에서는 '서로 돕고 함께 행동하는 모습', '공동 과제 수행 및 완성 경험', '공감과 수용'을 평가한다. 수업 및 활동 과정에서 주도성을 갖고 적극적으로 참여하는지 확인하고, 새롭거나 자신의 역량을 발휘하여 성과 및 산출물을 만들어내는지 체크하며, 기존의 경험을 바탕으로 사고의 확장이 나타나는지를 바탕으로 공동체역량을 파악한다.

'나눔과 배려' 항목에서는 '나눔의 실천과 생활화', '양보와 배려', '상대방에 대한 이해와 존중'을 평가한다. 다양한 공동체 활동 경험에서 나눔을 실천하고 자발적으로 참여했는지 확인하고, 공동체가 함께 성장할 수 있도록 이타적인 노력을 보였는지 체크하며, 상대방에 대한 존중과 배려를 바탕으로 공동체역량을 파악한다.

'성실성과 규칙준수' 항목에서는 '책임감과 성실', '공동체가 정한 규칙준수'를 평가한다. 교내 활동에서 자신이 맡은 역할에 최선을 다하려고 노력한 경험이 있는지 확인하고, 자신이 속한 공동체가 정한 규칙과 규정을 준수하고 있는지를 바탕으로 공동체역량을 파악한다.

'리더십' 항목에서는 '계획과 실행의 주도성', '인정과 신뢰'를 평가한다. 공동체의 목표를 달성하기 위해 계획하고 실행을 주도한 경험이 있는지 확인하고, 구성원들의 인정과 신뢰를 바탕으로 참여를 이끌어 조율한 경험이 있는지를 바탕으로 공동체역량을 파악한다.

나. 학교생활기록부의 이해

1) 학교생활기록부란?

학교생활기록부는 학생부종합전형 평가에서 핵심 자료이다. 교사의 입장에서 관찰 및 평가한 학생들의 3년간 모습이 고스란히 담겨 있기 때문이다. 더욱이 학생의 변화와 성장 및 발전 과정이 자세하게 나타나기에 평가자의 입장에서 학생의 모습을 충분히 그려볼 수 있는 근거가 되기도 한다. 최근 교사 추천서 제도가 폐지되고, 자기소개서를 제출하는 대학 숫자가 줄어든 만큼 학교생활기록부가 지니는 무게가 더해져 가고 있다.

2) 학교생활기록부 나눠보기

학교생활기록부에는 한 학생에 대한 정보가 A부터 Z까지 모두 담겨 있다. '인적·학적 사항'부터 '출결상황', '수상경력', '자격증 및 인증 취득상황', '창의적체험활동', '교과학습발달상황', '독서활동상황', '행동특성 및 종합의견' 순서로 구성되어 있다. 여기서 창의적체험활동은 흔히 '자동봉진'이라 불리는 '자율활동', '동아리활동', '진로활동', '봉사활동'으로 나뉘며, 교과학습발달상황은 학기별 '교과 성적', '세부능력 및 특기사항', '개인별 세부능력 및 특기사항'으로 나뉘어 기록된다.

지금부터 '2022학년도 학교생활기록부 기재요령(교육부)'에 제시된 내용을 바탕으로 항목별 구성을 살펴보자.

가) 인적·학적 사항

학생의 기초 정보와 학적 변동에 대한 정보가 기록된다.

학생정보	성명 :　　　　　　성별 :　　　　　　주민등록번호 : 주소 :
학적사항	년　　월　　일　○○중학교 제3학년 졸업 년　　월　　일　□□중학교 제1학년 입학
특기사항	

나) 출결상황

연간 수업일수, 결석·지각·조퇴·결과, 개근 및 결석 사유 등이 기록된다.

학년	수업일수	결석일수			지각			조퇴			결과			특기사항
		질병	미인정	기타	질병	미인정	기타	질병	미인정	기타	질병	미인정	기타	
1														

다) 수상경력

고등학교별로 매년 초에 작성하는 '학교 교육계획서'에 기반한 교내대회의 수상 내용만 기록되며, 교외 대회는 어떠한 것도 기록되지 않는다.

학년 (학기)	수상명	등급(위)	수상연월일	수여기관	참가대상(참가인원)
1					
2					

라) **자격증 및 인증 취득상황**

국가기술자격증, 국가자격증, 국가 공인을 받은 민간자격증 및 학교 교육계획에
따라 이수한 국가직무능력표준 이수 상황이 기재된다.

자격증 및 인증 취득상황

구분	명칭 또는 종류	번호 또는 내용	취득연월일	발급기관
자격증				

국가직무능력표준 이수상황

학년	학기	세분류	능력단위 (능력단위코드)	이수시간	원점수	성취도	비고

마) **창의적체험활동**

* 자율활동: 교내에서 진행되는 각종 행사와 활동이 기록된다.

* 동아리활동: 정규 동아리와 자율 동아리 활동 내용이 기록되며, 자율 동아리는
동아리명과 소개 글을 30자 이내로 작성한다.

* 진로활동: 진로 수업 시간 중 활동, 교내 및 개인이 진행하는 진로 관련 활동이
기록된다.

* 봉사활동: 봉사활동의 일자, 장소, 내용, 시간 등이 기록된다.

학년	창의적 체험활동상황		
	영역	시간	특기사항
	자율활동		
	동아리활동		(자율동아리)
	진로활동		희망분야 ※ 상급학교 미제공

학년	봉사활동 실적				
	일자 또는 기간	장소 또는 주관기관명	활동 내용	시간	누계시간

바) **교과학습발달상황**

* 공통 과목, 일반 선택 과목: 단위수, 원점수, 과목평균, 표준편차, 성취도, 수강자수, 석차등급이 기록된다.

* 진로 선택 과목: 단위수, 원점수, 과목평균, 성취도, 수강자수, 성취도별 분포비율이 기록된다.

* 체육·예술: 교과별 성적, 성취도가 기록된다.

* 과목별 세부능력 및 특기사항: 수업 중 학습 과정, 태도, 활동, 학업능력 등이 기록된다.

* 개인별 세부능력 및 특기사항: 영재교육, 발명 교육, 수업량 유연화에 따른 학교 자율적 교육활동 등이 기록된다.

학기	교과	과목	단위수	원점수/과목평균 (표준편차)	성취도 (수강자수)	석차등급	비고
이수단위 합계							

과목	세부능력 및 특기사항

진로 선택 과목

학기	교과	과목	단위수	원점수/과목평균 (표준편차)	성취도 (수강자수)	석차등급 분포비율	비고
이수단위 합계							

과목	세부능력 및 특기사항

체육·예술

학기	교과	과목	단위수	성취도	비고
이수단위 합계					

과목	세부능력 및 특기사항

사) 독서활동상황

'도서명(저자명)'으로만 기록되며 특기사항은 입력할 수 없다.

학년	과목 또는 영역	독서 활동 상황

아) 행동특성 및 종합의견

교사의 관찰에 의한 학생의 행동, 학습, 인성 등의 내용을 변화와 성장에 초점을 맞춰 기재된다. 대학에 제출하는 교사 추천서가 폐지되었기 때문에 1, 2학년 담임교사의 기록은 추천서 역할을 한다.

학년	행동특성 및 종합의견

3) 비교과 영역별 주요 내용 및 특징

수상 경력

- 학기별 1개의 대회를 통해 자신의 장점과 역량이 명확하게 드러나도록 한다.
- 대회에 참가하게 된 동기와 준비 과정에서의 의미 있는 경험에 중점을 둔다.

핵심 Tip

+ 지원 학과 관련 학업역량 및 진로역량을 보여주는 수상을 할 수 있도록 수상을 위한 준비, 과정, 결과를 자기소개서나 면접에서 반드시 어필하라.

자율 활동

- 스스로 활동을 계획하고 적극성을 갖고서 실천으로 옮기는 모습을 보인다.
- 자신의 역할이 분명하게 드러나고, 자기주도성을 바탕으로 성장과 발전하는 모습이 나타난다.

핵심 Tip

+ '학교'보다는 '개인'의 성취와 역할을 드러내자.
+ 임원이 아니라면 '리더십'보다는 '내 역할'이 분명하게 드러나도록 하자. 위한 준비, 과정, 결과를 자기소개서나 면접에서 반드시 어필하라.

동아리 활동

- 동아리를 선택한 이유와 자신의 역할이 분명하게 나타난다.
- 동아리 내에서의 활동 경험과 노력을 바탕으로 변화의 모습을 드러낸다.

핵심 Tip

+ 교과와 관련된 동아리를 통해 학업역량을 보여라.
+ 전공 동아리가 아니라면 자신의 역할, 기여도, 산출물을 구체적으로 보여라.

봉사 활동

- 분명한 목표 의식을 갖고서 지속적으로 꾸준히 참여한다.
- 봉사의 동기가 분명하며 진정성을 갖고 활동에 임한다.

핵심 Tip

+ 봉사 시간보다는 참여 동기, 진정성, 지속성이 중요하다.
+ 코로나 이후, 교내 봉사에 충실한 모습이 좋은 평가로 연결될 수 있다.

진로 활동

- 자기주도성의 바탕 위에 자신의 꿈을 찾아가기 위한 노력 과정이 드러난다.
- 활동을 통해 느끼고 깨달으며 변화되는 모습이 구체적으로 나타난다.

핵심 Tip

+ 3년간 일관된 진로가 아니라면 반드시 진로 변경 사유를 설명하라.

+ 진로 행사 중의 적극성, 행사 이후의 연계·발전·심화 학습이 중요하다.

독서 활동 상황

- 교과 관련 탐구활동과 연계하여 심화 학습으로 연결 지을 수 있는 책을 읽는다.
- 독서를 기반으로 한 다양한 활동을 통해 내적 성장의 기회를 갖는다.

핵심 Tip

+ 독서로 시작해서 독서로 끝난다. (수업, 활동, 발표, 토론, 보고서, 실험 등)

+ 다방면에 관심(인문학, 융합, 철학, 사회과학, 자연과학, 예술, 윤리 등)

다. 인문계열 합격 로드맵

1) 들어가는 글

  인문계열은 '인간의 문화와 언어 및 역사를 탐구'하는 분야다. 관련 학과는 국어국문학과, 서어서문학과, 중어중문학과, 영어영문학과, 불어불문학과, 독어독문학과, 노어노문학과, 언어학과, 동아시아어과, 국사학과, 동양사학과, 서양사학과, 고고미술사학과, 심리학과, 철학과, 종교학과, 미학과, 한문학과 등이 있다. 대입에서는 '학과별로 모집하는 전형'과 '인문학부로 선발하여 대학 생활(주로 1학년 말) 중에 세부 전공을 선택'하는 전형이 있다.

2) 합격 학생부의 특징

가) 자율활동

- 학기 초, 학급 내에서 친구의 적응을 돕고 대화와 관심을 바탕으로 마음이 열릴 수 있도록 노력한다. 한 학급을 함께 살아가는 구성원으로서의 책임감이 돋보인다.

- 학생회나 학급의 임원을 맡아 공동체의 변화와 발전에 기여하고자 하는 마음을 통해 리더십과 책임감을 동시에 보여줄 수 있다. 학급 구성원을 하나로 모아 이끄는 과정에서 희생정신과 봉사심이 나타난다.

- 학교 주요 행사에서 실무진으로 활동하고, 전체 계획을 숙지한 후 체계적으로 운영될 수 있도록 하는데 기여한다. 안전에 대한 경각심을 갖고서 행사의 원활한 진행을 돕는다.

- 학년부 또는 학급 개별 프로그램을 통해 단위학교의 개별 특색을 드러내는 동시에 학생의 역량과 성취를 함께 보여줄 수 있다. 특정 교과의 우수성을 어필하거나 예술 또는 융합적 측면을 통해 창의적인 인재로서의 모습도 드러낸다.

나) 동아리활동

● 언어에 대한 관심을 바탕으로 독서, 논술, 토론, 신문 연구 등의 활동을 진행하는 동아리에 참여했다. 순수 언어를 연구하는 것도 중요하지만 언어에 영향을 미치는 사회, 문화 등의 요소와 결합하여 고민하고 연구하는 모습이 나타난다.

● 사유를 중시하는 철학의 특징을 이해하고자 독서를 기반으로 심리를 연구하고 토의·토론을 통해 생각을 확장해간다.

● 뚜렷한 역사관을 갖고서 다른 나라와 이해관계에 있는 쟁점을 다루거나 과거의 사례를 통해 현재 또는 미래 상황을 예측하고 적용해보는 경험이 두드러진다.

다) 봉사활동

● 언어에 대한 강점을 살려 한글의 우수성을 분석하여 홍보하거나 다른 나라의 언어를 번역해보는 활동을 진행한다. 많은 사람들이 한글을 쉽게 접하고 이해할 수 있도록 한다.

● 사회의 흐름과 진행에 따른 인간의 생각 변화를 해석함으로써 대중의 시선을 집중시키고 뚜렷한 메시지를 전달하고자 노력한다.

● 지역별 역사를 이해하고, 문화재를 찾아 고유의 가치를 찾아보고자 한다. 지역 사회의 문화를 공유하고 상생과 발전을 도모할 수 있는 방안을 찾아본다.

라) 진로활동

● 독서와 신문 읽기를 바탕으로 토의·토론·기사 분석 및 작성·신문 제작 등의 활동을 경험하고, 관련 자격증을 취득한다.

● 언어 관련 재능을 활용하여 통역, 원서 번역, 다문화 아동이나 외국인 근로자를 대상으로 한글 공부 수업을 진행한다.

● 시사 전반에 대한 관심을 통해 윤리적 쟁점에 대한 생각을 나누고, 고전 속에 담긴 철학적 의미를 찾아 사회적 접근으로 확장 시킨다.

- 역사의 가치와 의미를 찾기 위해 우리 역사의 본질을 살리는 활동을 진행하고, 역사 왜곡 문제에 대한 인식 제고 및 대중적 차원에서의 노력을 지속적으로 이어간다.

마) 수상경력

- 독서를 기반으로 토론이나 스피치 대회에서 자신의 역량을 드러내고, 언어를 활용한 콘텐츠를 제작하거나 해당 언어로 말하는 대회에서의 성과가 돋보인다.
- 인문 분야의 탐구주제를 설정하여 프로젝트 학습을 진행하거나 학술 자료를 활용하여 탐구한 내용을 바탕으로 보고서를 작성하여 발표로 연결하는 능력을 보여주었다.

바) 독서활동상황

- 공통 도서로 동서양의 고전과 문학 작품을 두루 읽으며, 작품 속에 담긴 시대적 상황을 통해 언어가 지닌 힘을 느낄 수 있다.

라. 인문계열 학과별 주요 사례

학생부종합전형으로 합격한 학생들의 최근 3개년 누적 데이터를 바탕으로 3 가지 평가 요소인 학업역량, 진로역량, 공동체역량과 연관성이 높은 항목별 내용과 기재 예시를 확인해본다. 또한 단위학교 교육과정 상의 차별화와 특성이 명확하게 드러나는 '학교 특색 프로그램'과 '수업량 유연화에 따른 학교 자율적 교육과정'의 사례를 살펴보며 최근의 변화 흐름을 파악해보자. 이를 통해 학생이 재학 중인 고등학교에 대한 이해를 높이는 동시에 충분한 신뢰를 바탕으로 학교생활기록부를 관리할 수 있을 것이다.

1) '학업역량', '진로역량' 관련 주요 활동

3가지 평가 요소 중 학업역량, 진로역량과 연관성이 높은 활동은 학교생활기록부의 '수상경력', '자율활동', '진로활동, 동아리활동', '독서활동상황', '과목별 세부능력 및 특기사항'에 기록된다. 이제 항목별로 내용을 살펴보자.

가) 수상경력

유형에 따른 수상명과 학기별 1개씩 선택 가능한 조합을 기재 예시로 나타냈다.

구분	수상명
독서·토론·발표	독서디베이트대회, 영어콘텐츠발표대회, 영어말하기대회, 스피치대회
주제 탐구·산출물	프로젝트학습발표대회, 철학자선발대회, 동아리학술발표대회

> **기재 예시**
> ✎ 1학년 1학기: 독서감상문대회
> ✎ 1학년 2학기: 표창장(모범)
> ✎ 2학년 1학기: 영어스피치대회
> ✎ 2학년 2학기: 독서토론대회
> ✎ 3학년 1학기: 인문학과제연구대회

✛ 제시된 '기재 예시'는 '유형에 따른 수상명'과 중복되지 않는 조합으로 구성함

나) 자율활동

유형에 따른 활동 프로그램과 자율활동 특기사항을 기재 예시로 나타냈다.

구분	내용
행사활동	수학여행, 대학탐방, 국토순례, 교내체육대회, 학교축제, 강연, 체험전
창의적특색활동	학년특색활동, 학급특색활동, 과학중점학교, 영어중점학교, 예술작품감상

✧ 표에 제시된 자율활동 프로그램 내용은 모든 계열에 동일하게 적용된다.

기재 예시

🖉 학급특색활동(2021.04.21.–2021.07.14.)으로 진행된 '독서와 함께하는 일상'에 참여함. 코로나19로 위축된 오늘날의 모습에서 '관계'에 초점을 맞추어 생각하는 시간을 갖고자 '어린왕자(생택쥐페리)'를 찾아 읽음. 순수한 동심으로 돌아가 주변 사람을 대하고, 그들과의 일상 속에서 주고받는 대화가 결국은 인간의 삶의 동력임을 느꼈다고 함. 상대를 서로 아는 것으로 맺어지는 단편적인 관계가 아닌 마음으로 서로가 연결되고 공감과 소통으로 다가간다면 끊어지지 않지만 보이지 않는 실이 연결될 수 있다는 생각을 모두 발표로 연결함. 문학 작품을 삶과 연결 지어 해석하는 모습에서 학생이 세상을 바라보는 시각과 가치관을 확인할 수 있었음.

다) 진로활동

모집 단위에 따른 진로 희망 분야와 진로활동 사례 및 특기사항을 기재 예시로 나타냈다.

구분		내용
국어	진로희망	방송작가, 기자, 저널리스트, 출판물 기획자, 작사가, 소설가
	활동 사례	언어 관련 자격 인증 시험, 독서토론, 독서신문 제작, NIE 활동
영어 및 제2외국어	진로희망	통역가, 번역가, 여행사무원, 외교관, 국제기구관계자, 신문기자
	활동 사례	영어 통역 도우미, 원서 번역, 언어 관련 재능 기부
철학·윤리	진로희망	다큐멘터리 PD, 영화감독, 예술가, 철학 상담사
	활동 사례	학생 기자단, 청소년 글로벌리더단, 방송국 견학, 1일 리포터
역사	진로희망	고고학자, 문화재 관련 공무원, 큐레이터, 박물관 종사자
	활동 사례	역사 관련 자격 인증 시험, 독도 지킴이, 역사신문 제작

기재 예시

✎ 자유로운 생각 표현하기(2021.09.23.) 시간에 '소설가'로서의 삶을 주제로 PPT를 만들어 발표로 연결함. '글을 쓰는 사람은 세상살이에 담긴 이야기를 작품에 담아 메시지를 전달하는 것'이라는 자신의 가치관을 담아 자료를 제작함. 중학교 때부터 단편을 써오면서 느낀 감정의 실타래를 '물레방아'에 비유해 표현함. 퇴고 후 밀려드는 여유가 다음 작품에 대한 부담으로 연결되는 과정을 사실감 있게 설명함으로써 학급 구성원들의 공감을 이끄는 모습을 볼 수 있었음. '글을 쓰는 과정에서 하는 많은 생각들이 작품 소재의 동력이 된다.'는 표현에서 평소 늘 깊은 사색에 잠겨 있는 모습의 이유를 발견함.

라) 동아리활동

모집 단위에 따른 정규 및 자율 동아리 종류와 동아리활동 특기사항을 기재 예시로 나타냈다.

구분	정규 및 자율 동아리
국어	교지편집부, 도서부, 문학감상반, 시사논술반, 다문화교육연구반, 고전연구반
영어	영어회화반, 영어신문제작반, 영어토론부, 영미문화연구반, 영자신문연구반
제2외국어	세계문화탐구반, 대중문화체험반, 동북아역사문화반, 반크동아리, 국제이해반
철학·윤리	철학독서반, 심리토론반, 또래상담반, 매체비평반, 철학연구반, 철학토론반
역사	역사탐구반, 시사논술반, 고전연구반, 역사기행반, 한국문화답사홍보반

기재 예시

✎ (문학창작반) 평소 인상 깊었던 작품을 이미지로 표현하는 것의 중요성을 설명하며 '작품 속 한 장면을 그림으로 표현하기' 활동을 제안함. 단순히 글만 쓰는 것이 중요하다고 생각했던 1학년 학생들의 사고를 전환 시키는 계기를 제공한 측면에서 지도교사 또한 신선한 느낌을 받음. 자신이 평소 해오던 활동 예시를 직접 운영하는 블로그를 통해 보여줌으로써 실질적인 도움을 제공함. 활동 과정을 상세히 설명하며 모두가 목적을 이해하도록 이끌었으며, 즉각적인 피드백을 통해 후배들이 적극적인 자세로 참여할 수 있도록 도와주는 모습에서 섬세한 리더로서의 모습을 확인할 수 있었음.

마) **독서활동상황**

전공 분야에 따른 도서명과 저자명을 기재 예시로 나타냈다.

구분	도서명(저자명)
동양사상	삼국유사(일연), 다산문선(정약용), 성학십도(이황), 성학집요(이이)
서양사상	군주론(마키아벨리), 리바이어던(홉스), 자유론(밀), 감시와 처벌(푸코)
한국문학	카인의 후예(황순원), 한중록(혜경궁 홍씨), 나목(박완서), 외딴방(신경숙)
외국문학	오디세이(호메로스), 주홍글씨(나다니엘 호돈), 안나 카레리나(톨스토이)
국어	광장(최인욱), 쉽게 읽는 한국어학의 이해(홍종선), 춘향전(송성욱)
제2외국어	젊은 베르테르의 슬픔(괴테), 데미안(헤르만 헤세), 이방인(알베르 까뮈)
철학·윤리	서양철학사(요한네스 힐쉬베르거), 미학 오딧세이(진중권), 국가(플라톤)
역사	삼국사기(김부식), 백범일지(김구), 총균쇠(제러드 다이아몬드)

바) **과목별 세부능력 및 특기사항**

교과목에 따른 주요 활동 키워드와 과목별 세부능력 및 특기사항을 기재 예시로 나타냈다.

구분	키워드
국어	반언어적 표현, 비언어적 표현, 독서 발표, 시대적 상황을 다룬 문학 작품
영어	영어로 질의응답, 유창한 회화 구사, 영어에 대한 흥미
제2외국어	일본 문화 이해, 성어의 의미와 유래, 회화 발표, 우리나라 문화와 비교
한국사	역사에 대한 호기심, 사료 분석 능력, 역사적 사실 추론, 갈등과 화해

기재 예시

✎ 국어: 한글날을 맞이하여 '올바른 언어 사용의 중요성'을 주제로 선정하여 모둠활동을 이끎. 주제를 구체적으로 설정하여 활동의 깊이를 더하는 것이 중요하다는 의견을 제안한 후, 모둠 회의를 거쳐 '사이버상에서의 언어폭력'을 소주제로 선정함. 사이버 범죄의 정의를 명료화하고, 통계를 다룬 전문기관의 자료를 인용하여 현황 및 실태를 분석하여 인포그래픽으로 변환하는 모습에서 정보처리역량을 확인할 수 있었음. '악플이 인간의 심리에 미치는 영향'을 다룬 연구 결과를 바탕으로 지속적으로 긍정적인 메시지를 제공한다면 오히려 밝은 생각을 지니게 만드는 동력이 될 거라는 새로운 방향성을 제시함. 이후 매달 '아름다운 말'을 선정하여 각 교실 게시판에 부착할 수 있는 활동을 학생회에 건의함.

2) '공동체역량' 관련 주요 활동

3가지 평가 요소 중 공동체역량과 연관성이 높은 활동은 학교생활기록부의 '자율활동', '봉사활동', '행동특성 및 종합의견'에 기록된다. 이제 항목별로 내용을 살펴보자.

가) 자율활동

유형에 따른 활동 프로그램과 자율활동 특기사항을 기재 예시로 나타냈다.

구분	내용
적응활동	1인 1역할, 멘토-멘티, 사제동행, 또래상담
자치활동	총학생회, 학급 임원, 자기주도학습 관리, 학급문집 제작, 학급문고 관리

기재 예시

✎ 학급 반장(2021.03.02.-2022.02.28.)으로서 구성원들이 자신의 역할을 정확히 인지하고 행동으로 옮길 수 있도록 옆에서 챙기는 엄마 같은 리더십이 돋보임. 학급특색활동으로 진행하는 '1인 1역할'에 소극적인 친구에게 먼저 개별 상담을 요청한 후, 불편해하는 마음이나 실천에 있어 어려운 점을 경청하는 모습을 보임. 반장이 대신하거나 역할을 교체하는 등 일반적으로 쉽게 생각할 수 있는 방법을 선택하는 것이 아니라 개인이 선택한 부분에 대한 책임은 스스로 지면서도 함께 해나가는 과정에 의미를 두고자 노력함. 반장과의 소통을 통해 합의점을 찾아 혼자서 제 역할을 해내는 모습으로 변화되는 과정을 보며 학생이 지닌 리더로서의 역할이 제대로 발휘되고 있음을 느낌.

❖ 표에 제시된 자율활동 프로그램 내용은 모든 계열에 동일하게 적용된다.

나) **봉사활동** (2019학년도 1학년부터 봉사활동 특기사항은 학교생활기록부 미기재)

모집단위에 따른 봉사활동 내용을 기재 예시로 나타냈다.

모집단위	내용
국어	복지관 학습도우미, 교지편집부, 한글 우수성 알리기 캠페인, 한글 UCC 제작
영어	국제 봉사단체 영어 편지 번역, 영자 신문 발행, 번역 봉사
제2외국어	다문화가정 멘토링, 도서관 사서 보조, 외국인근로자 한글 수업
철학·윤리	시민단체 봉사, 사회 문제 인식 개선 캠페인
역사	지역 문화유산 돌봄, 지역 문화 소식지 제작

다) **행동특성 및 종합의견**

평가 요소에 따른 키워드와 행동특성 및 종합의견을 기재 예시로 나타냈다.

평가요소	내용
공동체역량	리더십, 책임감, 봉사, 솔선수범, 희생, 경청, 공감, 소통, 협력, 공동체 의식
학업역량	지적 호기심, 문헌 활용, 추론, 문제해결력, 열정, 과제수행, 심화 학습
진로역량	진로 목표, 진로 프로그램 참여, 과제 탐구, 독서 연계, 사회 기여 및 공헌

⊹ 표에 제시된 행동특성 및 종합의견의 주요 키워드는 모든 계열에 동일하게 적용된다.

기재 예시

✎ 평소 독서와 사색을 즐기는 모습에서 학생이 지닌 가치관을 뚜렷하게 확인할 수 있음. 말과 글의 가치와 의미를 정확히 이해하고 있으며, 수업 시간 이외에도 학급 활동 등을 통해 늘 올바른 언어를 사용하고 바른말을 쓰는 환경을 구성하기 위해 학급 게시물과 캠페인 활동을 지속함. 글쓰기를 좋아하기에 정적인 모습만을 생각했던 교사의 편견을 깨버릴 정도로 친구들과의 소통을 중시하고 평소 자기 생각을 논리적으로 전달함. 상대의 심리를 파악하여 상황에 맞는 대화를 이어가고, 듣는 이로 하여금 마음이 편안해질 수 있는 단어를 선택함으로써 공감을 이끌어내는 모습에서 누군가의 마음을 위로하고 따뜻한 포옹을 전달해 줄 수 있는 자질을 읽을 수 있었음.

학교 교육계획서에 반영된 창의적체험활동(자율활동, 동아리활동, 봉사활동, 진로활동)은 학교라는 공간에서 운영되는 모든 교육적 활동을 의미한다. 특히 동아리 지도교사의 영향력이 높은 '동아리활동', 학교별 차이가 거의 없고 대입에서 영향력이 낮은 '봉사활동', 진로 관련 교과 수업이나 개인별 진로를 위한 노력이 드러나는 '진로활동'과는 달리 '자율활동'은 각 고등학교의 교육과정 운영 계획의 차이가 가장 두드러지게 차이 나는 영역이다. 학교의 주도하에 다른 학교와의 차별성이 드러나는 특색있는 프로그램을 구성함으로써 소속 학생들의 역량을 최대한으로 끌어내고 적극적인 참여를 유도할 수 있다. 이를 바탕으로 개별 학생들의 '자율활동 특기사항' 경쟁력을 갖출 수 있다.

아래의 내용은 실제 운영 사례를 바탕으로 학교 특색활동을 '인성', '진로', '인문사회', '자연과학' 영역으로 나눈 것이다. 영역별 대표적인 프로그램 내용과 특징 및 '자율활동 특기사항' 기재 예시를 살펴보자.

1인 3기

· **음악**: 1학년 전체 학생들을 대상으로 관심 있는 악기를 1가지 선택한 후, 음악 교과
시간이나 자율활동 시간을 활용하여 악기를 다뤄보고 실력을 높이는 시간을
갖는다.
· **미술**: 생활 미술을 실천하기 위해 학년특색활동 프로그램을 구성하여 연간 4회 이상
미술이 포함된 활동 계획을 수립한다. 복도에 갤러리 워크를 진행하며 서로의
작품을 공유한다.
· **체육**: 1~2학년 학생들을 대상으로 학교스포츠클럽을 운영함으로써 꾸준히 운동하며
스스로 체력을 키울 수 있도록 한다.

동아리 전시회

· 1년간 진행해온 정규 동아리와 자율 동아리 활동 과정에서 제작된 산출물을 각 교실에
전시하고, 동아리 대표 큐레이터를 선정하여 작품 제작 동기, 과정, 결과, 의미 등을
설명하는 기회를 제공한다. 모든 동아리원들이 참여하는 ALL-IN-ONE 작품도 최소 1점
이상 포함하여 학생들 간의 소통과 협력을 기른다.

기재 예시

✎ '1인 3기' 프로그램 중 음악 영역에서 '피아노'를 선정하여 1년간 연습 및 연주
를 진행함. 처음 접하는 악기라 낯설고 서툴렀지만 매일 점심시간 30분씩을
활용하여 단계별로 연습해나가면서 부족한 부분을 메우기 위해 노력함. 1학기
까지는 관객의 입장에서 콘서트에 참여하였지만 부단한 노력을 바탕으로 2학
기 기말고사 이후 진행된 게릴라 콘서트에서 '사랑의 인사'를 단독 연주하는 성
취를 보임. 자신의 노력으로 연주를 마무리했다는 성취감에 자신감도 높아졌
고, 이러한 모습이 학업으로도 이어짐. 악기를 연주하며 마음의 평온함을 찾았
고, 심리적 안정감을 얻는 효과를 얻었다고 함.

나) 진로

독서 프로젝트

· 독서 나무를 운영하여 지속적인 독서 활동을 장려한다. 자신의 진로나 대입과 연결한 독서 목록을 작성하고, 나무에 열매가 열리듯 누적 기록을 열매로 표현하여 나무에 붙임으로써 실천 과정을 시각적으로 확인하도록 한다. 독서 영역을 세분화하여 열매 색깔에 차이를 두며, 여러 번 읽거나 연계 독서의 경우 열매의 크기에 차이를 두어 학생들의 관심을 높인다.

꿈 길라잡이

· 자기주도학습 능력을 배양하는 것을 목표로 전교생에게 학교에서 직접 제작한 꿈, 진로 길라잡이 노트를 제공한다. 스케줄러 기능으로 매일 학습 계획 설정 및 점검을 진행하고, 노트 관리 도우미를 선발하여 매일 담임교사의 피드백이 이루어지도록 한다. 자신의 진로 계획에 맞추어 학교 활동을 기록하고, 이를 바탕으로 학교생활기록부 작성에 활용할 수 있는 자료로써 사용되도록 한다.

졸업 선배 진로 특강

· 본교를 졸업한 이후 우수한 대학에 진학한 선배를 초청하여 진로 관련 주제 특강을 진행한다. 단순히 학생들의 선호도가 높은 대학이 아닌 3년간의 계획과 학교 프로그램의 조화로움이 돋보이는 선배를 섭외하여 학생과 학교가 함께 발전하는 모습을 보여준다. 콘서트 형태로 진행하여 부드러운 분위기 속에서 의문을 해소하고 조언을 함께 하는 시간을 갖는다.

기재 예시

✎ '꿈 길잡이' 프로젝트를 1년간 진행하며 자신의 진로에 대한 구체적인 방향을 정확하게 정립함. 평소 호기심이 많고 꿈이 다양한 학생으로 학교에서 진행하는 프로그램에 가능한 모두 참여하며 진로 방향성을 찾는 데 도움을 받음. 특정 직업을 선택하기보다는 사회의 다양한 현상을 이해하고 곳곳에 존재하는 약자들의 삶에 약소한 도움을 제공할 수 있는 새로운 직업 분야를 고민함. 인문학적 소양과 창의적인 아이디어를 얻기 위해 독서를 기본으로 강의, 실험, 연구 등의 활동을 병행함. 이를 달성하고자 2년간의 학습 플랜을 구체화하였으며, 전체 교과에서의 성취가 지속적으로 상승하는 결과를 가져오는 모습을 통해 본 프로젝트가 지닌 목적을 가장 잘 달성한 학생이었다는 생각을 가짐.

다) 인문사회

청소년 모의 UN

· 국제사회의 현안으로 떠오른 논제를 학생들이 세계 여러 국가의 입장에서 대변 및 협상을 통해 해결책을 이끌어내는 경험을 한다. 최근 교육계에서 강조되고 있는 세계시민교육의 일환으로 세계시민 의식을 함양하고 국제사회 이슈에 대한 논리적 분석과 표현 역량을 배양할 수 있다. 자국의 이익과 국가 간 상호 존중 및 이해의 경계에 서보며 외교의 중요성과 의미를 이해하는 기회를 가질 수 있다.

우리 역사 알리기

· 한국사에 관한 관심과 이해를 바탕으로 역사, 문화, 경제, 국제법과 관련된 시사 현안을 주제로 캠페인 활동을 진행한다. 특히 한·중, 한·일 사이의 역사 문제에 경각심을 갖고서 동북공정, 위안부, 소녀상, 독도, 발해, 일본해 등에 관한 주제 탐구 및 SNS를 활용한 홍보 활동을 통해 대중의 관심을 유도하고, 학생들로부터의 작은 실천을 이어간다.

시 쓰기 프로젝트

· 국어 교과 시간을 활용하여 주 1회 시 쓰기와 관련된 활동을 진행한다. 시 습작부터 시작하여 시에 관한 관심을 높이고, 좋아하는 대상이나 분야를 이미지로 나타낸 후, 짧은 시로 표현해보면서 시를 쓰는 활동에 흥미를 갖게 한다. 이후 다양한 주제를 활용하여 10여 편 이상의 시를 쓴 뒤, 개인별 시집을 제작하고, 우수 작품은 시선집으로 엮어 발표회를 갖는다.

✎ 학급에서 1년간 진행된 '우리 역사 알리기' 프로젝트 활동에 참여함. 주제 토론 과정에서 평소 자신이 관심을 가지던 한국과 중국 사이의 역사 문제에 바탕을 둔 '중국의 국정 교과서 역사 왜곡 문제의 현실'을 활동 주제로 제안함. 언론 자료를 바탕으로 3년간 진행된 왜곡 사례를 스크랩하고, 동북아 역사를 다루는 기관에서 발표한 자료를 인용하여 경복궁, 발해, 훈민정음을 비하하는 내용을 근거 자료로 제시함. 중국의 역사 왜곡이 편협된 생각을 넘어 한 나라의 정통성을 부정한다는 문제점을 인식하고서 정부 차원에서의 강력한 대응과 함께 진실을 바로잡기 위한 실천 방안을 카드 뉴스로 제작함. 또한 중국을 향한 우리 정부의 적극적인 행동에 대한 항의와 함께 동북공정을 다룬 드라마의 방영을 취소하자는 국민청원을 올리는 모습에서 학생의 실천력을 확인할 수 있었음.

라) 자연과학

수학·과학 소모임

· 자연, 공학, 의학 계열 진학을 희망하는 학생들이 비슷한 진로인 친구들과 2~5명 정도의 학급별 소모임을 구성한다. 동일 전공보다는 계열로 묶이는 경우가 많으므로 모든 학생을 아우를 수 있는 넓은 범위에서의 주제를 선정한 후, 과제 탐구, 실험, 문헌 연구, 아이디어 회의 등을 진행한다. 학생들 수준에서의 결과물이나 산출물을 완성한 후, 창의적체험활동 시간을 활용하여 모둠별 발표를 실시하고 피드백을 제공한다.

인공지능 교육

· 4차 산업혁명 시대의 진입에 따른 학생들의 인공지능 기초 소양을 기르는 교육의 필요성을 바탕으로 3D 프린터, 아두이노, 메이커, 컴퓨터 프로그래밍, 라즈베리파이, 레이저 커팅기 등을 직접 다루어보는 경험을 한다. 팀을 이뤄 프로젝트를 설계하고 제작해보는 과정을 통해 인공지능 시대를 살아갈 역량을 스스로 갖출 수 있는 기회를 제공한다.

· 진로 계열과 관계없이 창의성이 중시되는 미래 사회에 맞추어 1인 1아이디어를 목표로 발명 활동을 실시한다. 평소 실생활에서의 불편한 요소를 찾아보거나 진로와 관련된 미래 기술 정보를 학습하며 자신만의 아이디어를 도출하는 경험을 한다. 가능하다면 3D 모델링이나 3D 프린터를 활용하여 결과물을 얻을 수 있도록 하며, 제작 과정을 셀프 영상으로 제작하여 연말에 학년 단위로 영상회를 진행한다.

기재 예시

✎ 미래사회를 준비하는 지성인을 목표로 진행된 '인공지능 교육' 프로그램에 참여함. '과학문화 포럼' 강의를 통해 4차 산업혁명 시대에는 '하이브리드형 인재'가 각광을 받는다는 것을 알게 되었다고 함. 평소 수학에 대한 관심이 많아 인공지능과 수학을 결합한 학습 계획을 세움. 이후 '인공지능을 위한 기초수학(이상구)'을 읽고 프로그래밍에 관심을 가졌고, 파이썬을 스스로 학습하며 실습을 진행함. 이를 바탕으로 '학교 도서관 재구조화'를 주제로 3D 모형 제작을 계획한 후, 파이썬을 통해 건축 관련 빅데이터를 정리하고, 3D 프린터, 레이저 커팅기를 활용하여 구조물을 만듦. 다양한 도구를 사용하여 스스로 구상한 것을 제작하는 모습에서 미래사회가 요구하는 창의적 인재로서 자질을 확인함.

╬ 학교 특색활동은 단위학교의 교육과정 및 학생들의 특성에 따라 다양하게 구성될 수 있으며, 자신의 진로와 연관되거나 개별 역량을 충분히 발휘할 수 있는 활동을 선택하는 것이 좋다.

2019년 교육부에서 발표한 '고교서열화 해소 및 일반고 교육역량 강화 방안'에서 1단위(고등학교의 주당 수업 시수에서 1시간에 해당)를 기준으로 총 17회의 수업 중 1회에 한하여 학교의 재량으로 운영할 수 있다고 발표했다. 여기서 총 17회중 1회의 수업은 단위학교가 해당 교과 내 또는 타 교과와의 융합형 프로젝트 수업, 동아리 활동 연계 수업, 과제 탐구 수업 등을 자율적인 교육과정으로 편성하여 운영할 수 있음을 말한다.

교육부에서 제시하는 자율적 교육과정 운영의 예시를 살펴보면 다음과 같다.

구분	내용
진로집중형	진로 설계·체험, 고등학교 1학년 대상 진로 집중학기제 운영 시간
학습몰입형	교과별 심화 이론, 과제 탐구 등 심층적 학습 시간 운영
보충수업형	학습 결손, 학습 수준 미흡 학생 대상 보충수업
동아리형	학습동아리 연계 운영, 교과에 관한 학생 주도적 학습 시간 운영
프로젝트형	교과 융합학습 등 주제 중심의 프로젝트 수업 직업 체험 프로젝트 등 운영

이러한 '수업량 유연화에 따른 학교 자율적 교육활동'은 관련 내용을 해당 과목의 '세부능력 및 특기사항(세특)' 또는 '개인별 세부능력 및 특기사항(개세특)'에 입력할 수 있는데, 특정 과목의 세부능력 및 특기사항으로 한정하기 어려운 경우에는 개인별 세부능력 및 특기사항에 입력할 수 있다는 점에 주목할 필요가 있다.

최근 학생부의 상향 평준화의 분위기와 교사별 수업 재구성을 통해 교과별 세부능력 및 특기사항은 여러 측면에서 비슷한 수준으로 기재되고 있으며, 학생의 새로운 면이나 다양성을 드러내기에는 어려움이 존재한다. 하지만 2020학년도부터 '학교생활기록부 기재요령'에 '수업량 유연화에 따른 학교 자율적 교육활동'을 '개인별 세부능력 및 특기사항'에 기록할 수 있는 근거가 명시됨으로써 학교별로 자율적 교육과정 운영의 차별화에 주력하고 있는 모습이다.

　학교에서 구성한 자율적 교육활동에 따라 학생들이 활용할 수 있는 교과가 달라지고, 개인별로 보여줄 수 있는 모습이 차별화될 수 있음에 주목할 필요가 있다. 위의 교육부에서 제시한 5가지 유형 또는 그 이외의 다양한 유형으로 운영될 수 있으나 현실적인 측면에서 다음의 2가지 유형이 주로 활용되고 있음을 참고하자.

구분	내용	내용
주제 중심 프로젝트	2개 이상의 교과목	해당 교과목들의 수업 내용을 융합
진로 연계 심화 탐구	단일 교과목	창의적 체험활동(자율, 동아리, 진로)과 연계

대주제 코로나19로 인해 변화되는 미래사회의 모습

과목명	소주제	세부 활동
독서	· 코로나19로 인한 4차 산업혁명의 과속화 ('클라우스 슈밥의 위대한 리셋'을 읽고)	주제 토론
확률과 통계	· 코로나19 확진자 및 사망자의 연관성	확률과 통계
영어 II	· 코로나19 국제 코호트 연구 회의	대본 작성
운동과건강	· 코로나19로 인한 스포츠용품 시장의 성장	카드 뉴스 제작
미술	· 언택트 전시 관람 방법	안내 영상 제작
화학 I	· 코로나19 백신의 생산, 보관, 유통	보고서 및 기사 분석
생명과학 I	· mRNA 백신이 작용하는 원리	보고서 작성
사회·문화	· 코로나19로 인한 가족 간의 관계 강화	설문 조사
중국어	· 코로나19 이후 달라진 중국 소비 패턴 변화	통계 자료 분석
심리학	· 감염병 은폐의 심리학	연구 자료 분석
프로그래밍	· 국가별 코로나19 확진자 누적 현황	그래프 그리기

⊹ 표에 언급된 과목별 소주제와 세부 활동은 모든 계열에서 같은 내용으로 제시되었다.

기재 예시

✎ '코로나19로 인해 변화되는 미래사회의 모습'을 주제로 진행된 수업량 유연화에 따른 학교 자율적 교육과정(2021.07.05.~2021.07.16.)에서 사회·문화와 심리학 과목의 융합 활동을 진행함. 사회·문화 시간에 '코로나19로 인한 가족 간의 관계 강화'를 주제로 SNS 설문 조사를 기획함. 학급 구성원들의 가족들을 대상으로 이루어진 문항을 분석하여 가족끼리 함께하는 시간이 증가함으로써 '끼리 문화'가 늘어나고 '가족 결속력'이 강화되고 있다는 결론을 도출함. 설문을 구성하고 내용을 분석하는 모습에서 데이터 처리 역량을 확인함. 이후 건강하지 못한 가족 결속력 발생에 초점을 맞추어 심리학 시간에 '감염병 은폐의 심리학'과 연관된 문헌 자료를 읽음. 가족에 대한 타인의 평가나 낙인 효과에 대한 두려움으로 가족 결속력이 역설적으로 높아진다는 내용을 포함하여 PPT 자료를 제작함. 문헌 속 내용의 숨은 의미까지 찾으려고 노력하는 과정을 통해 꼼꼼하게 분석하는 태도를 볼 수 있었음.

마. 합격 로드맵을 위한 체크리스트

앞에서 학생부종합전형의 평가 요소와 학교생활기록부의 항목별 이해를 바탕으로 인문계열 합격 로드맵을 통해 합격 학생부의 특징을 살펴봤다. 또한 인문계열 학과별 주요 사례를 알아보며 관련 활동과 기재 예시까지 구체적으로 확인하였다. 이제부터는 '나의 학교생활기록부'를 만들기 위한 준비가 필요한 시점이다. 핵심 부분을 요약하여 체크리스트를 제작했으니 학교생활기록부를 만들어가는 준비 과정부터 최종 작성까지 수시로 점검하며 마무리하기를 바란다.

		O	X
자율 활동	임원을 맡은 경험이 있는가?		
	임원 경험이 없다면 자신의 역할이 분명하게 드러나는 활동이 있는가?		
	학교보다 개인의 성취와 역할이 드러나는 활동을 했는가?		
	자기주도성과 실천적인 자세가 나타나는가?		
	학년 특색활동 또는 학급 특색활동에서의 차별화가 보이는가?		
	진로와 연계되는 동시에 개인의 자질과 역량이 함께 드러나는가?		
동아리 활동	동아리를 선택한 이유와 자신의 역할이 분명하게 나타나는가?		
	동아리 활동 경험과 노력 과정에서 변화의 모습이 보이는가?		
	교과와 관련된 동아리에서 학업역량을 보여주는 사례가 있는가?		
	전공 동아리에서 심화 탐구나 실험, 토론 등의 활동 경험이 있는가?		
	전공 동아리가 아니라면 구체적인 역할, 기여도, 산출물이 있는가?		
	동아리가 바뀐 경우라면 새로운 동아리를 선택한 동기를 언급했는가?		

		O	X

**봉사
활동**
- 봉사의 동기가 분명하고 진정성이 나타나는가?
- 분명한 목표 의식을 갖고서 봉사활동에 임했는가?
- 목적성(내용, 장소)을 지닌 봉사에 지속적으로 꾸준히 참여했는가?
- 봉사 시간에 연연하기보다는 내실 있는 봉사에 주력했는가?
- 교내 봉사(도우미, 멘토링 등)에 충실한 모습으로 참여했는가?
- 진로(의학, 교육, 사회복지 등) 관련 봉사 경험이 있는가?

**진로
활동**
- 3년간 일관된 진로를 지니고 있는가?
- 진로가 바뀐 경우, 진로 변경 계기와 사유를 설명하고 있는가?
- 자기주도성의 바탕 위에 꿈을 찾아가기 위한 노력 과정이 보이는가?
- 진로 관련 활동을 통해 깨달은 점과 변화되는 모습이 구체적인가?
- 진로 행사를 위한 사전 준비, 과정에서의 적극성이 보이는가?
- 행사 이후, 연계 및 심화 학습을 통해 발전적인 모습이 나타나는가?

**수상
경력**
- 학기별 1개의 대회를 통해 자신의 장점과 역량이 명확하게 드러나는가?
- 대회 참가 동기와 준비 과정에서 경험에 의미를 부여할 수 있는가?
- 지원 학과 관련 학업역량 및 진로역량을 보여주는 수상이 있는가?
- 수상을 위한 준비, 과정, 결과에 자신의 모습이 구체적으로 보이는가?

**독서
활동
상황**
- 교과 탐구활동과 연계하여 심화 학습으로 연결 짓는 책을 읽었는가?
- 독서 기반 활동 과정을 통해 내적 성장의 기회를 가졌는가?
- 수업, 활동, 발표, 토론, 보고서, 실험 등에 독서가 녹아 있는가?
- 인문학, 철학, 사회과학, 자연과학, 예술, 윤리 등에 관심이 많은가?

		O	X
교과 성적	전공 관련 교과 성적이 상승 또는 유지되고 있는가?		
	진로 선택 과목에서 학업역량과 진로역량이 드러나는가?		
	소인수과목, 심화과목, 공동교육과정, 클러스터 등에 참여했는가?		
	특정 교과의 성적이 7~9등급이거나 포기한 과목이라는 느낌을 주는가?		
과목별 세부 능력 및 특기사항	2015 개정 교육과정에서 강조하고 있는 과목별 핵심역량이 드러나는가?		
	수업 참여, 태도, 활동, 성취, 변화 등에 대한 교사의 평가가 있는가?		
	협력학습, 수행평가, 과제수행 중 학업역량과 공동체역량이 보이는가?		
	독서, 토론, 실험, 탐구, 진로 연계 활동에서 개별 우수성이 나타나는가?		
개인별 세부 능력 및 특기사항	영재교육 이수 내용과 발명교육 수료 내용이 정확히 기록되어 있는가?		
	수업량 유연화에 따른 학교 자율적 교육과정 내용이 명시되어 있는가?		
	융합적 요소, 탐구 역량 및 학생 개별 역량이 서술되어 있는가?		
	세특과 중복되거나 특정 교과의 세특으로 보이는 부분은 없는가?		
행동 특성 및 종합의견	교사의 관찰을 바탕으로 서술된 추천서로서의 가치가 나타나는가?		
	장점 중심으로 서술되었고, 단점은 발전가능성과 함께 언급되었는가?		
	1학년 때, 자기주도성, 진로를 위한 노력, 공동체역량이 포함되었는가?		
	2학년 때, 학업역량, 진로의 구체성 및 발전, 공동체역량이 포함되었나?		

❖ 체크리스트에 포함된 내용이 학교생활기록부를 만들어나가는 데 있어 모든 것을 담고 있는 것은 아니다. 학교생활기록부를 구성해 나갈 때, 방향성을 찾기 위한 보조 도구 역할만 한다.

　대입에 관심을 갖고 강의를 찾아 듣거나 자료를 읽다 보면 자주 접하는 말이 있다. "학생부종합전형의 핵심은 학생의 모습을 바탕으로 작성된 학교생활기록부를 '학업역량', '계열적합성', '인성', '발전가능성'이라는 요소로 평가한다."는 것이다. 물론 올해부터는 '계열적합성'이 '진로역량'으로 확대되었고, '인성'과 '발전가능성'은 '공동체역량'으로 통합하여 변경되었다. 위의 용어들은 듣는 이에 따라 이해 정도가 다르므로 보다 세부적인 설명이 필요하며, 이를 도와주고자 '계열별 합격 학생부 로드맵'을 통해 단계적 접근을 시도하였다.

　'학생부종합전형에 대하여'라는 이야기를 통해 평가자의 입장에서 바라보는 평가 요소와 평가항목별 평가 내용을 알아보며 학생부가 지니는 의미와 학교생활 과정에서 학생이 갖추어야 할 자질과 역량을 확인하였다.

　'학교생활기록부의 이해'라는 이야기를 통해 교사에 의해 작성되는 학교생활기록부의 항목이 평가 요소와 어떻게 연결되는지 이해한 후, 비교과 영역(자율활동, 동아리활동, 봉사활동, 진로활동, 수상경력, 독서활동상황)의 주요 내용과 특징을 알고, '핵심 Tip'을 통해 학생부종합전형을 위한 전략을 수립하는 데 도움을 받았다.

　'계열 합격 로드맵'이라는 이야기를 통해 관련 학과를 알고, 대입 합격 학생부를 분석한 데이터를 종합하여 특징을 이해하였고, 다양한 사례에서 나타나는 비교과 영역 내용의 공통점을 살펴보며 각 계열 합격자들의 주요 활동과 교사의 평가를 확인할 수 있었다.

'계열 학과별 주요 사례'라는 이야기를 통해 학생부종합전형으로 합격한 학생들의 최근 3개년 누적 데이터를 3가지 평가 요소(학업역량, 진로역량, 공동체역량)와 연관성이 높은 항목별 내용과 기재 예시를 확인하였다. 유형에 따른 수상명, 활동 프로그램, 진로 희망 분야 및 활동 사례, 정규 및 자율 동아리 종류, 전공 분야에 따른 도서명과 저자명, 교과목에 따른 주요 활동 키워드, 모집 단위에 따른 봉사활동 내용, 평가 요소에 따른 키워드를 통해 자신의 상황에 맞추어 적용하는 계획을 세워볼 수 있다.

　또한 교육과정 우수 학교 사례를 참고하여 학교의 주도하에 다른 학교와의 차별성이 드러나는 특색 있는 프로그램을 소개하고, 주요 내용 및 특징을 반영한 기재 예시를 통해 본인이 소속된 고등학교의 교육과정과 연관 지어 생각해보는 기회를 얻었다. 하지만 학생부 상향평준화 분위기와 교사별 수업 재구성을 통해 교과별 세부능력 및 특기사항이 여러 측면에서 비슷한 수준으로 기재되고 있음을 확인하기도 했다. 이에 학생의 새로운 면이나 다양성을 드러내기에 어려움이 존재하는 문제를 개선하고자 2020년부터 활성화되고 있는 '수업량 유연화에 따른 학교 자율적 교육과정' 운영 사례를 담은 도표와 기재 예시를 보며 '개인별 세부능력 및 특기사항'에서 다양한 역량을 보여줄 수 있는 부분을 고민할 필요가 있다.

　마지막으로 '합격 로드맵 제작을 위한 체크리스트'를 활용하여 '나의 학교생활기록부'를 만들기 위한 준비 과정부터 최종 작성 순간까지 수시로 점검하며 완성도를 높이는 데 활용할 계획을 세우도록 안내하였다.

다양한 분석 및 대응 전략이 존재하겠지만 이 책에서 전하는 출구전략은 바로 '교과 선택 및 수업'이다. 기존에는 교과와 비교과의 조화가 강조되었다. 하지만 앞으로는 대입 평가에서 비교과의 비중이 줄어드는 반면, 교과의 비중은 상대적으로 늘어날 수밖에 없다. 교과의 핵심은 과목 선택, 수업 참여, 내신 관리, 세특을 통한 학생의 역량을 보여주는 것이다. 이를 위해 최우선으로 고려해야 할 사항은 교과 선택이다.

다음 장에서는 '계열별 교과 선택'을 위한 방법을 소개한다. 진로와 대입을 위한 과목을 선택하기에 앞서 교육과정의 중요성을 이해하고, 달라진 수능 체제를 고려한 과목 선택이 필요한 이유도 알아볼 것이다. 학과에 대한 이해를 필두로 개별 학생의 성향과 특성을 고려한 과목 선택의 예시를 살펴보며 본인의 현재 상황과 소속 고등학교의 교육과정의 연결 고리를 찾기 위해 노력하자.

최선의 교과 선택으로 최고의 대입 준비를 해나가는 여러분을 응원한다!

3

교과 선택

교과 선택

가. 교과 선택 개괄

2015 개정 교육과정에 따라 2, 3학년 때 자신의 진로와 본인이 대학에서 전공하고자 하는 학과에 맞춰서 선택과목들을 연계하여 선택해야 한다.

2학년 학생들은 이미 1학년 때 이 과정을 거쳐 자신이 선택한 교과목을 1학기에 수강을 하고 있고, 이제 3학년 때 배울 과목에 대해 다시 현명한 선택의 과정과 고민을 해야 한다. 자신의 진로와 적성에 맞춰 정확한 선택을 하는 것이 매우 중요하기 때문에 효과적으로 과목을 선택하는 방법에 대해 안내하고자 한다.

각자의 진로와 대학 입시에 맞춰 과목을 제대로 선택하려면 우선 교육과정에 대해 알고 있어야 한다.

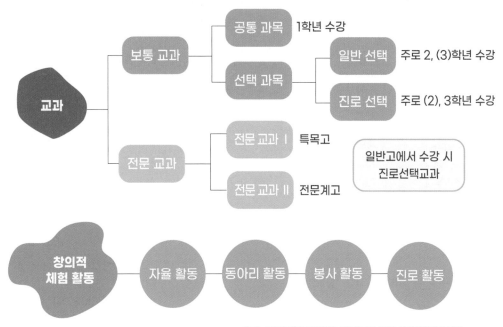

출처 : 2015개정교육과정 교육과정의 이해-울산진학정보센터

위의 표는 2023~2024학년도 입시와 관련이 있는 2015 개정 교육과정에서의 고등학교 편제이다. 기본적으로 교과는 보통교과와 전문교과로 나누어지고, 보통 교과는 다시 공통과목과 선택과목으로 나누어져 있다. 1학년 때 학습한 과목들은 공통과목에 해당하고, 2학년 때부터 선택과목들 안에서 여러분들의 적성과 흥미에 맞춰 과목들을 선택해야 한다. 선택과목은 일반선택과목과 진로선택과목들로 나누어져 있어 현명한 선택과정이 필요하다.

구분		교과 (군)	과목	단위수	원점수/ 과목평균 (표준편차)	성취도 (수강자 수)	석차 등급
공통 과목		국어	국어	4	83/65.9(15.5)	A(155)	3
일반 선택 과목	기초	수학	수학 I	4	94/69.5(23)	A(155)	3
	탐구	사회	세계사	4	91/70.2(19.9)	A(112)	3
		과학	물리학 I	4	80/71(17.7)	A(67)	4
	생활 · 교양	한문	한문 I	4	72/61.9(13.4)	A(26)	4
	체육 · 예술	체육	운동과 건강	2	-	B	-
진로 선택 과목		과학	물리학 II	4	61/49.5	B(25)	A(32.4%) B(30.9%) C(36.7%)
교양 교과(군)		교양	철학	1			P

보통교과 과목별 평가 예시

1, 2학년 학생들이 선택하는 공통과목과 일반선택과목은 석차등급이 학교생활 기록부에 기재되지만 진로선택과목은 등급이 아닌 성취수준비율만 학교생활기 록부에 기재되어 대학별 성적 반영 방식에 따라 유불리가 생길 수 있다. 따라서 이에 대한 새로운 접근 방식이 필요하다.

이제 여러분이 선택해야 할 일반선택과목과 진로선택과목을 아래에서 살펴보 도록 하자. 먼저 본인의 학교 교육과정에 맞춰 자신의 진로와 계열에 따라 선택해 야 할 과목들을 살펴본다. 특히 아래 제시된 국어, 수학, 영어, 탐구과목 중에 본 인에게 가장 맞는 교과목들을 골라야 하는데 1학년 학생들은 2학년 때 배울 과 목뿐만이 아니라 3학년 때 배울 교과목들에 대해서도 같이 고민하면서 신중하게 선택해야 한다.

·· 고등학교 보통 교과 교과목 구성 ··

기초

교과 (군)	공통 과목	선택 과목	
		일반 선택	진로 선택
국어	국어	화법과 작문, 독서, 언어와 매체, 문학	실용 국어, 심화 국어, 고전 읽기
수학	수학	수학Ⅰ, 수학Ⅱ, 미적분, 확률과 통계	기본 수학, 실용 수학, 인공지능 수학, 기하, 경제 수학, 수학과제 탐구
영어	영어	영어 회화, 영어Ⅰ, 영어 독해와 작문, 영어Ⅱ	기본 영어, 실용 영어, 영어권 문화, 진로 영어, 영미 문학 읽기
한국사	한국사		

탐구

교과 (군)	공통 과목	선택 과목	
		일반 선택	진로 선택
사회(역사/ 도덕 포함)	통합사회	한국지리, 세계지리, 세계사, 동아시아사, 경제, 정치와 법, 사회·문화, 생활과 윤리, 윤리와 사상	여행지리, 사회문제 탐구, 고전과 윤리
과학	통합과학 과학탐구 실험	물리학Ⅰ, 화학Ⅰ, 생명과학Ⅰ, 지구과학Ⅰ	물리학Ⅱ, 화학Ⅱ, 생명과학Ⅱ, 지구과학Ⅱ, 과학사, 생활과 과학, 융합과학

체육·예술

교과 (군)	공통 과목	선택 과목	
		일반 선택	진로 선택
체육		체육, 운동과 건강	스포츠 생활, 체육 탐구
예술		음악, 미술, 연극	음악 연주, 음악 감상과 비평 미술 창작, 미술 감상과 비평

교과 (군)	공통 과목	선택 과목			
		일반 선택		진로 선택	
기술·가정		기술·가정, 정보		농업 생명 과학, 공학 일반, 창의 경영, 해양 문화와 기술, 가정과학, 지식 재산 일반, 인공지능 기초	
제2외국어		독일어 I 프랑스어 I 스페인어 I 중국어 I	일본어 I 러시아어 I 아랍어 I 베트남어 I	독일어 II 프랑스어 II 스페인어 II 중국어 II	일본어 II 러시아어 II 아랍어 II 베트남어 II
한문		한문 I		한문 II	
교양		철학, 논리학, 심리학, 교육학, 종교학, 진로와 직업, 보건, 환경, 실용 경제, 논술			

그럼 선택과목을 현명하게 고르는 것이 왜 중요할까? 수시에서 학생부교과전형은 문·이과 구분 없이 학생이 이수한 국영수사과 성적 중심으로 반영이 되므로 일반선택과 진로선택과목을 어떻게 선택해서 어떤 결과가 나왔는지가 수시지원에 있어서 중요한 포인트다.

학생부종합전형에서는 자연계열의 경우 전공과 관련된 수학, 과학 교과 선택을 어떻게 선택했느냐가 매우 중요하고 인문사회계열 역시 희망학과에 맞는 전공 적합성에 따라 고등학교 시기에 어떤 과목을 이수했는지가 더욱 중요하기 때문에 과목선택을 하는 데 있어 반드시 현명하고 신중하게 선택해야 한다.

학생부 교과 전형	학생부 종합 전형
· 문이과 구분 없이 학생이 이수한 국, 영, 수, 사/과 성적 중심으로 반영 · 일반선택(석차등급), 진로선택(성취도) 과목 신중히 선택	· 교과성적, 학업역량 중요 · 자연계열–전공과 관련된 수학, 과학 교과 선택 필요 · 인문사회계열–희망학과의 전공적합성에 따라 해당과목 이수

※ 학생부 교과 전형의 경우 2023 입시에서 전 과목을 반영하는 대학은 13개 있다.

따라서 학교에서 안내하는 교육과정 편제표를 찾아보고, 선택과목에 대해 고민해보는 과정을 반드시 거쳐야 한다.

이렇듯 자신의 진로에 따른 과목선택의 중요성은 아무리 강조해도 지나치지 않는다. 이 부분과 관련하여 아래의 내용을 꼭 확인해 보길 바란다.

— 1. 자신이 희망하는 전공과 진로에 맞는 교과 선택 매우 중요
— 2. 어떤 교과를 선택했느냐? / 못 들었나? 안 들었나?
— 3. 진로선택과목 성취 평가 실시에 따른 내신 반영 유불리
— 4. 자신이 선택한 교과목을 수시와 정시에서 어떻게 활용할 것인가?
— 5. 선택한 교과목과 연계하여 어떤 활동을 하였는가?

다음으로, 과목을 선택하기 위해서는 2022학년도 대입부터 달라진 수능 체제도 고려해야 한다. 아무래도 자신이 수능에서 선택하려고 하는 교과목들을 선택하는 것이 내신을 준비하면서 수능까지 대비하는데 유리하다.

영역	2022학년도 이후 수능 범위	비고
국어	공통 : 독서, 문학 선택 : 화법과 작문, 언어와 매체 중 택1	
수학	공통 : 수학Ⅰ, 수학Ⅱ 선택 : 확률과 통계, 미적분, 기하 중 택1	
영어	영어Ⅰ, 영어Ⅱ	절대평가
한국사	한국사	절대평가
탐구	사회·과학 계열 구분 없이 택2 * 사회 : 9과목, * 과학 : 8과목(과학Ⅰ·Ⅱ)	
제2외국어 /한문	9과목 중 택1 (독일어Ⅰ, 프랑스어Ⅰ, 스페인어Ⅰ, 중국어Ⅰ, 일본어Ⅰ, 러시아어Ⅰ, 아랍어Ⅰ, 베트남어Ⅰ, 한문Ⅰ)	절대평가

또한, 주요 대학들이 수능 과목을 지정해 놓았기 때문에 자신이 정말로 가고자 하는 대학에서 어떤 과목들을 지정해 놓았는지를 살펴보는 것도 과목 선택하는 데 있어서 중요한 요소 중의 하나가 될 것이다. 특히 자연계열은 다수의 대학이 수학과 탐구과목에서 특정 과목을 지정하고 있기 때문에 신경을 써야 한다.

·· 2023학년도 대입 수능 영역(과목)을 지정한 대학(자연계열 (일부) 모집단위) ··

수학   미적분, 기하 중 택 1

가천대, 가톨릭대, 강원대, 건국대, 경북대, 경성대, 경희대, 계명대, 고려대, 공주대, 광운대, 국민대, 단국대, 대구가톨릭대, 대구한의대, 덕성여대, 동국대, 동국대(경주), 동덕여대, 동아대, 동의대, 목포대, 부산대, 상지대, 서강대, 서울과학기술대, 서울대, 서울시립대, 서원대, 성균관대, 세종대, 숙명여대, 순천대, 숭실대, 아주대, 연세대, 연세대(미래), 영남대, 울산대, 원광대, 이화여대, 인제대, 인하대, 전남대, 전북대, 제주대, 조선대, 중앙대, 차의과학대, 충남대, 충북대, 한국교원대, 한국항공대, 한림대, 한양대, 한양대(ERICA), 홍익대(59개 대)

탐구   과학

가천대, 가톨릭대, 강릉원주대, 강원대, 건국대, 건양대, 경북대, 경상대, 경성대, 경희대, 계명대, 고려대, 고려대(세종), 고신대, 광운대, 국민대, 단국대, 대구가톨릭대, 대구한의대, 덕성여대, 동국대, 동국대(경주), 동덕여대, 동아대, 부산대, 상지대, 서강대, 서울과학기술대, 서울대, 서울시립대, 성균관대, 성신여대, 세종대, 숙명여대, 순천대, 숭실대, 아주대, 연세대, 연세대(미래), 영남대, 우석대, 울산대, 원광대, 을지대, 이화여대, 인제대, 인천대, 인하대, 전남대, 전북대, 제주대, 조선대, 중앙대, 차의과학대, 충남대, 충북대, 한국교원대, 한국기술교대, 한림대, 한양대, 한양대(ERICA), 홍익대(62개 대)

서울대는 2021년 7월, 2024학년도 전형안을 예고하였는데 그중 2015 교육과정에 따른 전공 연계 교과 이수 과목을 제시하였다. 이에 교육과정과 이수 과목의 중요성이 더욱 부각될 것이므로 이수 과목 선택에 신중을 기해야 한다.

서울대가 제시한 전공 연계 교과 이수 과목은 학생이 희망하는 학과에서 전공을 공부하는 데 도움이 되는 과목들을 제시한 것이다. 모집단위별 핵심 권장과목은 학생이 희망하는 전공 분야의 학문적 기초 소양을 쌓을 수 있는 필수 연계

과목이며, 권장과목은 모집단위 수학을 위해 교육과정에서 배우기를 추천하는 과목이기 때문에 가급적 이를 고려하여 과목선택을 하는 것이 필요하겠다.

또한, 전공 연계 교과 이수 과목은 지원자격과 무관하지만 모집단위별 권장 과목의 이수 여부는 수시모집 서류평가 및 정시모집 교과평가에 반영된다고 서울대는 설명하고 있으므로 과목선택을 하는 데 있어 반드시 고려해야 할 요소이다.

많은 학생들이 전공 연계 교과 이수 과목의 수강자 수가 적어서 교과 성취도에서 낮은 등급이 나오는 경우를 생각하여 선택을 하지 않는 경우가 있다. 하지만, 소인수 과목이나 과목 난이도가 높은 과목을 이수하는 학생은 대학에서 학생의 도전정신과 학문 분야에 대한 호기심을 긍정적으로 평가하여 도전하지 않은 학생에 비해 더 좋게 바라본다는 사실을 반드시 생각하여 과목선택을 해주길 바란다.

2024 서울대 모집단위별 전공 연계 교과이수 과목

모집단위	핵심 권장과목	권장과목
경제학부		미적분, 확률과 통계
수리과학부	미적분, 확률과 통계, 기하	
통계학과	미적분, 확률과 통계, 기하	
물리·천문학부-물리학전공	물리학II, 미적분, 기하	확률과 통계
물리·천문학부-천문학전공	지구과학I, 미적분, 기하	지구과학II, 물리학II, 확률과 통계
화학부	화학II, 미적분	확률과 통계, 기하
생명과학부	생명과학II, 미적분	화학II, 확률과 통계, 기하
지구환경과학부	물리학II 또는 화학II 또는 지구과학II, 미적분	확률과 통계, 기하
간호대학		생명과학I, 생명과학II
공과대학-광역	미적분, 확률과 통계	기하
건설환경공학부	미적분, 기하	확률과 통계
기계공학부	물리학II, 미적분, 기하	확률과 통계
재료공학부	미적분, 기하	물리학II, 화학II, 확률과 통계
전기·정보공학부	물리학II, 미적분	확률과 통계, 기하
컴퓨터공학부	미적분, 확률과 통계	
화학생물공학부	물리학II, 미적분, 기하	화학II 또는 생명과학II
건축학과		미적분
산업공학과	미적분	확률과 통계
에너지자원공학과	물리학II, 미적분, 기하	확률과 통계
원자핵공학과	물리학II, 미적분	
조선해양공학과	물리학I, 미적분, 기하	확률과 통계
항공우주공학과	물리학II, 미적분, 기하	지구과학II, 확률과 통계
농경제사회학부		미적분, 확률과 통계
식물생산과학부	생명과학II	화학II, 미적분, 확률과 통계, 기하
식품·동물생명공학부	화학II, 생명과학II	
응용생물화학부	화학II, 생명과학II	미적분, 확률과 통계, 기하

모집단위	핵심 권장과목	권장과목
조경·지역시스템공학부	미적분, 기하	물리학 II, 확률과 통계
바이오시스템·소재학부	미적분, 기하	물리학 II 또는 화학 II
지리교육과		한국지리, 세계지리, 여행지리
수학교육과	미적분, 확률과 통계, 기하	
물리교육과	물리학 II	미적분, 확률과 통계, 기하
화학교육과	화학 II	미적분, 확률과 통계, 기하
생물교육과	생명과학 II	화학 II, 미적분, 확률과 통계
지구과학교육과	지구과학 I	지구과학 II, 미적분, 확률과 통계, 기하
식품영양학과	화학 II, 생명과학 II	
의류학과		화학 II, 생명과학 II 또는 확률과 통계
수의예과	생명과학 II	미적분, 확률과 통계
약학계열	화학 II, 생명과학 II	미적분, 확률과 통계
의예과	생명과학 I	생명과학 II, 미적분, 확률과 통계, 기하

과목을 선택하는 데는 설명한 내용 외에도 개인적인 상황에 따라 여러 가지 변수들이 있을 수 있다. 책에서는 과목을 선택할 때 고려해야 하는 사항 중 일부분만 이야기하고 있기 때문에 반드시 가정에서 부모님과 이야기를 나눠보고 궁금한 부분은 학교에서 선생님들과도 깊은 상담을 나눠보는 시간을 충분히 가져야 한다.

나. 인문계열 교과 선택 방법

1) 계열 소개

인문계열은 모든 학문의 근본이 되는 인문학의 교육과 연구를 목표로 한다. 인문계열은 인간과 인간의 문화, 인간의 가치와 인간의 자기표현 능력을 바르게 이해하기 위한 과학적인 연구 방법에 관심을 갖고 있다.

학문의 기본이 되는 인문학을 교육 연구하여 인간의 삶과 그 터전인 세계의 보편적 진리와 가치를 탐구한다.

2) 전공학과 및 관련학과(일부)

고고인류학	고고학과, 역사고고학, 역사문화학과, 역사문화학전공, 역사문화학부, 고고미술사학과, 고고문화인류학과, 고고인류학과
국어국문학	미디어문학과, 한국어문학부, 국어국문학과, 한국언어문학과, 한국어문학과, 한국언어문화학과, 국어국문·창작학과, 글로벌한국학과, 국어국문문예창작학부
사학	동양사학과, 서양사학과, 역사학과, 한국사학과, 사학, 미술사학과, 사학과, 인문콘텐츠학부 역사콘텐츠학과, 한국역사학과
영어영문학	영어통번역학부, 영어영문학과, 영어영문학부, 영미영어문화학과
일어일문학	일어일본학과, 일본어학부, 관광일어학과, 일어일문학과, 커뮤니케이션일본어학부, 관광일본어학과, 비즈니스일본어학부
중어중문학	중국어학부, 중국어문학과, 중어학과, 관광중국어학과, 중국어문화학과, 중국어중국학과, 중어중국학과
철학	철학·윤리문화학과, 철학윤리문화학부, 철학상담학과, 역사·철학상담학과, 철학윤리학과, 철학상담·심리학과, 역사철학부

(출처 : 대구광역시교육청 진로 진학 상담 가이드북)

▶▲◀
(1) 인문계열 - 고고인류학과

(가) 고고인류학과는 어떤 학과일까요?

인류의 역사와 다양한 문화에 관한 지식을 습득하게 함으로써 폭넓은 전문 능력을 갖춘 지식인 양성을 목적으로 설립된 학과이다. 고고인류학과는 고고학과 인류학이라는 다소 상이하면서도 상호보완적인 성격을 가진 두 개의 하위분야로 구성되어 있다. 고고학은 유물, 유적에 대한 발굴조사와 분석을 통해 과거 인류의 역사와 문화를 복원하고 문화 변동의 과정을 규명하는 학문이다. 그리고 인류학은 지구상에 존재하는 다양한 사회와 문화를 사회과학적인 방법으로 비교 연구하는 학문이다.

(나) 어떤 학생에게 어울릴까요?

인류 문명의 변천사를 비롯해 동서양 고금의 역사에 대해 지적 호기심이 많은 학생에게 적합하다. 한국사뿐만 아니라 세계사, 동아시아사 등 역사 전반에 대한 지식이 필요하며 문헌 자료를 통해 역사를 탐구하는 것에 관심이 있고 영어, 한문, 일본어 등의 외국어에 대한 소질이 필요하다. 방대한 양의 역사 서적을 꾸준히 읽어갈 수 있는 인내력과 집중력까지 갖추고 있다면 더욱 좋다.

관련 자격	대학에서 배우는 이수 교과목
· 박물관·미술관 학예사, 준학예사 · 문화재감정평가사, 문화재수리기능사 · 한국사능력검정자격증	고고학입문, 문화의 이해, 고고학실습, 인류학현지조사, 고고학연구법, 인골조사방법론, 한국의 미술문화, 현대고고학의 이해 등

(다) 어떤 학생이 선택하면 좋을까요?

> ★ 박물관이나 미술관 관람이 즐겁다.
>
> ★ 고대와 근대에 이르는 회화와 미술품을 감상하는 것이 좋다.
>
> ★ 문화재를 보면 어떤 문화재인지 안내판을 꼼꼼하게 살펴본다.
>
> ★ 우리 문화에 대한 자부심이 있고, 역사 전반에 대해 관심이 있다.
>
> ★ 문화유산(유적과 유물)에 대하여 흥미를 느끼고 조사와 연구에 관심이 있다.

(라) 졸업 후에 진로는 어떻게 되나요?

💡 교수, 연구원, 학예사(큐레이터), 학예연구사, 문화재보존가, 박물관장

(출처 : 서울시교육청 2015 개정교육과정 선택과목 안내서, 대구교육청 진로진학상담가이드북,
세종시교육청 전공적성개발 길라잡이)

(마) 고고인류학과를 희망하는 학생들의 과목 선택(예시)

전공 적합성과 연관 있는 교과목은 **진하게** 표시함

기초

교과 (군)	공통 과목	선택 과목	
		일반 선택	진로 선택
국어	국어	화법과 작문, 독서, 언어와 매체, 문학	실용 국어, 심화 국어, **고전 읽기**
수학	수학	수학Ⅰ, 수학Ⅱ, 미적분, **확률과 통계**	기본 수학, 실용 수학, 인공지능 수학, 기하, 경제 수학, 수학과제 탐구
영어	영어	영어 회화, 영어Ⅰ, 영어 독해와 작문, 영어Ⅱ	기본 영어, 실용 영어, 영어권 문화, 진로 영어, 영미 문학 읽기
한국사	한국사		

교과 (군)	공통 과목	선택 과목	
		일반 선택	진로 선택
사회(역사/ 도덕 포함)	통합사회	**한국지리, 세계지리, 세계사, 동아시아사**, 경제, 정치와 법, 사회·문화, 생활과 윤리, **윤리와 사상**	**여행지리, 사회문제 탐구**, 고전과 윤리
과학	통합과학 과학탐구 실험	물리학Ⅰ, 화학Ⅰ, 생명과학Ⅰ, **지구과학Ⅰ**	물리학Ⅱ, 화학Ⅱ, 생명과학Ⅱ, 지구과학Ⅱ, 과학사, 생활과 과학, 융합과학

교과 (군)	공통 과목	선택 과목	
		일반 선택	진로 선택
체육		체육, 운동과 건강	스포츠 생활, 체육 탐구
예술		음악, **미술**, 연극	음악 연주, 음악 감상과 비평 미술 창작, 미술 감상과 비평

교과 (군)	공통 과목	선택 과목	
		일반 선택	진로 선택
기술·가정		기술·가정, **정보**	농업 생명 과학, 공학 일반, 창의 경영, 해양 문화와 기술, 가정과학, 지식 재산 일반, **인공지능 기초**
제2외국어		독일어 I **일본어 I** 프랑스어 I 러시아어 I 스페인어 I 아랍어 I **중국어 I** 베트남어 I	독일어 II 일본어 II 프랑스어 II 러시아어 II 스페인어 II 아랍어 II 중국어 II 베트남어 II
한문		**한문 I**	**한문 II**
교양		**철학**, 논리학, 심리학, 교육학, **종교학**, 진로와 직업, 보건, 환경, 실용 경제, 논술	

※ 주의 **반드시 언급한 과목만을 선택할 필요는 없음(단순 예시임)**

고고인류학과는 한국사·동양사·서양사에 대한 관심 및 이해, 한문 및 영어 강독 그리고 문화 유적 답사를 통한 문화유산에 대한 이해와 분석, 역사의식과 사회의 다양한 현상 및 역사적 현상들에 대해 호기심과 상상적·논리적 분석력등을 필요로 한다. 이에 사회, 역사, 한문, 수학, 영어, 제2외국어 관련하여 과목선택을 하는 것이 유리하다. 인간과 사회 문제, 인류문명의 변천사 및 역사적 체험에 대한 관심을 바탕으로 한국사 및 세계사, 사회 교과에서 학업능력을 제시할 필요가 있다.

※ 수학의 경우 전공 적합성을 연계하기보다는 학교에서 수학 과목을 선택하거나 수능 때 학생들이 많이 선택하는 과목을 표시하였다.

▶▲◀
(2) 인문계열 - 국어국문학과

(가) 국어국문학과는 어떤 학과일까요?

국어국문학과는 우리말과 우리 문학을 연구하여 민족 문화를 창조적으로 계승하고 발전시키는 것을 목적으로 하는 학과이다. 이를 위해 국어의 구조와 역사를 밝혀내는 한편, 지난 시대와 이 시대의 문학을 그 시대 정신과 사회 배경 속에서 이해하고 그 가치를 탐구한다. 민족의 삶이 국어와 함께 이루어지고, 그 삶의 자취와 정신과 향기가 우리 문학 작품 속에 담겨 있으므로 국어국문학은 한국 인문학의 핵심이 된다고 할 수 있다.

(나) 어떤 학생에게 어울릴까요?

언어와 문학에 관심과 소질이 있는 학생에게 유리하다. 언어와 문학도 사회적 환경에 영향을 받기 마련이므로 사회변화를 읽을 줄 알면 더 좋다. 무한한 상상력과 창의력, 그리고 글쓰기와 읽기에 대한 흥미가 필요하다.

관련 자격	대학에서 배우는 이수 교과목
· 중등 2급 정교사, 논술지도사 · 작문실기지도사, 독서지도사 · 박물관 및 미술관 준학예사	국어학개론, 한국고전문학개론, 한국현대문학개론, 국어음운론, 국어문법론, 문예창작입문, 시론, 소설론, 희곡론, 비평론, 국어의미론, 사이버문학론 등

(다) 어떤 학생이 선택하면 좋을까요?

★ 타인의 이야기에 공감하는 능력이 뛰어나다.
★ 문학 작품을 읽고 사람들과 토론하는 것을 좋아한다.
★ 말과 글을 나만의 언어로 아름답게 꾸미는 것을 잘한다.
★ 사람들을 설득하거나 사람들에게 설명하는 것을 좋아한다.
★ 시나리오를 써서 무대를 창의적으로 표현하거나 기획하는 것을 즐긴다.

(라) 졸업 후에 진로는 어떻게 되나요?

💡 광고·홍보전문가, 구성작가, 극작가, 기자, 네이미스트, 독서지도사, 방송기자, 방송연출가, 방송작가, 사서, 소설가, 스크립터, 시인, 신문기자, 아나운서, 애니메이션작가, 중등국어교사, 통·번역가

(출처 : 서울시교육청 2015 개정교육과정 선택과목 안내서, 대구교육청 진로진학상담가이드북,
세종시교육청 전공적성개발 길라잡이)

(마) 국어국문학과를 희망하는 학생들의 과목 선택(예시)

전공 적합성과 연관 있는 교과목은 **진하게** 표시함

기초

교과 (군)	공통 과목	선택 과목	
		일반 선택	진로 선택
국어	국어	**화법과 작문, 독서, 언어와 매체, 문학**	**실용 국어, 심화 국어, 고전 읽기**
수학	수학	수학 I, 수학 II, 미적분, **확률과 통계**	기본 수학, 실용 수학, 인공지능 수학, 기하, 경제 수학, **수학과제 탐구**
영어	영어	영어 회화, 영어 I, **영어 독해와 작문**, 영어 II	기본 영어, 실용 영어, 영어권 문화, 진로 영어, **영미 문학 읽기**
한국사	한국사		

탐구

교과 (군)	공통 과목	선택 과목	
		일반 선택	진로 선택
사회(역사/ 도덕 포함)	통합사회	한국지리, 세계지리, 세계사, 동아시아사, 경제, 정치와 법, **사회·문화, 생활과 윤리, 윤리와 사상**	여행지리, **사회문제 탐구, 고전과 윤리**
과학	통합과학 과학탐구 실험	물리학 I, 화학 I, 생명과학 I, 지구과학 I	물리학 II, 화학 II, 생명과학 II, 지구과학 II, 과학사, **생활과 과학**, 융합과학

교과 (군)	공통 과목	선택 과목	
		일반 선택	진로 선택
체육		체육, 운동과 건강	스포츠 생활, 체육 탐구
예술		**음악, 미술, 연극**	음악 연주, **음악 감상과 비평** 미술 창작, **미술 감상과 비평**

교과 (군)	공통 과목	선택 과목	
		일반 선택	진로 선택
기술·가정		기술·가정, 정보	농업 생명 과학, 공학 일반, 창의 경영, 해양 문화와 기술, 가정과학, 지식 재산 일반, 인공지능 기초
제2외국어		독일어 Ⅰ　　일본어 Ⅰ 프랑스어 Ⅰ　러시아어 Ⅰ 스페인어 Ⅰ　아랍어 Ⅰ 중국어 Ⅰ　　베트남어 Ⅰ	독일어 Ⅱ　　일본어 Ⅱ 프랑스어 Ⅱ　러시아어 Ⅱ 스페인어 Ⅱ　아랍어 Ⅱ 중국어 Ⅱ　　베트남어 Ⅱ
한문		**한문 Ⅰ**	**한문 Ⅱ**
교양		**철학, 논리학, 심리학**, 교육학, **종교학**, 진로와 직업, 보건, 환경, 실용 경제, **논술**	

※ 주의 **반드시 언급한 과목만을 선택할 필요는 없음(단순 예시임)**

국어국문학과는 국어학, 고전문학, 현대문학, 한문학에 관한 관심과 이해가 필요하다. 또한, 외국어와 외국 문학 작품에 대한 기본적인 이해, 언어와 관련한 사회·문화적 현상의 탐구 및 이해도 필요하다. 주로 우리말과 문학 작품의 변천사를 철학, 문화 등 사회의 다양한 요소들과의 관계 속에서 심층적 의미를 탐구한다. 그러므로 인문학적 소양을 갖추는 노력을 필요로 하기 때문에 국어, 사회, 한문, 예술 관련하여 과목선택을 하는 것이 유리하다. 다양한 문화 및 글쓰기와 읽기에 대한 관심을 바탕으로 언어 관련 교과에서 학업능력을 제시할 필요가 있다.

※ **수학과 과학의 경우 전공 적합성을 연계하기보다는 학교에서 과목을 선택하거나 수능 때 학생들이 많이 선택하는 과목을 표시하였다.**

▶▲◀
(3) 인문계열 - 사학과

(가) 사학과는 어떤 학과일까요?

사학과는 역사학을 인간에 대한 종합적 연구로 인식하고 그 이론과 방법을 연구하고 가르치는 학과이다. 전공은 한국사학, 동양사학, 서양사학으로 나뉘며 이를 골고루 공부하여 균형 잡힌 역사 인식을 기르고 다문화 시대에도 적응할 수 있는 미래 지향적인 인재를 양성하고 있다.

(나) 어떤 학생에게 어울릴까요?

역사학에 대한 관심이 있고 논리적, 분석적 사고력과 비판적인 문제의식을 지닌 학생에게 적합하다. 인간 행위와 사회 현상에 대한 통찰력을 지니고 사회문화에 관심이 많아야 한다. 독서를 많이 하고 사료를 끈기 있게 읽을 수 있는 성실성이 필요하다.

관련 자격
· 중등 2급 정교사, 문화예술교육사
· 문화재수리기술자
· 박물관 및 미술관 준학예사

대학에서 배우는 이수 교과목
역사학입문, 역사학개론, 기초사료강독, 한국고대사, 한국중세사, 한국근현대사, 동양사, 서양사, 한국사학사, 문화사의 이해, 한국사상사, 한국사연습 등

(다) 어떤 학생이 선택하면 좋을까요?

> ★ 남들에 비해 한국사에 가지고 있는 애정이 크다.
> ★ 한국사 시간이나 동아시아사 시간이 재미있고 즐겁다.
> ★ 과거의 기억을 소중히 여기고 현재에 적용하여 사용한다.
> ★ 한문을 비롯해서 각종 외국어에 대한 기본 소양을 갖추고 있다.
> ★ 글로벌한 사고와 역사 문화의 소양을 갖추고 창의적인 사고를 한다.

(라) 졸업 후에 진로는 어떻게 되나요?

문화재담당 공무원, 감정평가사, 역사 교사, 언론인(기자, PD, 아나운서 등), 인문과학연구원, 인문사회계열교수, 학예연구사, 다큐작가/연출가, 기록물관리사, 고고학발굴조사원, 문화재연구원, 문화재발굴조사전문가, 출판물 기획자, 해외영업원 등

(출처 : 서울시교육청 2015 개정교육과정 선택과목 안내서, 대구교육청 진로진학상담가이드북, 세종시교육청 전공적성개발 길라잡이)

(마) 사학과를 희망하는 학생들의 과목 선택(예시)

전공 적합성과 연관 있는 교과목은 **진하게** 표시함

기초

교과 (군)	공통 과목	선택 과목	
		일반 선택	진로 선택
국어	국어	화법과 작문, **독서**, 언어와 매체, **문학**	실용 국어, **심화 국어, 고전 읽기**
수학	수학	수학Ⅰ, 수학Ⅱ, 미적분, **확률과 통계**	기본 수학, 실용 수학, 인공지능 수학, 기하, 경제 수학, 수학과제 탐구
영어	영어	영어 회화, **영어Ⅰ**, 영어 독해와 작문, **영어Ⅱ**	기본 영어, 실용 영어, 영어권 문화, 진로 영어, 영미 문학 읽기
한국사	한국사		

교과 (군)	공통 과목	선택 과목	
		일반 선택	진로 선택
사회(역사/ 도덕 포함)	통합사회	**한국지리, 세계지리, 세계사, 동아시아사**, 경제, 정치와 법, 사회·문화, 생활과 윤리, **윤리와 사상**	여행지리, 사회문제 탐구, **고전과 윤리**
과학	통합과학 과학탐구 실험	물리학Ⅰ, 화학Ⅰ, 생명과학Ⅰ, 지구과학Ⅰ	물리학Ⅱ, 화학Ⅱ, 생명과학Ⅱ, 지구과학Ⅱ, 과학사, 생활과 과학, 융합과학

교과 (군)	공통 과목	선택 과목	
		일반 선택	진로 선택
체육		체육, 운동과 건강	스포츠 생활, 체육 탐구
예술		음악, 미술, 연극	음악 연주, 음악 감상과 비평 미술 창작, 미술 감상과 비평

교과 (군)	공통 과목	선택 과목	
		일반 선택	진로 선택
기술·가정		기술·가정, 정보	농업 생명 과학, 공학 일반, 창의 경영, 해양 문화와 기술, 가정과학, 지식 재산 일반, 인공지능 기초
제2외국어		독일어 I 일본어 I 프랑스어 I 러시아어 I 스페인어 I 아랍어 I 중국어 I 베트남어 I	독일어 II 일본어 II 프랑스어 II 러시아어 II 스페인어 II 아랍어 II 중국어 II 베트남어 II
한문		**한문 I**	**한문 II**
교양		**철학**, 논리학, 심리학, 교육학, 종교학, 진로와 직업, 보건, 환경, 실용 경제, 논술	

※ 주의 **반드시 언급한 과목만을 선택할 필요는 없음(단순 예시임)**

사학과는 한국사·동양사·서양사에 대한 관심 및 이해, 한문 및 영어 강독 그리고 문화유적 답사를 통한 문화유산에 대한 이해와 분석을 중요시한다. 또한 역사의식, 사회의 다양한 현상 및 역사적 현상들에 대해 호기심과 상상력 등을 필요로 한다. 이에 사회, 역사, 한문, 영어, 제2외국어 관련 교과목들과 관련하여 과목선택을 하는 것이 유리하다. 인간과 사회문제, 인류문명의 변천사 및 역사적 체험에 대한 관심과 고민을 바탕으로 한국사 및 세계사 교과에서 학업능력을 제시할 필요가 있다.

※ **수학의 경우 전공 적합성을 연계하기보다는 학교에서 수학 과목을 선택하거나 수능 때 학생들이 많이 선택하는 과목을 표시하였다.**

(4) 인문계열 - 영어영문학과

(가) 영어영문학과는 어떤 학과일까요?

영어영문학과에서는 영어의 구조, 문법, 의미 등 영어학 관련 이론을 공부함으로써 영어를 바르게 말하고 가르치는 능력을 배우게 된다. 읽고 말하고 쓰는 실용 영어뿐만 아니라 셰익스피어의 작품을 비롯한 미국, 영국 등 영어권 국가의 고전 문학 작품과 현대문학 작품에 대한 분석을 통해 영어의 다양한 표현들을 익히게 된다.

(나) 어떤 학생에게 어울릴까요?

영미문학과 언어에 대해 공부하므로 영어에 대한 관심과 흥미가 무엇보다도 필요하다. 영어 관련 서적, 영미문학 및 영화 등에 관심이 있고 외국어에 소질이 있는 학생에게 유리하다.

관련 자격	대학에서 배우는 이수 교과목
· 중등 2급 정교사 · 관광통역안내사(영어) · 번역능력시험자격증, 　외국어번역행정사	영미문학입문, 영미단편소설, 영미문학비평, 영미작가연구, 영미문학과 대중문학, 영문학개론, 영어학, 영어의미론, 구문론, 음운론, 통사론, 통번역 입문 등

(다) 어떤 학생이 선택하면 좋을까요?

★ 영어와 영문학에 흥미가 있으며 다른 나라의 문화에 관심이 많다.

★ 영어뿐만 아니라 국어와 다른 외국어에 남다른 관심을 가지고 있다.

★ 다양한 외국의 사람들과 이야기를 나누며 의사소통하는 것이 즐겁다.

★ 국제기구에서 일하는 것을 고려하고 있으며 각종 국제적 활동을 원한다.

★ 미국이나 영국 등에 관심이 많으며 미국 등에서 유학하는 것도 고려하고 있다.

(라) 졸업 후에 진로는 어떻게 되나요?

💡 무역회사, 금융기관, 공무원, 외교관, 외국어 학원강사, 스튜어디스, 번역사, 통역사 등 영어 능력을 필요로 하는 거의 모든 분야

(출처 : 서울시교육청 2015 개정교육과정 선택과목 안내서, 대구교육청 진로진학상담가이드북, 세종시교육청 전공적성개발 길라잡이)

(마) 영어영문학과를 희망하는 학생들의 과목 선택(예시)

전공 적합성과 연관 있는 교과목은 **진하게** 표시함

기초

교과 (군)	공통 과목	선택 과목	
		일반 선택	진로 선택
국어	국어	화법과 작문, **독서**, 언어와 매체, **문학**	실용 국어, 심화 국어, 고전 읽기
수학	수학	수학Ⅰ, 수학Ⅱ, 미적분, **확률과 통계**	기본 수학, 실용 수학, 인공지능 수학, 기하, 경제 수학, **수학과제 탐구**
영어	영어	**영어 회화, 영어Ⅰ, 영어 독해와 작문, 영어Ⅱ**	기본 영어, **실용 영어, 영어권 문화, 진로 영어, 영미 문학 읽기**
한국사	한국사		

탐구

교과 (군)	공통 과목	선택 과목	
		일반 선택	진로 선택
사회(역사/ 도덕 포함)	통합사회	한국지리, **세계지리, 세계사,** 동아시아사, 경제, 정치와 법, **사회·문화, 생활과 윤리, 윤리와 사상**	**여행지리**, 사회문제 탐구, 고전과 윤리
과학	통합과학 과학탐구 실험	물리학Ⅰ, 화학Ⅰ, 생명과학Ⅰ, 지구과학Ⅰ	물리학Ⅱ, 화학Ⅱ, 생명과학Ⅱ, 지구과학Ⅱ, 과학사, **생활과 과학**, 융합과학

교과 (군)	공통 과목	선택 과목	
		일반 선택	진로 선택
체육		체육, 운동과 건강	스포츠 생활, 체육 탐구
예술		음악, 미술, 연극	음악 연주, **음악 감상과 비평** 미술 창작, 미술 감상과 비평

생활·교양

교과 (군)	공통 과목	선택 과목	
		일반 선택	진로 선택
기술·가정		기술·가정, 정보	농업 생명 과학, 공학 일반, 창의 경영, 해양 문화와 기술, 가정과학, 지식 재산 일반, 인공지능 기초
제2외국어		독일어 I 일본어 I 프랑스어 I 러시아어 I 스페인어 I 아랍어 I 중국어 I 베트남어 I	독일어 II 일본어 II 프랑스어 II 러시아어 II 스페인어 II 아랍어 II 중국어 II 베트남어 II
한문		한문 I	한문 II
교양		**철학**, 논리학, **심리학**, 교육학, **종교학**, 진로와 직업, 보건, 환경, 실용 경제, 논술	

※ 주의 **반드시 언급한 과목만을 선택할 필요는 없음(단순 예시임)**

영어영문학과는 영어와 국어 소통 및 쓰기 능력 등에 대한 향상 노력이 필요하다. 또한, 영어문화권에 대한 이해 노력 외에도 언어와 관련한 사회·문화적 현상의 탐구 및 이해, 영어권 국가의 문학 작품 변천사를 철학, 문화 등 사회의 다양한 요소들과의 관계 속에서 의미를 탐구하는 노력이 필요하다. 이에 영어, 사회, 예술, 국어 교과목들과 관련하여 과목선택을 하는 것이 유리하다. 다양한 국가의 문화와 사회에 대한 관심과 고민을 바탕으로 영어 교과에서 학업능력을 제시할 필요가 있다.

※ 수학과 과학의 경우 전공 적합성을 연계하기보다는 학교에서 과목을 선택하거나 수능 때 학생들이 많이 선택하는 과목을 표시하였다.

▶▲◀
(5) 인문계열 - 일어일문학과

(가) 일어일문학과는 어떤 학과일까요?

일본어는 우랄·알타이어족에 속하며 어순이 유사한 점에 있어서는 한국어와 가장 가까운 언어이나 분명히 구분되는 외국어이다. 일어일문학과는 일본어와 일본 문학에 대한 원리 및 구조를 습득하고 회화, 작문능력 및 문학 작품의 강독능력을 기르는 학문이다.

(나) 어떤 학생에게 어울릴까요?

일본어를 습득하는 데는 적극적인 사고와 인내력 및 문화적 이질성에 대한 포용력 등이 요구된다. 또한, 일본어 구사 능력 이외에도 여러 가지 문학 작품이나 역사, 문화 등을 함께 공부하여야 하므로 평소 인문학적 소양이 있는 학생이라면 적성에 맞다고 볼 수 있다.

관련 자격	대학에서 배우는 이수 교과목
· 중등 2급 정교사 · JPT, JLPT(일본어능력시험), 　외국어번역행정사 · 국제의료관광코디네이터, 　관광통역안내사(일본)	전공일본어, 일본문학개론, 일본학개론, 시사일본어, 일본고전문법, 일본어음성학, 일본어학개론, 일본어사, 일본어휘론, 일본어회화 등

(다) 어떤 학생이 선택하면 좋을까요?

★ 새로운 언어와 다른 문화에 대해 호기심이 많은 편이다.

★ 일본인을 포함한 외국인과 교류하면서 우리 문화를 세계에 알리고 싶다.

★ 일본 전문가가 되어 미래의 한·일 관계를 이끌어갈 글로벌 리더가 되고 싶다.

★ 대중문화로부터 일본을 알기 시작했고 더 전문적으로 일본을 공부해 보고 싶다.

(라) 졸업 후에 진로는 어떻게 되나요?

💡 번역가, 무역사무원, 외국어교사, 유학 상담자, 사이버학습지교사, 일본어 학원강사, 통역사, 외교관, 해외공보관, 관리비서, 마케팅사무원, 여행사무원, 항공기객실승무원, 투어컨덕터(해외여행인솔자), 관광통역안내원, 크루즈승무원, 여행상품개발자, 면세상품판매원, 탑승수송사무원, 출입국심사관, 호텔 사무원, 여행안내원, 의료관광코디네이터, 아나운서, 신문기자, 잡지기자, 방송기자, 리포터, 자막제작자

(출처 : 서울시교육청 2015 개정교육과정 선택과목 안내서, 대구교육청 진로진학상담가이드북,
세종시교육청 전공적성개발 길라잡이)

(마) 일어일문학과를 희망하는 학생들의 과목 선택(예시)

전공 적합성과 연관 있는 교과목은 **진하게** 표시함

기초

교과 (군)	공통 과목	선택 과목	
		일반 선택	진로 선택
국어	국어	화법과 작문, **독서**, 언어와 매체, **문학**	실용 국어, **심화 국어, 고전 읽기**
수학	수학	수학Ⅰ, 수학Ⅱ, 미적분, **확률과 통계**	기본 수학, 실용 수학, 인공지능 수학, 기하, 경제 수학, 수학과제 탐구
영어	영어	**영어 회화, 영어Ⅰ**, 영어 독해와 작문, **영어Ⅱ**	기본 영어, 실용 영어, 영어권 문화, 진로 영어, 영미 문학 읽기
한국사	한국사		

교과 (군)	공통 과목	선택 과목	
		일반 선택	진로 선택
사회(역사/ 도덕 포함)	통합사회	한국지리, 세계지리, **세계사, 동아시아사**, 경제, 정치와 법, **사회·문화, 생활과 윤리, 윤리와 사상**	**여행지리, 사회문제 탐구, 고전과 윤리**
과학	통합과학 과학탐구 실험	물리학Ⅰ, 화학Ⅰ, 생명과학Ⅰ, 지구과학Ⅰ	물리학Ⅱ, 화학Ⅱ, 생명과학Ⅱ, 지구과학Ⅱ, 과학사, **생활과 과학**, 융합과학

교과 (군)	공통 과목	선택 과목	
		일반 선택	진로 선택
체육		체육, 운동과 건강	스포츠 생활, 체육 탐구
예술		음악, 미술, 연극	음악 연주, 음악 감상과 비평 미술 창작, **미술 감상과 비평**

교과 (군)	공통 과목	선택 과목	
		일반 선택	진로 선택
기술·가정		기술·가정, 정보	농업 생명 과학, 공학 일반, 창의 경영, 해양 문화와 기술, 가정과학, 지식 재산 일반, 인공지능 기초
제2외국어		독일어 I 일본어 I 프랑스어 I 러시아어 I 스페인어 I 아랍어 I 중국어 I 베트남어 I	독일어 II 일본어 II 프랑스어 II 러시아어 II 스페인어 II 아랍어 II 중국어 II 베트남어 II
한문		한문 I	한문 II
교양		철학, 논리학, 심리학, 교육학, 종교학, 진로와 직업, 보건, 환경, 실용 경제, 논술	

※ 주의 반드시 언급한 과목만을 선택할 필요는 없음(단순 예시임)

일어일문학과는 일본어와 국어 소통 및 쓰기 능력 등에 대한 향상 노력이 필요하다. 또한, 일본의 문화와 역사·정치·경제에 대한 이해 노력 외에도 동아시아 문화 및 언어와 관련한 사회·문화적 현상의 탐구 및 이해가 요구된다. 일본 문학 작품의 변천사를 역사, 문화 등 사회의 다양한 요소들과의 관계 속에서 의미 탐구하는 노력 또한 필요하다. 이에 제2외국어(일본어), 사회, 국어, 한문 교과목들과 관련하여 과목선택을 하는 것이 유리하다. 일본의 정치경제와 사회문화, 역사에 관심과 고민을 바탕으로 일본어 및 한문 교과에서 학업능력을 제시할 필요가 있다.

※ 수학과 과학의 경우 전공 적합성을 연계하기보다는 학교에서 과목을 선택하거나 수능 때 학생들이 많이 선택하는 과목을 표시하였다.

▶▲◀
(6) 인문계열 - 중어중문학과

(가) 중어중문학과는 어떤 학과일까요?

중국어는 세계에서 가장 많은 사람들이 사용하는 언어로 최근 중국의 달라진 위상으로 인해 중국어를 배우려는 사람들이 증가하고 있다. 중국어문학에서는 중국어에 대한 체계적인 공부와 함께 찬란했던 중국의 과거(역사), 경제 부흥을 꿈꾸는 현재, 그리고 무한한 가능성을 보여줄 미래에 대해 탐구한다.

(나) 어떤 학생에게 어울릴까요?

우리나라, 일본, 중국 등 동양문화에 관심이 있고, 특히 중국의 역사와 급변하고 있는 중국의 현실에 대해 남다른 애정과 호기심이 있는 학생이라면 재미있게 공부할 수 있다. 중국어는 한자로 구성되어 있기 때문에 인내심을 가지고 공부하는 자세가 필요하다.

관련 자격	대학에서 배우는 이수 교과목
· 중등 2급 정교사, 관광통역안내사 (중국어), 관광가이드 자격 · HSK, CPT, 번역능력시험자격증 · 외국어번역행정사, 국제의료관광코디네이터	한문, 중국어학의 이해, 중국어 회화, 중국고전문학탐색, 현대중국어문법, 동양의 고전, 한자와 동양문화, 중국어권의 사회와 문화, 중국의 대중문학 등

(다) 어떤 학생이 선택하면 좋을까요?

★ 중국 문학을 통해 중국을 보는 눈을 넓히고 싶다.
★ 중국이 궁금하고 중국 관련 뉴스에 관심이 많다.
★ 중국어를 공부해보고 싶으나 어려울 것 같아 망설인 적이 있다.
★ 중국 드라마에 푹 빠진 적이 있으며 중국의 다양한 소수민족에 관심이 많다.
★ 호기심이 왕성하고 새로운 언어와 문화를 배우고 사용하는데 두려움이 없다.

(라) 졸업 후에 진로는 어떻게 되나요?

공무원, 교수, 금융관련사무원, 기업고위임원, 기자, 리포터, 무역사무원, 방송연출가, 방송연출가(프로듀서), 신문기자, 연구원, 외교관, 일반 공무원, 행정공무원, 벤처창업가, 대학원 및 교육 대학원 진학, 교사, 승무원

(출처 : 서울시교육청 2015 개정교육과정 선택과목 안내서, 대구교육청 진로진학상담가이드북,
세종시교육청 전공적성개발 길라잡이)

(마) 중어중문학과를 희망하는 학생들의 과목 선택(예시)

전공 적합성과 연관 있는 교과목은 **진하게** 표시함

기초

교과 (군)	공통 과목	선택 과목	
		일반 선택	진로 선택
국어	국어	화법과 작문, **독서**, 언어와 매체, **문학**	실용 국어, **심화 국어, 고전 읽기**
수학	수학	수학Ⅰ, 수학Ⅱ, 미적분, **확률과 통계**	기본 수학, 실용 수학, 인공지능 수학, 기하, 경제 수학, **수학과제 탐구**
영어	영어	**영어 회화, 영어Ⅰ**, 영어 독해와 작문, **영어Ⅱ**	기본 영어, 실용 영어, 영어권 문화, 진로 영어, 영미 문학 읽기
한국사	한국사		

교과 (군)	공통 과목	선택 과목	
		일반 선택	진로 선택
사회(역사/ 도덕 포함)	통합사회	한국지리, 세계지리, **세계사**, **동아시아사**, 경제, 정치와 법, 사회·문화, 생활과 윤리, **윤리와 사상**	**여행지리, 사회문제 탐구, 고전과 윤리**
과학	통합과학 과학탐구 실험	물리학Ⅰ, 화학Ⅰ, 생명과학Ⅰ, 지구과학Ⅰ	물리학Ⅱ, 화학Ⅱ, 생명과학Ⅱ, 지구과학Ⅱ, 과학사, **생활과 과학**, 융합과학

체육·예술

교과 (군)	공통 과목	선택 과목	
		일반 선택	진로 선택
체육		체육, 운동과 건강	스포츠 생활, 체육 탐구
예술		음악, 미술, 연극	음악 연주, 음악 감상과 비평 미술 창작, **미술 감상과 비평**

교과 (군)	공통 과목	선택 과목	
		일반 선택	진로 선택
기술·가정		기술·가정, 정보	농업 생명 과학, 공학 일반, 창의 경영, 해양 문화와 기술, 가정과학, 지식 재산 일반, 인공지능 기초
제2외국어		독일어 I 일본어 I 프랑스어 I 러시아어 I 스페인어 I 아랍어 I **중국어 I** 베트남어 I	독일어 II 일본어 II 프랑스어 II 러시아어 II 스페인어 II 아랍어 II **중국어 II** 베트남어 II
한문		**한문 I**	**한문 II**
교양		**철학**, 논리학, **심리학**, 교육학, **종교학**, 진로와 직업, 보건, 환경, 실용 경제, 논술	

※ 주의 **반드시 언급한 과목만을 선택할 필요는 없음(단순 예시임)**

중어중문학과는 중국어와 국어 소통 및 쓰기 능력 등에 대한 향상 노력이 필요하다. 또한, 중국 문화와 역사에 대한 이해를 기반으로 동양문화·언어와 관련한 사회·문화적 현상의 탐구 및 이해가 필요하다. 중국 문학 작품의 변천사를 철학·역사·문화 등 사회의 다양한 요소들과의 관계 속에서 의미를 탐구하는 노력이 요구된다. 이에 제2외국어(중국어), 사회, 예술, 국어, 한문 교과목들과 관련하여 과목 선택을 하는 것이 유리하다. 동양 문화 국가, 특히 중국의 역사와 사회문화에 대한 관심과 고민을 바탕으로 중국어 및 한문 교과에서 학업능력을 제시할 필요가 있다.

※ **수학과 과학의 경우 전공 적합성을 연계하기보다는 학교에서 과목을 선택하거나 수능 때 학생들이 많이 선택하는 과목을 표시하였다.**

▶▲◀
(7) 인문계열 - 철학과

(가) 철학과는 어떤 학과일까요?

철학은 세계와 인간에 대한 가장 근본적 문제들을 이성적으로 탐구하는 학문이다. 철학은 우리가 일상적 삶에서 당연한 것으로 믿고 있는 전제들을 비판적으로 검토함으로써 우리의 삶에 대한 근본적 반성을 추구한다. 철학이 모든 학문의 토대를 이루는 '근본학'으로 불리는 이유가 여기에 있다. 더 나아가 철학은 각 학문이 서로 어떤 관계를 맺고 있으며, 이러한 관계를 통해 드러나는 세계 전체의 모습이 어떤 것인가에 대한 종합적 이해를 추구하는 학문이다.

(나) 어떤 학생에게 어울릴까요?

편협하지 않고 유연한 사고를 가지고 있으며, 논리적이고 합리적인 사고방식이 필요하다. 또한, 동양철학을 위해서 한문이 중요하고 서양철학을 위해서는 영어가 요구되는 등 외국어에 대한 흥미도 필요하다.

관련 자격	대학에서 배우는 이수 교과목
· 중등 2급 정교사 · 사회복지사, 평생교육사	철학개론, 논리와 비판적 사고, 동서양철학의 이해, 현대사회와 윤리, 사회철학의 이해, 윤리학, 논리학, 형이상학, 인식론 등

(다) 어떤 학생이 선택하면 좋을까요?

★ 인간 본성과 존재 가치, 삶의 본질 및 사회에 대한 관심이 많다.
★ 인간을 포함하여 사물과 세계에 대해 인문학적 관점으로 바라볼 수 있는 통합적 사고능력이 있다.
★ 마음과 세계의 기본적인 법칙에 관심이 많고 고전 철학 및 현재의 철학은 어떻게 진행되고 있는지 궁금하다.

(라) 졸업 후에 진로는 어떻게 되나요?

💡 공무원, 연구원, 중등교사, 출판물기획자, 기자, 인문사회계열교수, 철학연구원, 시인, 소설가, 평론가, 컨설턴트, 방송 및 영화계(방송작가, 영화기획)

(출처 : 서울시교육청 2015 개정교육과정 선택과목 안내서, 대구교육청 진로진학상담가이드북,
세종시교육청 전공적성개발 길라잡이)

(마) 철학과를 희망하는 학생들의 과목 선택(예시)

전공 적합성과 연관 있는 교과목은 **진하게** 표시함

기초

교과 (군)	공통 과목	선택 과목	
		일반 선택	진로 선택
국어	국어	화법과 작문, **독서**, 언어와 매체, **문학**	실용 국어, 심화 국어, **고전 읽기**
수학	수학	수학Ⅰ, 수학Ⅱ, 미적분, **확률과 통계**	기본 수학, 실용 수학, 인공지능 수학, 기하, 경제 수학, 수학과제 탐구
영어	영어	영어 회화, **영어Ⅰ**, 영어 독해와 작문, **영어Ⅱ**	기본 영어, 실용 영어, 영어권 문화, 진로 영어, 영미 문학 읽기
한국사	한국사		

교과 (군)	공통 과목	선택 과목	
		일반 선택	**진로 선택**
사회(역사/ 도덕 포함)	통합사회	한국지리, 세계지리, **세계사,** 동아시아사, 경제, 정치와 법, **사회·문화, 생활과 윤리, 윤리와 사상**	여행지리, **사회문제 탐구, 고전과 윤리**
과학	통합과학 과학탐구 실험	**물리학Ⅰ, 화학Ⅰ, 생명과학Ⅰ, 지구과학Ⅰ**	물리학Ⅱ, 화학Ⅱ, 생명과학Ⅱ, 지구과학Ⅱ, **과학사, 생활과 과학, 융합과학**

체육·예술

교과 (군)	공통 과목	선택 과목	
		일반 선택	**진로 선택**
체육		체육, 운동과 건강	스포츠 생활, 체육 탐구
예술		음악, 미술, 연극	음악 연주, 음악 감상과 비평 미술 창작, 미술 감상과 비평

생활·교양

교과 (군)	공통 과목	선택 과목	
		일반 선택	**진로 선택**
기술·가정		기술·가정, 정보	농업 생명 과학, 공학 일반, 창의 경영, 해양 문화와 기술, 가정과학, 지식 재산 일반, 인공지능 기초
제2외국어		독일어Ⅰ 일본어Ⅰ 프랑스어Ⅰ 러시아어Ⅰ 스페인어Ⅰ 아랍어Ⅰ 중국어Ⅰ 베트남어Ⅰ	독일어Ⅱ 일본어Ⅱ 프랑스어Ⅱ 러시아어Ⅱ 스페인어Ⅱ 아랍어Ⅱ 중국어Ⅱ 베트남어Ⅱ
한문		**한문Ⅰ**	한문Ⅱ
교양		**철학, 논리학, 심리학, 교육학, 종교학,** 진로와 직업, 보건, **환경,** 실용 경제, **논술**	

※ 주의 **반드시 언급한 과목만을 선택할 필요는 없음(단순 예시임)**

철학과는 한문, 외국어, 자연과학, 인문사회에 대한 관심과 이해가 필요하다. 또한, 세상사나 진리에 대한 호기심 및 자신을 둘러싼 세계, 환경이나 사회에 대한 깊이 있는 고민과 인식, 선과 악, 존재 등의 문제에 대해 능동적인 고민과 탐구를 필요로 한다. 이에 사회, 교양, 과학, 한문, 제2외국어 교과목들과 관련하여 과목선택을 하는 것이 유리하다. 특정한 사건이나 명제에 대한 관심과 고민, 논리적 분석력과 종합적 사고력을 바탕으로 윤리와 사상, 생활과 윤리 교과에서 학업능력을 제시할 필요가 있다.

※ 수학의 경우 전공 적합성을 연계하기보다는 학교에서 과목을 선택하거나 수능 때 학생들이 많이 선택하는 과목을 표시하였다.

　　지금까지 여러분들의 선택과목에 대한 고민을 해결할 방법에 대해 팁을 제공해 주었다. 선택과목을 고르는 데 있어서 우선으로 고려해야 할 부분은 세 가지이다. '나와 어울리는가?', '내가 얼마나 관심이 있는가?', '내가 현재 어떤 위치에 있는가?' 이다. 즉, 자신의 적성과 흥미 및 성적 수준을 고려해서 본인에게 잘 맞는 것을 고르는 것이 가장 기본이며 현명한 선택의 방법이 될 것이다.

단원을 마치며 ✦

2015 개정교육과정에 따라 자신의 진로와 본인이 대학에서 전공하고자 하는 학과에 맞춰 교과선택을 하는 것은 매우 중요한 부분이다. 지금까지 자신의 진로와 적성에 맞춰 효과적으로 과목 선택하는 방법에 대해 계열별·학과별로 소개를 하였다.

최근 건국대·경희대·연세대·중앙대·한국외대는 공동연구를 통해 'NEW 학생부종합전형 공통 평가요소 및 평가항목'을 발표하였다. 기존의 평가항목이었던 학업역량, 전공적합성, 인성, 발전가능성이 학업역량, 진로역량, 공동체역량으로 재구성되었다. 이 중 진로역량에서 자신의 진로와 전공(계열)에 관한 탐색 노력과 준비 정도를 파악하는 데 있어 고교 교육과정에서 전공(계열)에 필요한 과목을 적절하게 선택하였는지가 매우 중요하다는 것을 또 한 번 확인할 수 있다.

학생부종합전형 공통 평가요소 및 평가항목

 학업역량 대학 교육을 충실히 이수하는 데 필요한 수학 능력

1. 학업성취도	2. 학업태도	3. 탐구력
고교 교육과정에서 이수한 교과의 성취수준이나 학업 발전의 정도	학업을 수행하고 학습해 나가려는 의지와 노력	지적 호기심을 바탕으로 사물과 현상에 대해 탐구하고, 문제를 해결하려는 노력

 진로역량 자신의 진로와 전공(계열)에 관한 탐색 노력과 준비 정도

1. 전공(계열) 관련 교과 이수 노력	2. 전공(계열) 관련 교과 성취도	3. 진로 탐색 활동과 경험
고교 교육과정에서 전공(계열)에 필요한 과목을 선택하여 이수한 정도	고교 교육과정에서 전공(계열)에 필요한 과목을 수강하고 취득한 학업성취 수준	자신의 진로를 탐색하는 과정에서 이루어진 활동이나 경험 및 노력 정도

 공동체역량 공동체의 일원으로서 갖춰야 할 바람직한 사고와 행동

1. 협업과 소통능력	2. 나눔과 배려
공동체의 목표를 달성하기 위해 협력하며, 구성원들과 합리적인 의사소통을 할 수 있는 능력	상대방을 존중하고 이해하여 원만한 관계를 형성하며, 타인을 위하여 기꺼이 나누어 주고자 하는 태도와 행동
3. 성실성과 규칙준수	4. 리더십
책임감을 바탕으로 자신의 의무를 다하고, 공동체의 기본 윤리와 원칙을 준수하는 태도	공동체의 목표 달성을 위해 구성원들의 상호작용을 이끌어가는 능력

출처: NEW 학생부종합전형 공통 평가요소 및 평가항목, 건국대·경희대·연세대·중앙대·한국외대

결국, 자기 주도적 진로설계 과정에서 학생의 과목선택이 중요해지는 교육과정의 변화를 반영한 연구 결과라 앞으로 **과목선택의 중요성**은 평가요소로서 더 큰 영향력을 미칠 것이다.

　　그리고 학업역량, 진로역량, 공동체역량을 확인할 수 있는 중요한 활동 중 하나는 바로 학생 개인이 주도적으로 실시한 탐구활동이다. 탐구활동이란 어떤 대상에 관해 지적 호기심을 두어 깊고 폭넓게 탐구할 수 있는 능력을 의미하는데 최근 탐구활동 평가에서 대학은 교실수업을 통한 성장 과정에 주목한다. 교과 수업 내용에 대해 연계적 질문이나 새로운 문제해결 방법을 찾고자 노력했는지, 자신의 진로와 관련하여 어떤 수업을 수강하였고, 수업에서 이루어지는 다양한 탐구활동에 자발적으로 참여하였는지, 수업에서 가진 궁금증을 풀어보고 싶거나 자신의 역량을 기르기 위해 학교의 어떤 프로그램으로 관심을 확장해 나갔는지를 종합적으로 판단한다. 결국, 학생부종합전형을 준비하는 학생들에게 탐구활동이 미치는 영향력은 크기 때문에 다음 장에서는 과제탐구를 어떻게 준비하고 어떻게 수행할 것인가에 대해 알아보고자 한다.

4

과제탐구

과제탐구

가. 과제탐구의 의미

1) 두려움에서 벗어나야 답이 보인다.

대학은 연구자를 길러내기 위해 학생들을 선발한다. 연구자가 될 자질과 역량을 갖춘 사람을 선발하여 연구자로 키우는 곳이다. 특히, 대학에서는 연구 동기, 연구 질문, 연구 방법, 질문에 대한 결론, 후속 활동의 5단계 중 연구 방법이 정교해진다. 따라서 대학이 고등학생들에게 관심을 갖고 평가하는 것은 얼마나 대단한 연구를 했는가가 아니다.

대학은 학생의 연구가 어떠한 계기로 시작을 하게 되었을까를 통해 학생의 지적 호기심과 논리성을 파악한다. 그리고 결론을 짓는 방법을 통해서 학생의 리더십과 소통 능력, 분석력 등을 평가하게 된다. 후속 활동은 학생이 지닌 연구자로서의 자질을 평가할 수 있다. 연구방법은 어느 정도 타당성이 있는가 정도로 해석된다. 호기심 해결과 창의적인 주제선정은 평가자들에게 좋은 평가를 받을 수 있다.

탐구 활동에서 어떤 주제로 탐구할 것인가 고민하게 된다. 주제선정의 문제다. 내가 궁금한 것들을 정리해 보고, 그중에서 설문 조사나 간단한 과학실험 같은 고등학생이 할 수 있는 방법으로 알아낼 수 있는 참신한 주제를 고른다면 본인의 훌륭한 자질과 역량을 보여줄 수 있는 탐구보고서를 작성할 수 있다.

탐구 활동의 시작은 정교함이 아니다. 탐구 활동은 호기심 해결과 창의적인 아이디어에서 시작한다.

2) 과제탐구 목적

대입 공정성 강화 방안에 따라 대입에 반영되는 서류 항목과 분량이 축소되었다. 평가되는 학생부의 항목이 줄었고, 자기소개서는 폐지되었다. 학생들의 입시 부담감을 줄였다고 하지만 오히려 학생의 역량을 보여줄 내용이 축소되었다고 할 수 있다.

이에 대한 학생의 역량을 보여줄 방안으로 탐구 활동을 추천한다. 탐구활동이란 교과수업을 통해 진행되는 프로젝트나 수행평가 등을 활용해 자료를 조사하고 주제를 선정해 탐구하고, 발표, 결과물을 내는 일련의 활동을 말한다.

현재의 학생부종합전형에서는 교과성적, 교과별 세부능력 및 특기사항과 선택과목의 영향력이 상대적으로 높아질 것으로 여겨진다.

과목 선택이나 세부능력 및 특기사항은 교과 성적에 아직 반영되지 못한 학생의 역량이나 강점을 보여줄 수 있다. 관심 분야의 과목이나 어렵더라도 대학 공부에 필요한 과목을 선택하고, 수업을 잘 소화했다면 좋은 평가를 받을 수 있다.

거기에 교과 수업 안에서 이뤄지는 과제탐구 활동을 활용해 보자. 학교 안에서 수업시간 혹은 그 연장선에서 주제를 찾아 자료를 조사해 발표하고 산출물을 내는 형태의 프로젝트 활동을 통해 탐구보고서를 작성해보자. 그 과정에서 학생들이 작성한 자기 평가서나 동료 평가서, 조사 및 발표 활동을 요약하거나 결과물을 담은 포스터, 또는 소감문, 보고서 등은 세부능력 및 특기사항에 학생의 역량을 잘 보여줄 수 있는 자료가 된다.

나. 과제탐구 단계

과제탐구 과정은 분야에 따라 약간의 차이는 있지만, 일반적으로 다음과 같은 방식을 취한다. 연구주제를 선정하고 다음으로 주제에 대한 관련 이론 및 선행연구를 조사한다. 그리고 연구문제를 설정한 후 연구문제에 대한 답을 구하거나 검증을 위한 연구방법을 결정한다. 연구방법이 결정되면 데이터 및 관련 자료를 수집해 자료를 분석하고 해석하여 결과를 도출한 결론 및 제언으로 마무리한다.

1) 연구주제

과제탐구의 첫 단계는 연구의 주제를 선정하는 것이다. 연구주제는 개인적 경험, 호기심, 관심, 흥미로부터 출발하고, 사회적 시의성을 갖는 주제도 괜찮다.

가) 연구주제 탐색 방법

연구주제는 일상생활에 있어 문제의식을 가지고 조사 가능한 주제를 구체적으로 찾아야 한다. 주제를 찾을 때는 나와 관련된 주제부터 접근하는 것이 좋다. 내가 좋아하는 교과에서 시작하여 호기심 해결이나 심화된 연구주제를 선택한다면 나의 학업역량을 보여주기 좋을 것이다. 그리고 평소 흥미를 갖게 된 것들이 무엇인지 생각을 해보고 관련된 주제를 확장하는 것도 좋은 방법이다. 나의 진로와 연계된 관련 분야를 찾아서 주제를 확장한다면 전공 적합성을 표현할 수 있다.

그러면 좋은 연구주제란 무엇일까?

평소에 관심을 가지고 있는 주제이거나, 나의 진로와 관련성이 높은 주제, 고등학교 수준에서 연구하고 문제해결이 가능한 주제, 그리고 연구할 만한 가치가 있는 주제가 될 것이다.

(1) 내가 좋아하는 교과에서 관심 분야 주제를 찾아보자.

좋아하는 교과의 단원을 보면서 주제를 확장해가는 방법이 있다. 국가 교육과정 정보센터(NCIC)에서 2015 교육과정 과목별 내용 체제를 확인하고 단원별 주제를 확장해 보자.

국가교육과정 정보센터 활용

국가교육 정보원 사이트에 접속하여 교육과정 원문 및 해설서를 살펴보자

예) 통합사회

[3. 사회 변화와 공존]

(7) 문화와 다양성

이 단원은 "다양한 문화권의 특징은 무엇이며, 문화 다양성을 어떻게 유지해야 할까?"라는 핵심 질문의 답을 찾아가는 과정으로, 이 단원에서는 문화의 형성과 교류를 통해 나타나는 다양한 문화권과 다문화 사회를 이해하기 위해서는 바람직한 문화 인식 태도가 필요함을 파악하고자 한다.

[10통사07-01] 자연환경과 인문환경의 영향을 받아 형성된 다양한 문화권의 특징과 삶의 방식을 탐구한다.

[10통사07-02] 문화 변동의 다양한 양상을 이해하고, 현대사회에서 전통문화가 갖는 의의를 파악한다.

[10통사07-03] 문화적 차이에 대한 상대주의적 태도의 필요성을 이해하고, 보편 윤리의 차원에서 자문화와 타문화를 성찰한다.

[10통사07-04] 다문화 사회에서 나타날 수 있는 갈등을 해결하기 위한 방안을 모색하고, 문화적 다양성을 존중하는 태도를 갖는다.

(가) 학습 요소

문화권, 문화 변동, 문화 상대주의, 보편 윤리, 다문화 사회

(나) 성취기준 해설

[10통사07-01]에서 문화권은 문화적 특성이 유사하게 나타나는 지표 공간을 의미하는데, 문화권의 형성에 영향을 주는 요인으로 자연환경은 기후와 지형을, 인문환경은 종교와 산업에 초점을 두어 다룬다. 그리고 자연환경과 인문환경의 영향을 받아 형성된 다양한 문화권의 특징과 삶의 방식은 비교 문화의 관점에서 고찰하도록 한다.

[10통사07-02]에서는 문화 병존, 문화 융합, 문화 동화 등 문화 변동의 다양한 양상을 구체적인 사례를 통해 다루도록 하며, 현대사회에서 전통문화가 갖는 의의와 더불어 전통문화를 창조적으로 계승·발전시키기 위한 방안에 대해서도 언급한다.

[10통사07-03]에서는 지역에 따라 문화적 차이가 나타나는 맥락을 파악하게 함으로써 문화 상대주의의 필요성을 인식할 수 있도록 하며, 자문화와 타문화를 보편 윤리 차원에서 성찰함으로써 극단적 문화 상대주의로 흐르지 않도록 경계한다.

[10통사07-04]에서는 다문화 사회의 갈등 해결 방안을 다룰 때, 다문화 사회의 갈등만을 부각하기보다는 긍정적 측면도 함께 다루면서 다문화 사회의 모습을 다룰 수 있도록 한다. 그리고 다문화 사회의 갈등 해결 방안은 문화 다양성의 존중과 관련지어 모색하도록 한다.

탐구 주제 및 활동(예시) 🚩

· 문화권별로 정치, 경제, 종교 등의 측면에서 어떤 특징이 나타나고 있는지를 조사하고, 이를 세계지도에 나타낸다.(성취기준 [10통사07-01])

· 과거 다양한 문화권에서 민족과 종교의 공존을 지향한 사례(서아시아와 남아시아 등)를 조사하고, 해당 지역의 현재 사회에서 찾아볼 수 있는 다양한 문화에 대해 발표한다. (성취기준 [10통사07-01])

· 각 지역에 나타난 문화 경관 사례(강화도의 성공회 성당 등)를 문화 변동 양상과 관련지어 분석한다. (성취기준 [10통사07-02])

· 다문화 사회의 갈등을 해소하기 위한 다양한 관점을 드러내는 글을 분석하게 한 후, 어떤 관점이 미래 한국 사회의 통합에 가장 바람직한지를 논술한다.(성취기준 [10통사07-03], [10통사07-04])

· 우리나라가 다문화 사회로 변화하면서 달라진 점(외국 음식점, 다문화 지원 정책, 광고 등)을 조사하여 이러한 변화가 가져온 긍정적 측면과 부정적 측면을 비교한다.(성취기준 [10통사07-04])

(2) 내가 흥미롭게 생각하는 관심사를 찾아보자.

내 주변에서부터 시작하는 관심 있는 연구주제나 주변에서 접할 수 있는 관심 있는 키워드를 통해 연구주제를 찾아보자. 빅카인즈(https://www.bigkinds. or.kr)에서 관심 있는 키워드 입력을 통해 뉴스 기사를 찾아보자.

빅카인즈 활용

나의 관심 뉴스를 검색할 수 있다.

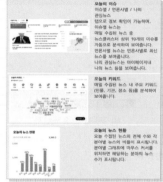

오늘의 이슈 및 오늘의
키워드를 확인할 수 있다.

키워드를 통해 주제를 확장해 볼 수 있다.

(3) 진로 분야에 대한 관심사를 찾아보자.

　자신의 진로에 대한 정확한 정보를 확인하고 관련된 키워드를 찾아 워크넷
(https://www.work.go.kr)에서 진로에 관련된 정보를 찾아보자.

워크넷 활용

워크넷에 접속해보자.

자신의 직업과 진로에 대한 정보를 확인해보자.

직업인 인터뷰를 통해 자신의 미래를 계획해보자.

학과소개 영상을 확인하고 본인의 학과에 대한 선배와 멘토의 이야기를 들어보자.

나) 연구주제의 확장

연구주제를 확장해 무엇을 할 것인가? 그리고 탐구 주제의 키워드를 구체화하고 키워드 간의 관계를 확인하면서 주제를 구체화하는 방법에 대해 알아보자.

주제에 대한 기본 정보는 인터넷포털 정보검색을 통해 확인할 수 있다.

연구주제는 내가 관심 있는 키워드에서 시작되며, 처음부터 완벽한 형태로 나타내기 어렵다. 연구주제는 키워드로 설명되지 않고 키워드를 통해 나타나는 여러 가지의 현상을 표현한다. 하지만 관심 키워드에 대한 정보 역시 매우 단편적이기 때문에 다양한 도구를 활용하여 정보를 충분히 수집해야 한다. 이때 사용되는 방법이 인터넷을 통한 정보검색이다.

인터넷 정보검색의 경우 다양한 정보를 확인할 수 있지만, 부정확한 내용과 정보일 경우 탐구보고서를 작성하기에 어려울 수 있으니 관심 키워드에 대한 단순한 정보 확장에만 활용하는 것으로 한다. 좋은 정보검색 능력은 연구주제를 결정하거나 본문을 작성하기 위한 정보검색에도 직접적인 영향을 준다.

다) 관심 키워드에 대한 정보의 확장

브레인스토밍은 키워드에 대해 생각할 수 있는 모든 정보를 편견 없이 수집할 수 있는 좋은 활동이다. 특히 혼자만의 정보보다는 다른 사람의 정보를 확인하는 과정에서 정보가 확장된다. 자신이 생각하지 못한 다양한 정보를 통해 연구주제 선정에 직접적으로 도움이 된다. 정보 확장을 위해 많은 사람과 브레인스토밍을 해 보자.

확장된 정보의 정리

아이디어는 갑자기 떠오르지 않으며 설령 떠오르더라도 양질의 아이디어를 찾기 어렵다. 거듭되는 시행착오로 효율성이 떨어지고 시간적인 소모도 많을 수 있다. 하지만 창의적인 아이디어 발상은 훈련과 학습을 통해 얻어낼 수 있다.

마인드맵은 다양하게 모은 정보를 관계성을 고려하여 나뭇가지처럼 재정리하는 활동이다. 브레인스토밍이 키워드와 관련된 다양한 정보를 수집하는 활동이라면, 마인드맵은 모은 정보를 정리하는 활동이다. 브레인라이팅은 다수가 함께 하는 아이디어 창출 작업에서 각자의 의견을 글로 표현하여 소수의 의견도 반영할 수 있도록 하는 방법이며, 체크리스트법은 사전에 준비된 항목을 바탕으로 질문에 집중된 답을 얻을 수 있는 방법이다. 이와 같이 정보를 정리하는 방법에는 여러 가지가 있으므로 상황에 맞는 방법을 선택하여 아이디어를 모은다. 이렇게 정리된 내용을 포함할 수 있는 제목이 연구주제가 되고, 탐구보고서의 목차가 된다.

브레인스토밍	일정한 주제에 관하여 팀원의 자유스러운 발언을 통해 아이디어를 수집하여 해결점을 찾아가는 방법
브레인라이팅	라이팅(Writing)을 이용하여 침묵 속에서 진행되어 개인사고 발상을 최대한 살릴 수 있는 집단 발상법
체크리스트법	사전에 체크 할 사항을 준비하여 그것에 집중적으로 생각하는 아이디어 발상법
마인드맵	마인드맵은 자신의 생각을 종이 위에 지도 그리듯이 이미지화시켜 창의적인 아이디어를 얻는 발상법

아이디어 발상법

(1) 브레인스토밍(Brainstorming) ●●

(가) 브레인스토밍이란?

일정한 주제에 관하여 팀원의 자유로운 발언을 통해 아이디어를 수집하여 해결점을 찾아가는 방법이다. 브레인스토밍(Brainstorming)은 두뇌(Brain)와 폭풍(Storming)의 합성어로 두뇌에 폭풍이 몰아치듯이 아이디어를 제시한다는 뜻이다. 브레인스토밍은 개인보다 팀별로 사용되는 아이디어를 창출하는 기법으로 문제에 대한 대안적인 해결안과 개선을 위한 아이디어를 찾기 위해 주로 사용된다. 집단의 효과를 살리고 아이디어의 연쇄반응을 불러 일으켜 많은 수의 아이디어를 생성할 수 있다. 한 사람보다 다수가 제기한 아이디어가 많으며 수가 많아질수록 질적으로 우수한 아이디어가 나올 가능성이 높다는 것을 전제로 한다.

(나) 브레인스토밍의 중요 원칙

· 자신의 의견이나 타인의 의견에 대해서 일체의 판단이나 비판을 의도적으로 금지
· 아이디어를 내는 동안에는 평가해서는 안되며 아이디어가 다 나올 때까지 평가 보류
· 아이디어의 질보다 양이 중요하며 최대한 많은 양의 아이디어 발굴
· 아이디어를 결합하거나 개선하여 제3의 아이디어로 발전

(다) 브레인스토밍 진행 방법

· 일반적으로 4~8명이 회의를 진행하며 10명이 넘어갈 경우에는 회의가 어려워질 수 있음
· 되도록 다른 분야의 사람들이 모이는 것이 이상적임
· 서로 평등한 위치에서 회의 진행(상호 존칭 사용)
· 사전의 회의 안건을 미리 공유하는 것이 좋음
· 서로의 얼굴이 잘 보이도록 둘러앉고 주제에 대한 구체적인 회의 진행
· 회의가 끝난 후 제시된 아이디어 중 좋은 아이디어 선택

(라) 사회자의 역할

· 주제에 대한 정확한 제시
· 회의 참가자가 자연스럽게 회의에 참여할 수 있도록 회의 전체 주관
· 소수 몇 명이 회의 분위기를 장악하지 않도록 분위기 형성
· 기록자를 지정하여 아이디어를 문서로 작성
· 충분히 주제에 대한 아이디어가 모였으면 다른 주제로 화제 전환

(2) 브레인라이팅(Brain Writing-BW기법) ⬤⬤

(가) 브레인라이팅이란?

글쓰기(Writing)를 이용하여 침묵 속에서 진행되어 개인의 사고 발상을 최대한 살릴 수 있는 집단 발상법을 말한다.

아이디어가 모이면서 발전시키고 결합하는 방식으로 새 아이디어를 낸다. 이 방법은 처음부터 끝까지 침묵한 상태에서 실시하며 각 참가자들이 아이디어를 '글쓰기'라는 방법을 통해 창출하는 방법이다. 구성원들 모두 원활하게 참여할 수 있으며 모든 참가자가 아이디어를 공유할 수 있다. 브레인스토밍과는 달리 개별적으로 아이디어를 종이에 기록하기 때문에 소수의 몇 사람에게 회의가 지배되지 않는 장점이 있다.

(나) 브레인라이팅의 중요 원칙

· 브레인라이팅은 말을 하지 않고 메모를 통해 진행되기 때문에 익명성이 보장됨
· 메모로 아이디어를 교류하기 때문에 서로 간의 마찰이나 상하 계층 간의 위협이 방지됨
· 깊이 있는 발전된 아이디어 발상이 가능함(충분히 생각할 수 있는 시간 제공)
· 타인의 아이디어를 확인할 수 있으며 회의 과정 중에 아이디어가 수정, 개선됨(아이디어의 발상과 수정, 개선이 동시에 이루어짐)

(다) 브레인라이팅 진행 방법

· 단체일 경우 4~6명의 소그룹으로 세분화시킴
· 소그룹은 회의 안건이 적혀있는 워크시트(Worksheet)를 제공 받음
· 용지에 안건의 아이디어를 적고 테이블에 용지를 제출함
· 다른 사람의 아이디어에서 힌트를 얻어 아이디어를 발상하고 작성함
· 자신이 생각한 아이디어를 이미 다른 사람이 적었다면 이를 참고해서 구체화시킴

(라) 사회자의 역할

· 주제에 대한 정확한 제시
· 회의 참가자가 자연스럽게 회의에 참여할 수 있도록 회의 전체 주관
· 모든 팀원이 참여할 수 있도록 워크시트 교환 및 분배 주관
· 회의 시간 통제
· 최종적인 아이디어 정리 주관

(3) 체크리스트법(Check List Method) ●●

(가) 체크리스트법이란?

사전에 체크 할 사항을 준비하여 그것에 집중적으로 생각하는 아이디어 발상법을 말한다. 시간을 단축시킬 수 있으며 체계적으로 아이디어 발상 과정을 확인하며 진행할 수 있다. 주어진 질문에 따라 사고를 전개시켜 문제의식을 습관화하는 발상법이다.

스캠퍼(SCAMPER) : 체크리스트법을 보완하여 발전시킨 형태로 사고의 영역을 사전에 제시함으로써 그 범위 안에서 창의적인 아이디어를 유도하는 아이디어 창출법)

(나) 스캠퍼(SCAMPER)의 7대 기법

대체
Substitute
기존의 것을 다른 것으로 대체
예시 전기자동차 : 연료를 휘발유에서 전기로 대체

결합
Combine
두 가지 이상의 것들을 결합
예시 복합기 : 복사기, 팩스기, 스캐너 결합
지우개 연필 : 지우개, 연필 결합

응용
Adapt
분야의 조건이나 목적에 맞게 응용
예시 내비게이션 : 종이지도를 전자방식으로 응용

변형
Modify
특징이나 생김새를 변형 확대 또는 축소
예시 아이패드 : 컴퓨터와 노트북을 간소화

다른 용도
Put to other use
다른 용도로 사용될 아이디어
예시 열차 식당 : 열차를 식당으로 이용

제거
·Eliminate
일부분을 제거
예시 오픈카 : 지붕 제거

뒤집기
Reverse
뒤집어 생각하기, 역으로 배열
예시 양말 → 장갑

(4) 마인드맵(Mind Map Method) ●●

(가) 마인드맵이란?

마인드맵은 자신의 생각을 종이 위에 지도 그리듯 이미지화시켜 창의적인 아이디어를 얻는 발상법이다. 핵심 단어와 이미지를 중심으로 거미줄처럼 사고가 확장되어 가는 과정을 나타내는 것으로 무순서, 다차원적인 특성을 가진 사람의 생각을 키워드와 이미지를 사용하여 방사형으로 가지를 쳐서 한 장의 종이에 생각을 나타내는 지도이다. 생각과 아이디어를 방사형으로 펼침으로써 사고력, 창의력 및 기억력을 높이는 방법으로 자신이 알고 있는 것을 정리하면서 아이디어를 얻을 수 있는 시각화된 브레인스토밍 방법이다.

(나) 마인드맵 작성 방법

1단계 중심이미지 그리기

· 마인드맵을 그릴 주제를 선정한 후 전체의 내용을 대변하는 이미지(그림)를 종이 가운데 그림. 색상은 세 가지 정도로 단순하게 사용함

2단계 주 가지 그리기

· 중심이 되는 이미지로부터 주 가지를 그려나가고 그 가지 위에 단어나 이미지를 그려나감

3단계 부 가지 그리기

· 주 가지(주제)에서 부 가지(소주제)로 뻗어 나가는 가지를 그리며 단어와 이미지를 그려나감

4단계 세부 가지 그리기

· 부 가지를 자세히 설명할 수 있도록 세부 가지를 만들고 그림, 글자를 혼합하여 그려나감(가짓수의 제한은 없으나 되도록 구체적으로 작성)

5단계 세부사항 첨가하기

· 주 가지, 부 가지, 세부 가지에 그림, 단어, 화살표 등을 첨부해 구체화시킴

Tip ✔ 각 단계별로 연계성이 있어야 함

마) **연구주제의 유형**

(1) 문제점 해결과 해결방안 연구

선정된 연구주제를 되짚어가는 탐구 형태이다. 대부분 현재의 연구주제에 관련된 상황을 되짚어가는 과정에서 문제점을 파악하기 위한 비판의식을 가지고 접근한다. 비판만 하기보다는 이에 최선의 대안까지 제안하는 연구주제 유형이다.

예시

· 고등학교의 진로실태 및 해결방안 연구
· 학생들의 수학 증명 기피 현상에 대한 해결방안 모색 연구
· 장애인 인권 문제에 대한 실태와 인식 개선에 관한 연구
· 청소년 화장품사용 실태 현황과 개선방안 및 부작용 해결에 관한 연구

(2) 비교연구

유사하거나 반대인 주제를 평행하게 설정하고 공통점과 차이점을 서로 비교한다. 이 과정에서 단순 비교만 하는 것보다 연구주제에 대한 발전적 방향을 찾기 위한 최선의 대안을 제시한다.

예시

· 온라인 마케팅 커뮤니티의 현황과 비교
· 코로나 19 바이러스 백신 현황과 백신별 차이점 비교
· 드라마(사극)와 실제 역사에 대한 비교 연구
· 반응속도에 영향을 미치는 요인과 분석 및 교과서 실험과 SSC 실험의 비교

(3) 다른 관점에서 연구주제 확인

별도의 관찰 시점을 정하고 그 관점에서 선정한 연구주제를 분석한다. 연구주제에 대한 상세한 분석과 설명의 방법으로 접근하지만, 이 과정에서 기준은 처음의 관찰 시점으로 한정한다. 그렇기 때문에 관찰 시점을 정하는 것이 연구주제를 풀어내는 데 중요하다.

예시

· 교권침해 사례 분석을 통해 본 교권 확립 방안 연구
· 언론의 공공성으로 본 종합편성채널 선정의 문제점 연구
· 설문지 분석을 통해 본 여성 이민자를 위한 한국어 교재 분석
· 사회적 기업의 유형 분석을 통한 RCY 봉사활동의 발전적 방향 모색
· 수학의 심미적 요소를 중심으로 한 학생들의 흥미도 증감 연구

(4) 연구주제에 영향을 준 것에 대한 연구

특정 관점에서 연구주제를 분석할 때 연구주제에 영향을 끼친 과정의 과거에 대한 연구를 한다. 이 과정의 과거는 연구주제의 내부시점에서 이미 정해진 것으로 처음의 유형과는 다른 유형을 의미한다.

예시

· 고등학교 선택에 영향을 주는 요인에 관한 연구
· 명성황후와 대원군이 고종에게 끼친 정치적 영향에 관한 연구
· 감각 통합치료가 발달 장애 아동의 행동에 미치는 영향 연구
· 토론 활동과 신문 스크랩 활동이 청소년에게 미치는 긍정적 영향 연구
· 문화 콘텐츠에 영향을 미친 BTS의 마케팅 분석

가) 연구문제 설정

일반적인 연구주제, 연구 쟁점, 연구 목적, 연구문제 등은 구체적으로 명시되어야 한다. 명료한 질문형식의 표현으로 명료한 변인(독립변수, 종속변수, 매개변수, 조절변수), 변인 간의 관계로 서술해야 한다.

추출된 키워드를 바탕으로 연구문제를 설정한다.

독립 변수

변인 중 다른 변인들의 원인이 되거나, 실험 결과에 영향을 줄 수 있다고 판단되는 변인.

조작 변수

독립변인 중 가설의 참과 그릇의 여부를 알아보기 위해 의도적으로 변화시키는 변인. 어떤 모델을 세워서 현상 설명을 시도하느냐에 따라 달라질 수 있다.

키워드 간의 관계성 및 연구 모형

학생의 수면시간이 학업성적에 미치는 영향
: 성별, 나이, 학교급을 중심으로

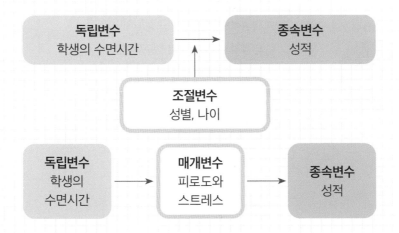

학생들의 수면시간은 남학생과 여학생에 따라 성적에 영향을 줄 것인가?
학생들의 수면시간은 학생들의 나이(중학생, 고등학생)에 따라 성적에 영향을 줄
것인가?

예) 학교폭력의 발생비율은 어떠한가?
→ 학교폭력의 발생비율은 학생의 성, 학년, 지역에 따라 다른가?

연구주제	독립변수	종속변수
대중문화가 독서에 미치는 영향을 연구	대중문화	독서
스키니진이 혈액순환에 미치는 영향에 대한 연구	스키니진	혈액순환
게임 중독이 청소년들의 폭력성에 미치는 영향	게임 중독	청소년 폭력성
카페인 섭취가 학생들 성적에 미치는 영향	카페인	성적

나) 연구가설

연구가설은 어떤 사실에 대한 설명을 미리 시사해주고, 조사연구의 방향을 제
시해준다.

좋은가설

✔ 개념적으로 명확히 구성되어야 한다.
✔ 경험적 준거 대상이 있어야 한다.
✔ 특정화되어 있어야 한다.
✔ 이론적 체계에 관련되어야 한다.
✔ 사용될 기술, 방법과 관련되어야 한다.

1 1단계	**2** 2단계	**3** 3단계
연구문제 확인	**이론적 검토**	**연구가설 진술**
· 연구가설이 필요한 연구문제 선별	· 변수 간의 상호관계 확인	· 변수 간의 관계 제시
· 연구문제의 변수 찾기	· 변수 간의 역할 및 영향력 확인	· 통계적 분석이 가능한 서술문 형태로 작성

현재형 또는 미래의 서술문으로 작성한다. 변인 간의 기대되는 관계를 제시한다.

예시

· 학생들의 수면시간은 남학생과 여학생에 따라 성적에 영향을 줄 것이다.
· 학생들의 수면시간은 학생들의 나이(중학생, 고등학생)에 따라 성적에 영향을 줄 것이다.
· 자녀의 성에 따라 남자 교사의 필요성에 대한 부모의 인식은 차이가 있을 것이다
· 인터넷 중독과 또래 관계의 질은 상관이 있을 것이다.

연구주제 Wee센터(학생위기상담 종합지원서비스센터) 이용자의 프로그램 만족도에 관한 연구

연구문제 · 이용자의 개인적 특성에 따라 프로그램 이용 만족도에 차이가 있을 것인가?
· 프로그램의 특성에 따라 프로그램 만족도에 차이가 있을 것인가?

연구가설 · 이용자의 개인적 특성에 따라 프로그램 이용 만족도에 차이가 있을 것이다.
· 프로그램의 특성에 따라 프로그램 이용 만족도는 차이가 있을 것이다.

가) 선행연구 분석

모든 주제탐구는 연구주제에 대한 선행연구를 검토하면서 시작한다. 연구주제에 대해 앞선 연구자는 어떠한 성과를 냈는가를 먼저 확인해야 한다. 이런 과정을 통해 탐구 보고서를 작성할 때 내용의 중복을 피할 수 있고, 연구 주제에 대한 다양한 논증적 자료를 찾을 수 있으며, 내용 구성에 참고할 수 있는 다양한 아이디어를 찾을 수도 있다. 또한, 최근까지의 연구 동향의 이해와 탐구 주제를 구체화할 수 있고, 시행착오를 줄일 수 있다.

선행연구 검토방법

· 탐구주제의 핵심 연구주제와 관련된 키워드를 추출한다.

· 키워드를 검색어로 원문정보서비스를 검색한다.

· 연구주제와 관련된 내용이 담긴 것으로 생각되는 학술논문 제목을 검토한다.

· 연구주제와 관련된 논문의 초록과 목차를 검토한다.

· 연구주제와 연결이 된다면 서론-결론-본론 순서로 읽어본다.

· 선정된 자료의 참고 문헌 및 함께 이용한 자료로 관련된 주제를 확대시켜본다.

키워드를 활용한 디비피아 검색

1. 디비피아(www.dbpia.co.kr)에 접속한다.

2. 관심 키워드를 입력한다. (키워드는 여러 개 함께 검색해도 상관은 없으나 2개 이상은 하지 말자)

3. 해당 키워드에 대한 추천 논문이나 보고서 들이 검색된다.

4. 좌측의 주제분류를 통해 검색된 자료의 범위를 좁혀보자.

5. 주제분류에 따른 해당 영역의 자료들만 필터링 되어서 확인할 수 있다.

주제분류에 따른 주제 선정(관련 분야의 선행연구를 통한 탐구 주제 확장)

1. 디비피아(www.dbpia.co.kr) 에 접속해보자.

2. 스크롤을 통해 주제분류로 이동해 보자.

3. 해당 영역을 선택한 후 스크롤을 통해 해당 분야의 등재 학술지들을 확인해보자.

4. 관심 학술지를 선정하여 해당 학술지로 이동해보자. (학술지 발행연도와 학술단체 이름을 참고한다)

5. 학술지로 이동하면 학술지에서 가장 많이 이용된 10편의 추천 논문이 뜬다. 여기서 나의 관심사와 주제를 확장해 보자.

6. 해당 학술지의 최근 논문을 확인하고 싶다면 좌측에 발행 연별 학술지를 선택할 수 있다.

7. 최근 동향에 대해 알아보고 싶으면 최근 발간된
   학술지를 클릭해서 확인해 볼 수도 있다.

주제별 Best 논문검색을 통한 확장

1. 주제별 Best로 이동하여 관심 주제를 선정한다.

2. 주제별 TOP20 논문이 선정되는데 관심 있는
   주제를 살펴보자.

다) 추천 사이트

국내도서관

국립중앙도서관   http://www.nl.go.kr
국회전자도서관   http://dl.nanet.go.kr
한국과학기술정보연구원   http://www.kisti.re.kr
국가전자도서관   http://www.dlibrary.go.kr

사전

위키백과   https://ko.wikipedia.org
국립국어원 표준국어대사전   http://stdweb2.korean.go.kr

지식정보

RISS(학술연구정보서비스)   http://www.riss.kr
SCIENCE ON(KISTI 논문검색)   https://scienceon.kisti.re.kr/
KOLIS-Net(국가종합자료목록)   http://www.nl.go.kr/kolisnet
기초학문자료센터   https://www.krm.or.kr
한국학술지 인용 색인   https://www.kci.go.kr/kciportal
한국전통 지식포탈   http://www.koreantk.com
천문우주 지식정보   http://astro.kasi.re.kr

원문정보

디비피아   http://www.dbpia.co.kr
한국학술정보(주)   http://kiss.kstudy.com
교보문고 스콜라   http://scholar.dkyobobook.co.kr
국가정책연구포털(NCIS)   https://www.nkis.re.kr
학지사 뉴논문   http://newnonmun.com

역사/인물

한국역사정보통합시스템	http://www.koreanhistory.or.kr
한국사데이터베이스	http://db.history.go.kr
조선왕조실록	http://sillok.history.go.kr

통계

국가통계포털	http://kosis.kr
통계지리정보서비스	http://sgis.kostat.go.kr

법률

국회정보시스템	http://likms.assembly.go.kr
국가법령정보센터	http://www.law.go.kr

표준/특허

KIPRIS(특허정보넷)	http://www.kipris.or.kr

예술

문화포털	http://www.culture.go.kr
문화셈터	http://stat.mcst.go.kr

환경

KONETIC (국가환경산업기술정보시스템)	http://www.konetic.or.kr

라) **연구방식**

자료의 수집 방법, 자료의 특성, 자료의 분석 방법, 결과 제시 방식에 따라 양적 연구와 질적 연구를 구분한다.

질적 연구가 이루어지는 인문과학 분야의 탐구는 장의 구분을 거의 하지 않는다. 처음부터 끝까지 탐구 보고서가 서론, 본론, 결론의 형식으로 끊이지 않고 연결되어 있다. 장 구분이 되어 있다 하더라도 자연과학 자연과학 탐구보고서처럼 분명하고 자세하게 나누어져 있지 않다. 질적 연구는 인류학과 민속학에서 이용하는 방법으로 변인 통제를 할 수 없다.

반면 양적 연구가 이루어지는 자연과학의 대부분과 인문사회과학의 일부 분야인 언어학, 심리학, 정치학, 행정학, 교육학, 지리학 등과 같이 분석, 실험, 통계 활용 등이 잦은 분야의 논문에서는 서론, 재료의 방법, 결과, 논의, 결론과 같이 본론의 장 구분을 분명하고 자세하게 하고 있다. 양적 연구는 심리학 특히 행동 심리학에서 사용하는 방법으로 변인 통제가 가능하고 실험실에서 주로 이루어진다.

주제 분야마다 독특한 전개 양식 사례	
수학	서론, 정의, 정리, 적용
물리학, 화학, 생물학, 생화학	서론, 재료와 방법, 결과, 고찰, 결론
지질학	서론, 지질, 중력탐사, 해석 방법, 해석, 토론, 결론
천문학	서론, 재료, 방법, 결과, 고찰, 결론
대기과학	서론, 재료, 방법, 분석, 예상 및 예상도, 결과, 고찰, 적용
전산과학	서론, 시스템에 대한 설명, 시스템 설계, 시스템 구현, 시스템 평가 및 결론
가정학	서론, 이론적 배경, 가설 설정과 연구방법론 결과, 논의, 결론
공학	서론, 장치 및 재료, 방법, 성과, 고찰
의학, 간호학	서론, 검사대상 및 방법, 결과, 고찰, 결론

(1) 양적 연구(실증적 연구방법)

양적 연구는 "보편적인 법칙에 의해 가치 중립적으로 서술되어야 한다."는 실증주의자들에 의해 발전된 연구방법이다. 가시적인 자료 분석결과를 통해 객관적인 관점에서 가설을 지지 혹은 반박하는 과정을 거치는 것이 양적 연구라 할 수 있다.

1 가설설정	2 연구상황설정
· 가설 : 변수 간의 관계에 대한 잠정적인 진술 · 가설은 이론적·경험적 배경에 의해 설정	· 가설의 경험적 결과 추론을 위해 실제 상황이나 유사 상황 설정 · 다른 변수의 영향을 배제하기 위해 인위적으로 연구상황을 설정해야 할 필요가 있음
3 자료수집	**4 연구상황설정**
· 객관적 절차에 의해 증명 가능한 원리를 발견하는 것이 양적 연구 · 연구상황을 통해 발생하는 가시적 자료수집	· 수집된 자료를 분석하여 가설의 참·거짓 증명

양적 연구는 가설을 설정할 때, 이미 특정 이론에 의존하기 때문에 연구가 이론에 종속될 가능성이 있다. 객관적인 관점이라고 해도 연구자가 원하는 연구 방향이 있는 경우, 객관성과 중립성을 유지한 채 연구를 진행해야 하는 어려움이 있다. 관찰이나 질문지와 같이 자료수집이 가능한 방법으로만 수행이 가능하다.

서울 지역 가구 소득별 월평균 사교육비

월평균 소득	월평균 사교육비 지출액
199만 원 이하	24만 5,600원
200만~399만 원	39만 6,400원
400만~599만 원	63만 100원
600만 원 이상	80만 7,600원

예체능을 제외한 교과(국·영·수 등) 사교육비 지출액

서울 지역 가구당 월평균 사교육비가 소득 규모에 따라 최대 3.3배나 차이가 나는 것으로 나타났다. 서울시 교육청이 배OO △△대 교수(교육학)팀에 연구 용역을 의뢰해 공개한 '서울 교육 비전 2030 보고서'를 보면, 설문 조사에 참여한 서울 시내 학부모 1,760명 가운데 사교육비 지출 현황에 대해 답한 706명의 학부모 중 가구당 월평균 소득이 199만 원 이하인 가구에서 지출하는 월평균 일반 교과 사교육비 지출액은 자녀 한 명당 24만 5,600원인 것으로 나타났다. 반면, 월평균 소득이 600만 원 이상인 가구의 사교육비 지출액은 80만 7,600원으로, 199만 원 이하 가구의 3.29배나 됐다.

(2) 질적 연구(해석적 연구방법)

양적 연구에 대한 비판이 생기면서 질적 연구에 대한 필요성이 대두되었다. 인간 사회를 연구하기 위해서는 특정 이론에 얽매이지 않는 다양한 연구방법이 필요하다는 주장에서 시작되었다.

질적 연구는 연구절차의 기본 틀이 없는 특징이 있다. 질적 연구는 현상기술에 숫자보다는 언어를 많이 사용한다. 연구의 목적은 현상을 이해하기보다는 해석하는 경우가 많다. 따라서 구체적인 가설을 세우지 않고 일반적인 문제로 시작하여 인간의 경험에 대한 주관성을 인정하는 것이 특징이다.

양적 연구에 비해 질적 연구는 연구방법이 정해진 것이 없으나 일반적으로 현지 관찰법, 집단 면접법, 심층 분석법, 사례 연구법 등으로 구분할 수 있다.

현지 관찰법 자연스러운 상태에서 현상 분석 가능
집단 면접법 깊이 있는 정보의 수집 가능
심층 분석법 적은 수의 응답자로부터 자세한 정보 수집 가능
사례 연구법 특정 대상의 특징이나 문제를 종합적으로 분석 가능

질적 연구는 연구 대상, 내용, 시기에 따라 다양한 연구가 수행된다. 그리고 연구자의 능력이 연구에 반영된다. 연구방법, 절차, 수집이 주관적으로 이루어지기 때문에 연구자의 개인판단에 따라 연구 결과에 영향을 줄 수 있다는 지적도 있다.

예시

실업자들에 대한 면접을 통해 알 수 있었던 것은 이들이 거창한 꿈을 가지고 자신의 미래를 개척하거나 장밋빛 전망을 꿈꾸고 있는 것이 아니라는 점이었다. 그들은 자신의 처지를 정확하게 판단할 수 있을 만큼 현실적인 모습이었다. "자신이 생각하는 행복이란 무엇인가?"라는 질문에 대하여 `남들에게 손 안 벌리는 것`, `애들 건강하게 잘 크고 남들이 하는 만큼 하는 것`, `나중에 자식들에게 짐이 되지 않는 것`, `우리끼리 화목하게 사는 것` 등 현실적인 답변을 하였다. 다만 경제적으로 다소 궁핍하고 실업 이전보다 할 수 있는 사회적 기회가 줄어든다고 하더라도 지금보다 더 나빠지지 않기를 바라고 있었다. 이렇게라도 최소한의 생활을 유지할 수만 있다면 다시 용기를 내서 미래를 개척해 볼 수 있다는 희망도 품고 있었다.

- 박철민, "현실적 위기로서의 실업과 일상생활의 재구성"

(3) 양적 연구와 질적 연구의 비교

양적 연구와 질적 연구는 어떻게 다를까?

양적 연구가 객관적 연구를 강조하는 반면 질적 연구는 일반화된 본질에 대한 연구를 하기 위해서는 총체적인 연구를 해야 한다고 강조한다. 따라서 양적 연구와 질적 연구는 서로 상호보완적 관계가 되어야 하며, 질적 연구는 양적 연구의 기초 조사 자료로 쓰이기도 한다.

··· 양적 연구와 질적 연구 비교 ···

	양적 연구	질적 연구
연구 목적	• 일반적 원리와 법칙발견 • 인과 관계 혹은 상관관계 파악	• 특정 현상에 대한 이해 • 특정 현상에 대한 해석이나 의미의 차이 이해
연구 대상	• 대표성을 갖는 많은 수의 표본 • 확률적 표집 방법을 주로 사용 • 연구 대상과 가치 중립적 관계 유지	• 적은 수의 표본 • 비확률적 표집 방법 주로 사용 • 연구 대상과 가치 개입적 관계 유지
자료 수집	• 다양한 측정 도구 사용 • 구조화된 양적 자료수집	• 연구자가 중요한 연구 도구 • 비구조화된 질적 자료수집
자료 분석	• 통계적 분석	• 질적 분석(내용분석) • 기술통계분석
연구 방법	• 설문지를 활용한 조사연구 • 실험 설계에 의한 실험 연구 • 점검표를 활용한 관찰 연구	• 관찰과 면접법을 활용한 사례 연구 • 문화 기술적 연구
일반화	• 일반화 가능	• 연구 자체의 특이성으로 일반화 불가

출처 : 성태제, 시기자(2006), 연구방법론, 서울 :학지사

연구방법 정리

문헌연구

역사적 문헌, 공식 문건, 신문, 잡지, 통계 자료 등 자료를 수집, 분석하는 연구방법.
동일한 연구문제에 대한 기존 연구 결과와 연구 동향을 파악할 수 있는 모든 연구
활동의 기초가 되는 연구

자료수집 방법 📋 문헌 연구

실험연구

특정한 문제를 개선하기 위한 연구방법.
독립변수를 조작하여 종속변수에 미치는 영향을 검증하는 연구

자료수집 방법 📋 문헌 연구 + 실험

조사연구

사회학적, 심리학적, 교육학적 변수들의 상대적 영향력과 분포, 상호관계를 밝히
기 위한 연구방법.
전체 집단을 대표할 수 있는 연구 대상에게 설문 조사, 인터뷰 등의 방법으로 연구
문제에 관련된 사람들의 속성이나 행동, 태도 등을 연구

자료수집 방법 📋 문헌 연구 + 설문 조사 + 인터뷰

사례연구

어떤 현상에 대해 자세히 기술하고 가능한 모든 것을 설명하며 평가하는 연구방법.
특정 연구 대상의 특성이나 문제를 진단하고, 문제해결 방안을 찾고, 사례 연구를
통해 발견된 사실을 이론으로 발전시키는 연구

자료수집 방법 📋 문헌 연구 + 설문 조사 + 인터뷰

연구방법 절차		문헌 연구	실험	설문 조사	인터뷰
연구문제 확인		연구문제 확인	연구문제 확인	연구문제 확인	연구문제 확인
		연구 핵심 키워드 정리	연구가설 구체화		
		연구 핵심 키워드 이해 및 확장	변수의 특징 분석		
연구 대상 선정		-	연구 대상 선정 (실험 집단과 통제집단 구분)	연구 대상 선정	연구 대상 선정
측정	측정 도구 개발	-	종속변수의 변화를 측정할 도구 개발	설문지 제작	질문지 제작
	예비 측정 실시	-	예비 측정 실시	예비 설문 조사 실시	예비 인터뷰 실시
	측정 도구 수정	-	예비 측정에서 나타난 문제점 제거	설문지 수정	질문지 수정
	측정 실시		실험 실시	설문지 배포	면접 실시
자료수집		연구 핵심 키워드로 자료수집	자료수집	자료수집	자료수집
결과 분석		자료 분석	결과 분석	결과 분석	결과 분석

사) **설문 조사 방법**

설문지 작성방법과 설문 문항 유형 및 작성방법에 대해 알아본다. 네이버 폼이나 구글 독스를 이용하면 편하게 설문을 작성하여 조사할 수 있다. 구글 설문 작성 방법을 살펴보도록 하자.

(1) 설문지 작성 과정

1단계 **설문주제 분석**
설문주제는 설문의 방향성을 제시하기 때문에 정확한 주제가 선정돼야 설문 내용을 작성할 수 있음.

2단계 **문항 작성**
질문 문항 작성 기본 원칙에 따라 간결하면서도 체계적인 설문 문항 작성이 필요함

3단계 **질문 순서 결정**
질문 문항 순서 결정의 기본 원칙에 따라 응답자에게 최상의 설문이 진행될 수 있도록 순서 결정

4단계 **사전 테스트**
사전에 점검하지 않고 진행한 설문 조사는 차후 문제가 발생할 수 있는 경우가 많아 사전 테스트가 필요

5단계 **설문지 완성**

(2) 질문 문항 작성

질문지는 응답자의 입장을 고려하여 이해하기 쉽게 작성되어야 한다.

문항 작성 기본 원칙

- 질문의 뜻을 명확히 하여 질문은 짧고 간결하게 작성한다.
- 응답자가 잘 모르는 전문적인 용어를 사용하지 않는다.
- 이중부정형 문장을 사용하지 않는다. (부정문의 사용을 피한다.)
- 모호한 이중질문을 피한다.
- 감정이 실리거나 응답자의 자존심을 건드리는 질문은 피한다.
- 특정한 답을 얻기 위한 유도 질문을 피한다.
- 한 질문에 두 가지 이상의 요소가 포함되어서는 안 된다.

Q. 자동차는 이동수단으로 사용되고 있지만 보유하고 있으면 유지 관리비 및 세금으로 인해 많은 지출이 발생됩니다. 자동차를 구입할 경우 차 크기가 크고 무게가 많이 나가는 비싼 차를 선호하는지, 차가 작고 활동성이 좋은 차를 선호하는지 선택해 주십시오.

➔ **장황한 질문** : 장황한 질문은 응답자가 질문을 이해하기 어려울 뿐만 아니라 응답률을 저해시키는 요인이다. 그래서 내용의 핵심이 담긴 간결한 질문으로 수정이 필요하다.

➔ (변경) **Q.** 자동차를 구입할 경우 어떤 제품을 더 선호하십니까?

1. 중형차(   ) 2. 소형차(   )

Q. 내세포괴테라토마 검사를 통한 기형종 형성 여부를 분석하고, DNA 검사와 조직 적합성 검사를 시행하는 일련의 과정을 거친 클론 연구방식에 대하여 귀하는 동의하십니까?

➔ **전문용어 사용** : 응답자가 질문을 이해하기 어려울 뿐만 아니라 응답자가 무시당하는 느낌을 받을 수 있는 문장을 지양하고, 쉽고 간결한 질문으로 수정할 필요가 있다.(필요시 주석으로 용어 설명에 응답자의 수준을 고려한 질문 문항을 작성할 필요가 있다).

➔ (변경) **Q.** 줄기세포 연구에 대해서 귀하는 동의하십니까?

1. 동의함(   ) 2. 동의하지 않음(   )

주석 : 줄기세포란 인간의 몸을 구성하는 서로 다른 세포나 장기로 성장하는 세포

Q. 농약을 사용하지 않는 제품을 구하지 않겠습니까?

➔ **이중부정** : 하나의 문장에 부정어가 두 번 또는 그 이상 반복되는 경우를 말하며 중복 부정이라고 한다. 이중부정이 사용된 질문은 응답자가 질문을 이해하기 어려워서 쉽고 간결한 질문으로 수정이 필요하다. (필요시 주석으로 용어 설명) 질문 문항은 긍정적인 표현으로 작성해야 한다.

➔ (변경) **Q.** 유기농 제품을 구입하시겠습니까?

1. 구입함(   ) 2. 구입하지 않음(   )

주석 : 유기농법이란 화학 비료와 농약을 사용하지 않은 농사 방법

Q. 아파트의 내부 인테리어와 가격은 어떻게 생각합니까?

① 매우 나쁘다 ② 나쁘다 ③ 보통이다 ④ 우수하다 ⑤ 매우 우수하다

➡️ **한 질문에 한 가지 내용만** : 두 가지 내용이 하나의 질문에 포함되어 있는 경우 답을 선정하는 데 어려움이 있으므로 두 문항으로 분리하여 질문해야 한다. 한 질문에는 한 가지 내용만 담는 것이 좋다. (질문이 쉽고 간결하게 바뀐다.)

➡️ (변경) **Q.** 아파트의 내부 인테리어는 어떻게 생각합니까?

① 매우 나쁘다 ② 나쁘다 ③ 보통이다 ④ 우수하다 ⑤ 매우 우수하다

Q. 아파트의 가격은 어떻게 생각합니까?

① 매우 비싸다 ② 비싸다 ③ 적당하다 ④ 약간 싸다 ⑤ 매우 싸다

Q. 현재 트렌드로 자리 잡고 있으며 대도시에 거주하는 소비자들이 사용하고 있는 스마트 TV가 없다면 구입할 의사가 있습니까?

➡️ **편견 없는 질문** : 응답자를 비하하거나 무시하는 표현을 질문에 담아서는 안 된다. 질문 문항에는 편견이 포함되거나 응답자를 무시하는 질문은 사전에 미리 확인하여 수정을 해야 하고 편견이 내포된 질문은 설문의 진행을 방해, 응답자의 기분을 상하게 할 수 있다. 질문 문항에 좋지 않은 영향을 주는 문구로는 종교, 정치, 성, 빈부격차 유발, 학력 차별 등이 있다.

➡️ (변경) **Q.** 스마트 TV(인터넷TV)를 구입할 의사가 있습니까?

1. 구입함(   ) 2. 구입하지 않음(   )

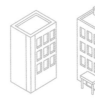

(3) 질문의 유형

개방형 질문(open-ended question)과 폐쇄형 질문(close-ended question)

개방형 질문

open
ended
question

응답자에게 보기와 같은 답변이 없이 질문만 주어지기 때문에 응답자가 자유롭게 자신의 의견을 제시할 수 있는 질문

(특징)

· 답변에 대한 제한이 없는 자연스러운 질문과 답변이 오가는 방식
· 개방형 질문은 주로 최종의 질문지를 계획하기 위한 사전 단계로 사용하는 경향
· 소규모 조사에 유리함

(장점)

· 응답자의 대답이 자연스러워 창의적이고 다양한 답을 기대할 수 있음
· 다양한 의견을 수렴할 수 있음

(단점)

· 결과에 비해 시간/경비가 많이 들 수 있음
· 성의 없는 답변이 나올 가능성이 많음
· 응답자가 응답자체를 거부할 수 있음(민감한 주제에 대해서는 답변 거부)
· 응답자마다 답변의 길이가 모두 다름

폐쇄형 질문

close
ended
question

응답자에게 질문을 제시하고 사전에 조사자가 만들어 놓은 번호를 선택하여 응답하는 방식으로 일반적으로 조사에서 가장 많이 사용되는 방법이다. (객관식 형태의 질문)

(특징)

· 응답 항목을 미리 제시해 놓고 그중에서 선택하도록 구성된 질문
· '예, 아니요' 등과 같은 특정하고 제한된 응답을 요구하는 것

장점

· 답변이 제시되기 때문에 응답하기 쉬움
· 무응답률이 낮고, 수집된 자료를 처리하거나 분석하기가 용이해 시간과 비용이 절감됨
· 민감한 주제에도 적합하며 신상 노출에 대한 부담이 적음
· 응답 항목이 명확하고 신속한 응답이 가능함

단점

· 응답자의 충분한 의견을 반영하기 어려움
· 응답 항목의 배열에 따라 응답이 달라지며, 주요항목이 빠지면 결과의 오류가 많음
· 개방적인 정보를 얻기 어려움

(4) 질문의 배치

질문의 순서에 따라 설문의 결과가 달라질 수 있으며, 응답자의 집중력도 영향을 준다.

문항의 배치 순서 결정

· 쉽고 흥미를 끌 수 있는 질문부터 먼저 시작
· 동일주제의 경우, 단순한 질문에서부터 복잡한 질문으로 진행
· 단답형식 질문을 먼저 시작하고, 서술형식 구체적인 질문은 나중에 진행
· 질문의 범위가 넓은 것에서부터 점차 구체적으로 좁혀가는 질문으로 진행
· 개인적으로 민감한 질문은 가장 뒤에 배치
· 지시문은 일반적으로 질문 시작 전에 배치
· 연관성 있는 질문은 같은 부분에 모아서 진행

(5) 사전 테스트(Pre-test)

사전 테스트는 질문지를 검증하여 문제를 사전에 예방하는 단계이다.

설문 조사는 설문지가 모두 완성되고 응답자와 대면했을 때 오류를 발견하는 경우가 많다. 일단 가상적 응답자를 대상으로 사전 조사를 실시하여 설문에 대한 검증이 필요하다. 사전에 조사대상이 되는 모집단의 5~10명 정도에게 설문지를 테스트한다. 사전 테스트를 진행하며 문제가 발생한 내용을 체크하여 수정 및 보완한다.

사전 조사 항목

- 질문 항목에 대해 응답자가 쉽게 이해할 수 있는가?
- 질문에 잘못된 표현은 없는가?
- 질문에 대한 답변 항목이 누락되거나 중복되지는 않았는가?
- 오탈자가 있지 않은가?
- 질문의 순서상 문제는 없는가?
- 질문 내용이 응답자를 무시하지는 않는가?

(6) 설문지의 구성

설문지의 구성

- 설문지 내용설명
- 인적사항
- 간략한 인사말
- 설문 문항
- 응답에 대한 감사 인사

(7) 구글 설문지 활용하기

구글 설문지 작성하기

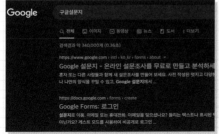

구글에서 '구글 설문지' 검색

Google 설문지 클릭 후, '개인' 아래의 Google 설문지로 이동하기 버튼을 누른다.

크롬 홈 화면에서 들어가기

크롬을 사용하면, 오른쪽 상단에 '이미지'와 프로필 사진 사이의 점 9개 버튼을 클릭한다. 하단으로 스크롤 하여 설문지를 클릭한다.

새 양식 시작하기를 눌러 설문지 작성을 시작하면 된다.

4) 연구계획

연구계획은 향후 진행하는 연구 방향과 내용을 계획하는 과정이다.

제목을 만들고 연구의 필요성과 목적을 말한다. 연구 문제 및 연구 방법, 연구 결과와 참고 문헌을 정리한다. 이는 연구의 일관성 유지와 연구를 위한 자료를 효과적으로 활용하기 위해서다.

가) 제목 만들기

간결하고 명확한 제목은 내용을 대변한다. 연구의 핵심 단어를 제시하여 간결하고 분명한 제목을 완성해보자.

> **예시**
>
> 고등학생의 심리 및 수면 상태에 따른 멜라토닌과 코솔티 농도의 변화

제목이 길어 부제를 사용할 경우 부제를 통해 연령, 지역, 내용 범위 등을 한정하여 강조한다.

> **예시**
>
> 식품첨가물의 칵테일 효과
> · 안식향산나트륨과 아스코르빈산을 중심으로

나) 제목 다듬기

선행연구들의 제목을 보며 나의 보고서 제목을 다듬어 본다. 선행연구들의 연구방법과 논문의 제목을 보면서 자신의 보고서 제목을 정교화한다.

제목은 키워드를 통해 선행연구를 검색하고, 연구주제와 비슷한 선행연구를 정리한다. 이후 제목 초안을 작성하고, 검색한 선행 연구의 연구방법을 정리한다. 마지막으로 연구방법을 분석하며 제목을 최종 결정한다.

다) 연구의 필요성과 목적 작성

연구의 의미와 연구의 내용을 통해 연구의 유용성에 대해서 설명을 한다. 앞으로 진행할 연구의 범위를 설정하여 연구의 일관성을 유지한다. 현 상황을 토대로 비판적이고 창의적인 아이디어로 새로운 것을 개발하거나 특정 상황에 대해 알아보고자 연구한다.

예시

작년 봄 시장에서 본 꽃게의 움직임에 호기심을 느껴 헤엄치는 넓적다리와 7개의 마디로 구성된 꽃게를 보며 꽃게의 헤엄다리는 어떠한 과학적인 원리가 숨어 있어 빠르게 헤엄칠 수 있는지를 몸 구조와 관련해서 그 원리를 밝혀보고 싶었다. 그리고 그 원리를 적용한 생체모방을 통해 우리 생활 속 물 위에서 움직이는데 필요한 배의 '노' 모양도 발전시켜 제작할 수 있지 않을까? 하는 생각을 하게 되어 본 연구를 하게 되었다.

라) 연구문제, 방법, 결과, 참고 문헌 정리

각 단계에서 설정한 연구주제, 연구문제, 연구방법을 정리하고 연구 계획서를 세우면서 보았던 참고 문헌을 정리한다. 이 과정을 통해서 연구의 기틀을 마련한다.

예시

연구문제

1. 꽃게에 대해 알고 유영각의 유영형태를 파악하여 패턴을 찾아 기본개념화하며 노에 적용한다
2. 효율적인 힘의 사용으로 기존의 노보다 효율적인 노의 형태를 제하고, 모형 제작을 통해 효용성을 검증한다.

연구방법
관련 이론 학습, 탐구 설계 및 수행

▶ **이론적 배경** : 게의 형태, 노의 원리(지레의 원리, 작용 반적용, 물의 저항)

▶ **탐구 수행** :

· 꽃게의 제4 걷는 다리의 형태 및 구조를 관찰하고 각 마디별로 길이 및 무게 비교를 통하여 물에서 유영하기에 알맞은 꽃게의 조건을 알아본다.

· 유영다리 마디별 관절을 비교 관찰한다. (왼쪽, 오른쪽 움직임 각도, 움직인 방향).

· 게의 유영 동작 패턴을 분석한다.

· 유영다리 관절 단순화를 통한 노 모형을 설계하고 제작하여 실험을 통해 효용성을 확인한다.

결론

탐구를 통해 나타난 결과로부터 연구자의 유의미한 견해를 밝힌다

· 꽃게의 몸통은 유선형이고 제4 걷는 다리는 유영하기에 알맞은 구조이며 걷는 다리 중에서 무게 비율이 가장 많다.

· 2관절에서 A(바깥쪽) 20도 ,B(안쪽) 10도로 했을 때 프로펠러의 가장 빠른 값이 나왔다.

· 현재 사용하고 있는 일반 노의 형태와 비교하였을 때 꽃게 유영 각의 핵심은 발목마디, 앞 마디, 발가락 마디를 휘었을 때 물에 닿는 시간이 길어지고, 물을 모아서 미는 효과로 인해 힘의 효율이 높은 노를 제작하여 활용할 수 있다.

마) **연구목차**

연구목차는 서론, 본론, 결론 그리고 참고 문헌으로 구성한다.

연구목차

I. 서론
  1. 연구의 필요성 및 목적
  2. 연구문제
  2.1
  2.2

II. 본론
  1.
  2.

III. 결론

IV. 참고문헌

글쓰기의 구조

1. 가장 일반적인 구조

1) 주제의 발견(정의, 예시, 인용, 연구 대상에 대한 설명)
- 문제 설명
- 배경 정보 제시
- 논제 설명의 틀 제시

2) 주제분석 (비교, 논거 제시, 역사적 추이 등)
- 첫 번째 문제 검토
- 두 번째 문제 검토
- 세 번째 문제 검토

3) 자신이 발견한 사항 논의
- 자신의 논제 재진술 및 그것을 넘어서 함의 제시
- 발견한 사항 해석
- 해결책, 최종적 견해 제시

2. 자신의 아이디어나 이론을 주장하는 구조

1) 서론
- 문제 제기 또는 의문 제시
- 주제의 가치(의미) 언급
- 배경 정보 제시
- 해당 문제를 제기한 선행 연구자 소개
- 새로운 관점을 통한 자신만의 논제 제시

2) 본론
- 이슈평가
- 현재까지의 연구 성과 발전
- 하위 문제 비교/분석
- 동일한 주제에 대한 연구자 견해 소개

3) 결론
- 본론에서 발전시킨 자신의 이론 방어
- 방향이나 행동 제안
- 향후 연구 과제 제안

3. 예술작품 분석하는 구조

1) 서론
- 작품 제시
- 한 문장 정도의 요약
- 논제와 관련된 배경 정보 제공
- 해당 논제와 관련된 작가의 전기적 사실 제시
- 인용이나 전적 제시
- 필자의 관심을 보여주는 논제 문장 제시

2) 본론
- 평가를 위한 분석
  (이미지, 주제, 인물, 구조, 상징, 언어 등의 요소 분석)

3) 결론
- 본론에서 제시한 분속 요소뿐만 아니라 작가에 근본적인
  초점을 유지
- 논제문을 바탕으로 작가의 공헌을 설명하는 제시

4. 논쟁이나 설득을 위한 구조

1) 서론
- 문제나 논쟁적 이슈 제시
- 이슈 요약
- 주요 쟁점 제시
- 주제의 논쟁적 성격을 드러내는 인용
- 배경정보제시
- 자신의 입장을 드러내는 논제 제시

2) 본론
- 주제의 한 측면을 옹호하는 주장 발전
- 이슈에 대한 찬반 의견 분석
- 자료를 통한 논거 제시

3) 결론
- 주장을 명확하게 하는 결론 제시

5. 역사 분석을 위한 구조

1) 서론
- 사건 제시
- 사건의 역사적 배경 제시
- 선행 연구자의 견해
- 자신의 논제 제시

2) 본론
- 사건의 역사적 배경 분석
- 하나의 역사적 에피소드에서 다른 에피소드로 사건 추이 추적
- 하나의 사건이 다음 사건과 어떻게 직접 연관되는지 연대기적 서술
- 이 사건을 고찰한 연구자 인용

3) 결론
- 자신의 논제 다시 제시
- 해당 사건의 의미 논의

6. 비교를 위한 구조

1) 서론
- 대상 A
- 대상 B
- 간단한 비교
- 중심이슈 도입
- 원전 자료 설명
- 자신의 논제 제시

2) 본론(선택)
(1) A 분석 - B 분석 - A, B 비교 대조
(2) A, B 비교 - A, B 대조 - 중심이슈 논의
(3) 이슈 1 : A, B 논의 - 이슈 2 : A, B 논의

3) 결론
- 유의미한 이슈 논의
- 순차적 또는 특성별 결론 제시

다. 과제탐구 보고서 작성

탐구보고서 작성은 제목이 결정되면 목차와 개요를 작성한다. 이후 본론을 쓴 이후 결론과 서론을 작성하는 것이 일반적이다.

작성 분량은 서론 10~20%, 본론 60~80%, 결론 10~20%의 분량으로 작성한다.

1) 서론 작성하기

서론은 연구의 필요성 및 목적에 대한 언급과 연구문제의 제기, 연구의 방향이나 방법을 제시한다. 서론 첫 부분은 읽는 사람으로 하여금 관심이 생길 만한 내용으로 시작한다. 서술 방법은 연구의 필요성이나 목적을 먼저 언급하고, 연구의 문제, 마지막으로 연구의 방향 및 방법을 언급하는 순서로 작성한다.

서론 작성 Tip

· 시작 부분에 연구문제와 관련된 사회의 넓은 배경이나 격언 인용, 크게 이슈가 된 기사 내용, 연구의 필요성 및 목적을 강조할 수 있는 선행연구를 활용하여 시작하면 좋다.
· 연구의 방향성 및 기대효과와 함께 연구 말미에는 꼭 해결하겠다는 약속으로 독자에게 연구에 몰입할 수 있도록 한다.
· 연구문제의 범위를 제한함으로써 논지의 타당성을 높일 수 있다.

서론의 ✔ 체크리스트

· 연구의 필요성 및 목적이 명확히 진술되어 있나요?
· 연구문제와 선행연구 간의 관계가 명료하게 진술되어 있나요?
· 연구문제가 분명하게 진술되어 있나요?
· 연구의 제한점이 분명하게 진술되어 있나요?

문학은 우울증의 해결에 기여하는가

-문학작품에 나타난 우울증에 대한 유형 분석-

I. 서론

우울증은 우리나라를 비롯한 전 세계에서 심장질환 다음으로 가장 큰 질병이다. (세계보건기구, 2010) 성인 인구의 약 30%가 우울증에 걸리며(세계보건기구, 2010) 미국 청소년 350만 명이 정신과 치료를 받고 있다. (미국청소년정신과학협회, 2010) 연구조사에 따르면 우리나라 청소년 10명 중 3명이 우울증을 경험한 적이 있다고 한다. (보건복지부_청소년건강행태 온라인조사, 2016)

지그문트 프로이트(Sigmund Freud)는 1917년 논문 「애도와 멜랑콜리아(Mourning and Melancholia)」를 통해 우울증을 이야기하고 있는데, 지그문트 프로이트는 여기에서 우울(멜랑콜리아)을 해결하는 방법으로서 애도(Mourning)의 개념을 이야기하고 있다. 애도는 우울증의 해결 방법인 동시에, 우울증의 원인이 되는 것으로, 정신분석학을 연구한 프로이트에게는 아주 중요한 개념이었다. 그 이후로 인간의 '우울'에 대한 대처방안으로서 '애도'에 대해 칼 아브라함(Karl Abraham)과 그의 제자 멜라니 클라인(Melanie Klein)이 논문을 몇 편 쓰기도 했지만 소수의 연구자들만이 우울과 애도를 다루게 되었고 주요 무대도 정신분석학에서 보다 대중적인 심리학으로 옮겨가게 되었다. 심리학에서 우울과 애도는 정신분석학의 우울과 애도보다 모호하고 얄팍했다.

학자들은 우울과 애도에 집중하지 않았지만 문학가들은 달랐다. 우울증이 인간의 삶에 미치는 영향이 큰 만큼 문학가들은 우울증에 주목할 수밖에 없었다. 문학의 거장들은 그들의 작품에서 상실과 이별을 다루면서 우울과 애도라는 인간의 감정을 풍성하고 깊이 있게 발전시켰다. 거장들의 작품에 담겨 있는 우울과 애도는 인문과학인 정신분석학이나 심리학보다 훨씬 더 과학적이고 논리적으로 인간 감정을 다루고 있다. 따라서 문학을 포함한 예술은 '애도'라는 과정을 통해 우리 삶에서 흔하게 발생하는 불가피한 '상실'과 그 상실에 필연적으로 따라오는 '우울'을 이해할 수 있는 과학적 도구로서 자격과 가능성이 충분해 보인다.

본 연구는 지그문트 프로이트의 에세이와 많은 문학작품들의 우울에 관한 묘사를 기초자료로 사용하여 인간의 슬픔을 분석하고, 문학과 예술이 인간의 우울을 어떻게 다루고 있으며 그 우울을 해결하는 방안으로서 어떤 '애도'의 유형을 취하고 있는지 분석해 보는데 그 목적이 있다. 이를 통해 문학과 예술이 인간의 슬픔과 우울의 해결에 어떤 방식으로 기여하고 있는지에 대해서도 탐색해 보고자 한다.

2) 본론 작성하기

본론은 주제에 대한 정보와 연구에 대한 논지를 작성한다. 특정 자료에만 의존하기보다는 여러 참고자료의 내용을 자신만의 방식으로 정리하고 해석하는 것이 좋다. 참고자료는 참고문헌 및 각주를 통해 언급하고 본론 말미에는 자신만의 결론, 해석, 분석이 제시되어야 하며 본론의 대부분 내용은 이 결론의 타당성을 입증하기 위한 자료의 서술이다.

본론의 구성

1. 이론적 배경
- 정의
- 특징
- 동향

2. 연구방법
- 연구 대상
- 측정 도구
- 연구절차
- 자료 분석 방법

3. 연구 결과 분석

연구 대상	누구(무엇)를, 얼마나, 언제, 어디에서, 어떻게 선정할 것인가를 구체적으로 기술한다.
연구 설계	실험 변인의 통제나 연구 디자인에 대한 설명이 명확해야 한다.
측정 도구	실험, 조사 또는 평가에 사용되는 도구의 신뢰도, 타당도, 객관성이 인정되어야 하며, 논문의 성격에 따라 도구의 방법 등이 서술되어야 한다.
연구절차	연구를 진행하면서 분리되는 각 단계를 요약하여 제시하고 진행 과정에 대해 구체적인 방법 등을 서술해야 한다.
자료 분석 방법	자료 처리 방법, 검증 방법, 통계 처리 소프트웨어 등이 정확히 기술되어야 한다.

✔ 체크리스트

· 학생으로서 실천 가능한 연구방법인가?

· 연구방법이 타당한가?

· 연구문제와 관련된 선행연구 결과와 관련 이론이 구체적으로 고찰되었는가?

· 자료수집을 성실하고 풍부하게 하였는가?

· 내용이 충분히 통일성을 지키고 있는가?

· 연구문제와 관계없는 분석결과를 제시하고 있지는 않은가?

· 예상치 못했던 결과에 대해 정직하게 진술하였는가?

II. 이론적 배경

1. 우울의 개념 및 구성요소

가) 우울의 개념

우울증(depression)은 병리학적으로는 의기를 상실한 기분과 정신운동 저하의 증후군이다. 사람은 우울증에 걸리면 의욕을 상실하여 아무것도 하고 싶지 않거나 할 수 없는 무기력한 정신적 상태를 보인다. 이런 우울증은 일반적으로는 울증 또는 울병이라고도 하며 대개 불면증이나 체중감소를 수반한다고 알려져 있다. 실제로 우울증은 의욕상실의 무기력과 함께 죄책감과 망상적 색채를 가진 증상이 나타나는 것이 보통이다. 이런 증상이 때로는 강한 신체증상을 수반하기도 하여 일상생활이 어려워지기도 한다.

우울증(depression)의 어원은 '내리 누름'(to press down)으로서, '우울하다'는 정신이 꺾이다, 기가 죽다, 낙담하다, 슬프다, 가치를 낮추다, 활동성과 적극성을 저하시키다 등을 포함한다. 임상적으로 흔한 정신장애 중 하나로 성인 10명 중 1명은 일생동안 한번 이상 경험한다. 우울증은 가장 흔하게 발병하는 정신 증상으로 발병 연령은 대개 40세지만 요즘은 점차 빨라지고 있다. 최근에는 아동들에게도 발견되며, 급기야 자살이라는 극단적 사건이 일어나기도 한다.

나) 우울의 구성요소

우울의 파악을 위해서는 애도에 대해서도 알아야 한다. 볼칸(Volkan)에 따르면 '대상과의 연결됨'으로써 상실의 대상의 표상을 영원히 간직하려는 태도인 '애도'는 의미 있는 대상을 상실한 후에 따라오는 마음의 평정을 회복하는 정신과정이다. 이 처럼 애도는 우울의 해결에 도움을 주는 행위이다. 하지만 프로이트는 이 애도를 두 가지-정상적인 애도와 병리적애도-로 나누어 보았는데, 이 중 병리적 애도가 우울증이다. 이처럼 우울증의 치료제와 우울증의 원인, 이 두 가지가 모두 되는 행위인 애도는 정상적이든 병리적이든 우울증의 상당 부분을 차지하고 있다고 볼 수 있다.

III. 연구방법

본 연구에서는 슬픔과 우울의 개념을 분석하고 그것이 인간 사회에 어떤 영향을 주는지 분석하기 위해 우울에 관한 저서와 문학작품을 기본 자료로 정하고 이를 분석하여 정리하고자 한다.

기본자료는 정신분석학자 대니언 리더의 『우리는 왜 우울할까-멜랑콜리로 읽는 우울증 심리학』과 『바깥은 여름 (김애란, 2017), 『여수의 사랑 (한강, 2017)』, 『젊은 베르테르의 슬픔과 파우스트 (요한 볼프강 폰 괴테, 2010)』, 『햄릿과 리처드 3세 (윌리엄 셰익스피어, 2016)』, 『국가 (플라톤, 2013)』이다.

위 기본 자료들을 분석하여 작가들이 슬픔과 우울을 어떻게 생각했고 어떤 극복방식을 제시하였는지 파악하여 인간의 보편적인 감정인 슬픔과 우울을 문학작품의 시각에서 분석하고 정리하고자 한다.

각 작품에 담겨있는 슬픔과 우울의 유형과 해결방법을 분석한 뒤 공통된 항목들을 모아 유목화하여 제시하고 작품들이 슬픔과 우울을 대하는 방식의 공통점과 차이점이 무엇인지. 그것을 통해 무엇을 이야기하고자 하는지를 논의해 보고자 한다.

IV. 연구 결과

 문학 작품들에서 드러난 우울을 분석해본 결과 여섯 가지로 분류할 수 있었고, 본 연구에서는 이를 총 여섯 가지로 분류해 볼 수 있었다.

1. 망자와의 동일시

정신분석학 초기에 요제프 브로이어(Josef Breuer)는 안나 오 라는 환자에게서 기이한 현상을 발견했다. 그 환자는 자신이 입은 드레스의 색을 잘 인지하지 못했는데, 아무리 검사를 해도 그녀의 시력 검사지에는 아무런 이상이 없었다고 한다. 그는 그녀의 아버지의 죽음과 관련이 있었는데, 그녀가 입고 있는 옷의 질감이 돌아가신 아버지의 실내복과 같기만 하면, 그게 어느 색 이던지 간에 그녀의 아버지의 실내복 색이었던, 파란색으로 인지했던 것이었다. 이에서 볼 수 있듯이, 그녀의 시각 장애는, 일종의 봉쇄된 기억이자, 아버지와의 동일시였다. 그녀는 푸른 옷을 입은 사람이 되어 아버지를 대신하며 살아갔던 것이다.

 알렉산더 형이 처형된 뒤 레닌은 형이 상트페테르부르크에서 어떻게 지냈는지 가능한 한 전부를 알려고 했다. 그래서 정보를 모으기도 하고, 형의 눈으로 읽겠다는 듯이 알렉산더가 읽었던 책이라면 뭐든지 읽었다고 한다. 이 과정에서, 그가 전에 읽을 때는 별 감흥을 느끼지 못했던 책, 니콜라이 체르셰브니키의 유토피아 소설 『무엇을 할 것인가』도 알렉산더에게 중요한 책이었다고 해서 다시 읽으니 강렬하게 다가왔다고 한다.

 멜랑콜리의 동일시는 등장인물의 내면에 깊이 침투하는 경향이 있다.

『야간열차』에서 영헌과 동걸, 『어둠의 사육제』에서의 영진과 명한, 『진달래 능선』의 정씨와 황씨, 『질주』의 영진과 명한, 『여수의 사랑』의 자흔과 정선은 서로를 자기 자신과 같이 느끼면서, 상대의 고통, 상대라는 존재의 상실에 대해 크게 상심하고, 많은 책임감-죄책감-을 느낀다.

그들은 무의식의 공간, 꿈에서 그들의 감정은 증폭되다 못해, 아예 동일시되기까지 된다.

"밤 플랫폼의 어둠은 발차의 연기 속에 뿌옇게 젖어 들고 있었다. 그 어둠을 바라보며 차창에 머리를 기대고 있는 동걸의 얼굴은 종종 뭉개어진 낯선 얼굴과 혼동되었다. 흠칫 놀라 상상에서 깨어나면 그것은 나(영헌)의 얼굴이었다."

2. 애도 간의 대화

아브라함과 클라인의 견해로 프로이트의 이론을 더 발전시킨다고 해도 한 가지 문제가 남는다. 이 정신분석들을 어떻게 활용하는 한 가지 문제가 발생하게 되는데, 그는 '사회적 차원의 애도는 어떻게 된 것인가?'이다. 지금까지 살펴본 분석적 관점들은 타인의 역할을 아예 배제하는 것 같다. 애도는 사적인 사건일 뿐이고 사회적인 과정으로는 받아들여지지 않는다. 프로이트는 『애도와 멜랑콜리아』 초고를 쓰기 전 여러 해 동안 케임브리지 인류학자들의 글에 푹 빠져있었고, 이 글들에 바로 사회적 측면의 애도에 관한 많은 이야기가 담겨 있었다. 제임스 프레이저 같은 저자는 수백 쪽에 걸쳐 죽은 사람을 애도하는 일에 원주민 사회가 어떻게 공동체를 포함하는지 기술했고, 프로이트 자신도 『토템과 터부』 같은 책에서 이 자료를 많이 사용했다.

프로이트가 말한 애도는 몹시 사적인 과정이다. 개인이 홀로 슬픔을 감당한다. 그의 애도에는 사별을 슬퍼하는 과정에서 타인이 참여하는 일을 아예 언급하지 않았다.

『애도와 멜랑콜리아』가 출판되기 몇 년 전 사회학자 에밀 뒤르켐(Emile Durkhiem)은 애도가 개인의 슬픔이 아닌 사회집단의 의무이며, 상실로 상처받은 사적인 감정의 과정이 아닌 공동체가 부과한 임무라고 말했다.

인류학자 제프리 고러는 1965년의 중요한 연구서 『죽음, 슬픔, 애도』에서 이런 누락에 이목을 집중시키면서 기록으로 남은 모든 인간 사회는 공적인 현시를 포함하는 애도의식이 있다고 지적했다.

고러를 비롯한 다른 이들은 서양에서의 공적인 애도의식이 쇠퇴하게 된 것은 세계 1차 대전의 대량학살과 연관이 있다고 주장했다. 프로이트가 『애도와 멜랑콜리아』를 집필한 시기가 그때였으므로. 그의 저서에 애도를 사회적 차원으로 보다는 개인적 차원에 집중해서 본 것이다. 애도 간에는 대화도 있을 수 있다. 이는 제대로 된 애도 과정이 진짜 시작될 수 있도록 해주고, 상실을 표상하는 데 필요한 자료를 제공해줄 수도 있다.

셰익스피어의 『리처드 3세』에 이런 대목이 나온다.

> 슬픔을 함께 나눌 수 있다면
> 그대의 슬픔을 내 것에 비추어 다시 말해요.

비춰보기 과정은 다른 현상들도 설명해 줄 수 있는데, 왜냐면 이를 통해 비교의 효력이 감지되기 때문이다. 하지만, 비교의 리듬은 항상 매끄럽게 진행되는 것이 아니다. 예로, 아이와 어른의 애도의 시간은 다를 수 있다. 혼자 남은 부모가 재혼 할 시에 아이들의 반응이 너무 이르다며 분개하는 경우가 대부분인 것도 그 이유이다.

애도 간의 대화가 존재하지 않는 상황은, 슬픔의 고전적 연구서인 『햄릿』의 기본 문제이다. 셰익스피어의 인물은 아버지를 잃었고, 그 아버지는 삼촌 클로디우스에 의해 살해되었으며, 이후 어머니는 그 삼촌과 결혼했다. 거트루드는 애도하지 못하는 어머니이다. 남편이 제거되자마자 딴 남자를 품었기 때문이다. 애도 기간은 전혀 지켜지지 않고, 어떤 주체의 상실도 인정되거나 상징화되지 않는다. 묘지장면 뒤에 라에스테스가 오필리아의 죽음을 몹시 과장되게 슬퍼하는 모습을 보고서야 햄릿은 자신의 애도에 접근할 수 있다. 햄릿은 애도하지 못한 곳에서 라애스테스는 애도한다. 그러나 햄릿이 그와 마주하는 순간, 거트루드가 막았던 애도 간의 대화가 풀리기 시작한다.

한 사람의 애도와 다른 사람의 애도 간의 이 연결은 이런 드라마 같은 극에만 국한되지 않는다. 슬픔에 관한 하버드 대학교의 연구 프로젝트는 인터뷰한 대부분의 미망인이 억지로라도 눈물을 감춰야 할 것만 같은 기분을 느꼈음을 알아냈다. 죽어가는 남편이 아내에게 고통을 덜어주려고 슬퍼하지 말라고 말했듯이, 그녀들 또한 그들의 자식들에게 상실의 고통을 안기지 않기 위해 노력했을 것이다. 그러나 임상적으로 거듭 확인되듯이 가족의 역사에서 상징화되지 않은 상실은 다시금 돌아와 다음 세대를 괴롭힌다. 부모가 살면서 겪는 상실들에 관여하길 꺼리고 행복과 안위라는 인식을 자식에게 투사하면 할수록 자식은 더욱 억압된 진실을 드러내려 애쓰듯이 말이다.

이 일종의 대중 공연으로 변모하는 방식은 예술의 본질에 대해 시사하는 점이 있다. 문학, 연극, 영화를 비롯한 다른 시각 예술과 조형 예술들이 인간문화에서 차지하는 위치가 무엇이겠는가? 예술의 존재 자체가 인간의 애도 욕구와 연결될 수도 있을까? 그렇다면, 어떻게 연결될까?

미학에 관한 멜라니 클라인의 생각을 발전시킨 한 논문에서 클라인 계열 분석가 한나 세갈은 예술작품에 대한 인간의 경험에서 간단하지만, 거의 주목받지 못했던 점을 짚어낸다.

물론 우리가 주인공과 동일시한다고 생각하겠으나, 창작자와 동일시라는 과정도 있다. 이는 창작가가 상실의 감정을 경험하고 그로부터 무언가를 만들어낼 수 있는 사람이라는 뜻에서 그렇다.

세갈의 말처럼 창작자는 혼돈과 폐허로부터 무언가를 만들어낸 것이다. 세갈은 예술가와 동일시해야만 애도를 성공적으로 마칠 수 있다고 주장하는데, 이는 프로이트가 기술한 애도 작업보다는 좀 더 일시적인 카타르시스를 의미하는 터일 것이다. 그러나 세갈의 접근법에 따라 모든 창조적인 작업들을 동일한 메커니즘의 산물로 보면 한 문화의 예술은 우리의 애도를 돕는 일단의 도구라는 새로운 의미를 띄게 된다. 예술은 파란만장한 인간의 삶으로부터 어떻게 창조적인 작업이 나올 수 있는지를 공개적으로 보여줌으로써 우리가 슬픔에 접근할 수 있게 하려고 존재한다. 예술을 대할 때 우리는 무의식적으로 자기 안으로 돌아오기 위해서 자기 밖으로 나가야 한다.

이는 플라톤의 『국가』에 이미 나왔던 모티프로, 거기에서 보면 '시인들은 우리가 개인적으로 불행을 느낄 때에는 억지로 삼가는, 마음껏 울고 슬퍼하고 싶은 자연스러운 욕망을 만족시켜 준다'는 내용이 있다. 예술의 사회적 기능은 창조의 모델을 제공하는 것이다.

그러나 정신분석학자 지네뜨 랭보의 말처럼 작가, 예술가, 시인, 음악가의 작품은 애도자가 느끼는 감정의 보편적인 성질을 밖으로 끄집어내도록 돕는 일에는 매우 중요하지만, 이는 애도자가 다 똑같은 감정을 느낄 거라는 뜻은 아니다. 반대로, 이 표현은 아무도 알 수 없는 내 고통을 표현할 수 있다면,  그것은 다른 사람과 나눌 수 없는 것 속에서나 자신을 인식할 수 있다는 식의 표현일 것이다.

3. 슬픔의 신체화

인류학 연구가 기념일 반응의 대한 분석가들의 연구를 뒷받침한다. 제프리 고러는 산업 사회에서 애도 의식의 쇠퇴를 연구하던 중 이런 결핍이 몸에 영향을 끼칠 수 도 있음을 알게 됐다. 사별한 사람의 신체 증상은 애도 의식이 극히 드문 지역에서 훨씬 더 빈번하게 나타나는 것으로 여러 연구에서 밝혀졌다. 죽음을 사회 차원에서 정교하게 상징화하면 할수록, 애도자의 슬픔은 더 많이 공동체로 편입되어 들어간다. 신체 증상과 신체화

증상 somatization은 애도가 폐색 상태에 빠졌거나 성공적이지 못했을 때 발생한다.

『여수의 사랑』의 주인공들은 우울한 주체들이다. 우울의 주체란. 애도를 과하게 수행 중인 주체이다. 그 슬픔이 지나쳐, 적절한 시점에서 종결하지 못했기 때문에, 상실의 대상은 무의식적인 대상이 되고, 이는 이내 곧 주체의 자기비하로 이어진다. 결국은 그들의 슬픔을 그들은 제때 끝내지 못했기에, 그 우울은 자신-우울한 주체-의 일부가 된다.

4. 망자 죽이기

『여수의 사랑』의 주인공, 정선이 그녀에게 끔찍한 장소였던 여수를 다시 가게 된 이유는 무엇일까? 이 오랜 애도의 작업을 이제 끝내야 한다는 생각이 강해졌기에, 그리고, 그래야만 나머지 삶을 제대로 살 수 있다고 무의식적으로 느꼈기 때문이다. 이때, 정선이 한 작업을 '망자 죽이기'라고 프로이트는 명명한다.

 장례의식을 생각해보면, 우리는 이미 죽은 사람의 많은 것들을 남기려 노력한다. 이 행위는 동, 서양을 가리지 않고 나타나는데, 요 근래에는 정보저장 체계의 발달로 인해 이것들이 더욱 심해져 이제는 고인의 목소리와 이미지까지 저장해주는 사이트도 개설되었다고 한다. 오늘날 산사람과 죽은 사람 간의 경계를 선을 그어야 한다는 생각을 가진 사람은 소수인 듯하다. 그렇다면, 우리가 이렇게 선을 명확히 하지 않는 게 과연 좋은 일일까?

『바깥은 여름』에서 한 아이의 엄마는 아이의 죽음-상실-을 받아들이지 않고 아이의 흔적을 남기려 고수한다. 그러면서 너무 많은 고통 속에 빠지고, 그런 고통에서 벗어나야겠다고 느낀 그녀는 그녀의 아들의 죽음과 관련된 복분자가 튄 벽지를 갈려고 마음먹는다. 중간에 많은 우여곡절이 있었지만, 그녀는 자신의 손으로 그 흔적을 지우는데 성공한다. 그러므로 그녀는 조금이나마 더 편하게 삶을 살 수 있게 된다.

5. 슬픔의 내면화와 외현화

애도의 과정에는'망자 죽이기'가 존재한다. 그리고 이는 애도에서 가장 본질적인 면이다. 그런데 우리가 산사람들, 특히 우리가 사랑하는 사람들을 향해 품는 죽음-소망은 무엇일까?

2살 때 8개월 된 남동생을 잃은 프로이트는 빌헬름 플리스에게 쓴 편지에서, 이 상실로 경쟁자에게 품은 자신의 죽음-소망이 이루어졌고, 그 바람에 자책감이 일었는데, 이런 식의 일이 이 후에도 계속 있었다고 말했다.

우리가 무의식중에 품게 되는 죽음-소망은 우리의 무의식에, 우리의 잠재의식에 존재하게 되고. 이는 말실수와 꿈에서 나타나게 된다. 죽음-소망을 인정할 수 없다는 이런 상황이 일부 문화적 제의에서는 뒤집혀 처음부터 죄를 떠안는다. 누가 죽으면 그 죽음에 가담했기 때문에 질책을 받아 마땅하다는 듯이 으레 생존한 친족들이 종종 벌을 받는다.

공동체는 애도자가 죄인이라도 되는 양 취급하여 당사자 스스로 무의식적인 죄책감에 빠지지 않게 한다. 애도자가 자신을 벌할 기회를 얻기 전에 먼저 사회집단이 처벌하는 것이다.

이런 내면화와 외현화 사이를 오가는 일이 애도 과정에서 매우 중요하다. 몬티파이튼Monthy Phyton의 멤버였던 배우 그레이엄 체프만의 추모식에 애도자들이 모였다. 여느 추모식에서처럼 슬픔이 밴 차분한 추모 연설 들을 듣기 위해서 이었다. 존 클리즈는 자기 차례가 되더니 엄숙하게 운을 떼는가 싶더니 죽은 친구를 식객 노릇이나 했던 나쁜 놈이라 평하고 연방 욕을 해댔다. 모두가 웃느라 정신이 없었고, 연설의 나머지 부분은 웃음소리에 묻혀 들리지 않을 지경이었다. 이는 채프만을 사랑했던 모든 사람들의 마음속에 잠복하고 있던 그의 때 이른 죽음에 대한 분노를 클리즈가 표출한 것이다.

6. 예측 슬픔

아폴로니우스 Apollonius의 희곡 『아르고 노티가 Argonautica』에서 메데아는 제이슨을 너무나도 사랑한 나머지 제이슨이 벌써 죽기라도 한 양 그를 애도한다고 말한다.

이 부제 개념-예측 슬픔-은 고전 희곡에서뿐만 아니라 철학에서도 언급된다. 수천 권의 책과 아리스토텔레스의 논리학에 헌납되었지만, 그가 집중한 감정의 문제는 전혀 관심을 받지 못한 것 같다. 하지만 그의 주장인 '사물은 존재할 수도 존재하지 않을 수도 있다'는 그의 주장을 떠올리면 아리스토텔레스의 마음 한복판에는 이 죽음의 문제가 자리 잡음이 실로 명백해진다.

프로이트는 1915년 『애도와 멜랑콜리아』 원고를 완성한 뒤 9개월 만에 쓴 짧은 논문 『덧없음에 관하여』에서 이 예측 슬픔이라는 개념을 다룬다. 우리는 어떤 대상의 덧없음에 대해 생각하면서 그것의 죽음을 미리 애도한다. 여기에는 시간과 죽음만이 아니라 사랑의 감정도 밀접하게 연결되어 있다. 그렇다면 예측 슬픔의 출현이 인간의 사랑 자체를 탄생시킨 한 요인일 수도 있을까? 사랑에는 미리 맛보는 애도가 포함되는가?

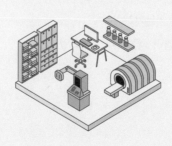

결론 작성하기

　결론은 연구의 시사점과 의의를 분석하여 작성한다. 연구결과를 요약하고, 시사점과 의의에 대한 분석 그리고 한계점 및 후속 연구 방안을 제안하다.

　　연구결과, 시사점 및 의의, 후속 연구 방향의 순서로 작성한다. 본론의 결과와 표현 방식에 다른 연구 전체에 대한 연구자의 해석과 의견도 반영한다. 분량은 한 쪽 정도로 작성한다.

결론 작성 Tip

· 제기한 연구문제와 연구절차, 성과 등을 요약 정리하여 논점을 잃지 않고 명확하게 연구 논의를 펼치기
· 논의는 연구의 가치를 강조하며 시사점과 의의를 제시함. 특별히 연구문제의 연구결과에서 드러난 사실을 기반으로 논의하기
· 연구 설계와 범위가 가진 한계점을 구체적으로 명시해주기
· 연구의 한계점을 보완할 수 있는 새로운 후속 연구에 대한 연구 방향을 제안하기

결론의 ✔체크리스트

· 연구 전체를 간략하게 요약하여 제시하였나?
· 연구결과 도출 및 결론이 합리적이고 논리적인가?
· 결론이 분명하게 진술되어 있는가?
· 결론 도출 시 연구의 제한점이 적절하게 고려되었나?

V. 논의 및 결론

본 연구에서는 다음과 같은 결론을 지었다: 우울증은 애도의 동반자로서의 역할을 수행하기에, 우울증의 해결에 기여한다.

1. 우울증의 해결책으로서의 문학

애도에는 긍정적인 말의 부정, 즉, 부재와 상실의 인식을 확립하는 과정이 포함된다. 어떤 존재가 더 이상 존재하지 않음을 받아들이는 것이다. 다른 한편으로 멜랑콜리아는 부정적인 말의 긍정이 포함된다. 떠난 존재는 하나의 구멍, 즉 멜랑콜릭이 애착을 포기할 수 없는 늘 존재하는공백이 된다. 흥미롭게도 논리철학에서는 하나를 다른 하나로 바꾸는 것이 불가능하다. 서술 부정과 명사 부정은 근본적으로 양립 불가능한 것이다. 그러나 우리는 위의 다양한 저작들에서 그토록 많이 언급한 불가능성을 발견한다. 아마도 출구를 제공하는 것은 논리학이 아니라 시 詩일 것이다. 엘리자베스 라이트가 말했듯이 멜랑콜릭 주체들에게는 '그들을 해방시켜줄 시가 필요하다.'

 지금까지 봐왔듯이 애도는 다른 사람들을 필요로 한다. 애도자가 상실에 대한 자신의 반응을 상징화하고 접근하기까지 도와줄 사람들 말이다.

그리고 여기가 바로 예술이 인간 사회에 꼭 필요한 존재가 되는 지점이다. 예술 작품들은 결국 단순한 사실을 공유한다. 예술 작품들은 상실이나 재앙의 경험으로부터 만들어졌다는 사실 말이다. 우리도 이런 과정에 노출되면 일기를 쓰는 것에서부터 소설, 시를 쓰고 붓을 들어 캔버스로 가져가는 것까지 무언가를 창조하고 싶은 마음이 생길 수도 있다. 아니면 그저 말하고 생각하고 싶다든지 말이다.

 에세이 ⊠문명과 불만⊠에서 프로이트는 프리드리히 대왕의 말인'모든 사람은 자기를 구원할 방법을 만들어내야 한다.'라는 말을 인용하며, 우리가 살면서 필요한 억압 속에서도 삶을 더 참을만하게 만들 수 있는 방법으로 정신분석을 말하지 않는다. 대신 문명 세계가 우리에게 부과하는 끔찍한 요구들에 대한 유일한 만병통치약으로 정신분석이 아닌 문화를 거명한다. 그는 예술이 우리를 구할 수 있다고 말한다.

 결론적으로 우리는 상실에 대한 반응으로 창조의 길을 혹은, 슬픔에 접근해 애도의 작업을 시도할 수도 있다. 애도는 우리에게 상인으로 생긴 빈자리를 보여준다는 것뿐만이 아니라, 스스로 현실적인 무언가를 만든다는 점에서 의의가 있다.

4) 참고문헌 작성하기

연구 보고서 작성을 위하여 참고한 문헌을 일정한 순서대로 정리하여 제시한다.

참고문헌 기재방식

✎ **단행본**	저자명(출판연도). 도서 제목. 출판사.
✎ **학위논문**	저자명(출판연도). 논문 제목. 학위논문. 학위 수여기관
✎ **학술지**	저자명(출판연도). 논문 제목. 학회 이름, 권(호), 수록페이지
✎ **신문**	기자명(발행 연. 월. 일). 기사 제목. 신문사명, 페이지.
✎ **인터넷 자료**	웹 사이트명(작성연도). 자료 제목. [검색날짜].<사이트 주소>

설문 조사 및 인터뷰 항목을 첨부한다.
설문 조사 및 인터뷰가 진행되었을 경우만 첨부하도록 한다.

예시

개인의 외적 · 내적 요인이 국제구호 캠페인 수용에 미치는 영향

1. 귀하의 성별은 어떻게 됩니까?
❶ 여성 ❷ 남성

2. 귀하의 나이는 어떻게 됩니까?
만 (   ) 세

3. 귀하의 소득은 어떻게 됩니까?
(   ) 만원

4. 후원경험이 있으십니까?
❶ 전혀 없다 ❷ 1~2회 ❸ 3~5회 ❹ 6~8회 ❺ 9회 이상
▶▶▶ 위 4번 질문에서 ❶을 선택하신 분은 문항 6으로 가십시오.

5-1. 후원을 하게 된 계기는 무엇입니까?
_____

5-2. 후원의 목적은 무엇이었습니까?
_____

6. 개인 성향으로서 공감적 관심의 측정
6-1. 누군가가 이용당하는 것을 보면, 그들을 보호해 주고 싶어진다.
❶ 전혀 그렇지 않다 ❷ 약간 그렇지 않다 ❸ 보통이다 ❹ 조금 그렇다
❺ 매우 그렇다

6-2. 종종 나보다 불행한 사람들에게 연민을 느낀다.
❶ 전혀 그렇지 않다 ❷ 약간 그렇지 않다 ❸ 보통이다 ❹ 조금 그렇다
❺ 매우 그렇다

6-3. 나는 상당히 인정이 많은 사람인 것 같다.
❶ 전혀 그렇지 않다 ❷ 약간 그렇지 않다 ❸ 보통이다 ❹ 조금 그렇다
❺ 매우 그렇다

6-4. 다른 사람들이 곤란에 빠진 것을 보면 걱정이 된다.
❶ 전혀 그렇지 않다 ❷ 약간 그렇지 않다 ❸ 보통이다 ❹ 조금 그렇다
❺ 매우 그렇다

6-5. 다른 사람의 불행은 나를 불안하게 한다.
❶ 전혀 그렇지 않다 ❷ 약간 그렇지 않다 ❸ 보통이다 ❹ 조금 그렇다
❺ 매우 그렇다

6-6. 나는 일상에서 자주 감동을 받는다.
❶ 전혀 그렇지 않다 ❷ 약간 그렇지 않다 ❸ 보통이다 ❹ 조금 그렇다
❺ 매우 그렇다

6-7. 기회가 온다면 국제 기아 돕기에 참여할 생각이다.
❶ 전혀 그렇지 않다 ❷ 약간 그렇지 않다 ❸ 보통이다 ❹ 조금 그렇다
❺ 매우 그렇다

 예시

참고 문헌

교육학용어사전, 1995. 6. 29. 하우동설
동의보감 [東醫寶鑑]
철학사전, 2009. 중원문화
사회복지학사전, 2009, 8. 15. Blue Fish
Darian Leader, 우리는 왜 우울할까-멜랑콜리로 읽는 우울증 심리학, 우달임, 동녘사이언스, 2011
Johann Wolfgang Von Goethe, 젊은 베르테르의 슬픔, 안장혁, 문학동네, 2010
Johann Wolfgang Von Goethe, 파우스트1·2, 이인웅, 문학동네, 2010
김애란, 『바깥은 여름』, 문학동네, 2017
한강, 여수의 사랑, 문학과 지성사, 2012
William Shakespeare, 햄릿, 이경식, 문학동네, 2016
Sigmund Freud, 꿈의 해석-개정판, 무의식의 세계를 열어젖힌 정신분석의 보고, 이환, 돋을새김, 2014
위키백과
David Healy, let them eat prozac (newyork: newyork university press)
C.S.Lewis, A grief observed (london: faber&faber. 1961)
Sigmund Freud, The Interpretation of Dreams (1899), standard edition, vol.4, pp.339ff

단원을 마치며 ✦

대입 공정성 강화 방안에 따라 대입 서류 항목과 분량이 줄었다. 2025학년도 대입에서 영재교육 실적, 자율동아리, 개인 봉사 활동, 수상 경력, 독서 활동은 반영되지 않는다. 2024학년도부터 자기소개서 또한 폐지된다.

학생은 성적 이외에 자신의 역량을 보여줄 수 있는 방법과 기회가 줄어든 것이다. 이를 해결할 수 있는 방법은 탐구 활동이라고 할 수 있다. 수업에서 호기심 해결이나 심화된 내용의 조사, 수행평가 등을 활용해 자료를 조사하고 주제에 따른 주제탐구를 통해 학생의 탐구역량과 학업역량 및 전공에 대한 관심을 드러낼 수 있는 유익한 활동이 된다.

학생부 종합전형으로 선발하고 싶은 학생은 어떤 학생일까?
대학의 입장에서 생각해보자.
대학 입학 후 성실히 학업을 이어갈 학생일 것이다. 그리고 대학을 졸업한 후 대학을 빛내줄 학생이다. 지적 활력과 활동력이 있는 학생, 자기 주도적 학습 태도가 잘 갖춰진 학생, 미래환경에 적합한 학생, 창의적 도전정신과 협업능력을 갖춘 학생이다. 이러한 인재를 창의 융합형 인재라고 한다. 이러한 인재는 어떤 특징을 지닐까?

학교생활을 충실히 한 학생이라고 대학은 말한다.

학생부 종합전형에서 평가 요소를 살펴보면 학업역량, 진로역량, 공동체 역량이 된다. 학업역량이라고 하면 일반적으로 교과성적만 생각하는 학생들이 있다. 교과 성적만으로 학업역량을 평가하는 자료가 아니다. 학업역량을 평가할 때 교과 성취도 뿐만 아니라 학업태도, 탐구력을 평가한다.

우리는 가끔 듣는다. '내신 4등급 학생이 수도권 K대에 합격했다 하더라....'
대학에서 학생의 학업역량을 평가할 때 학업 성취도에서 다른 친구에 비해 부족할 수 있다. 하지만 이 친구에게는 부족한 학업 성취도를 보완할 만한 학업 의지나, 또는 탐구력을 학생부에서 충분히 보여줬다고 할 수 있다.
깊이 있는 탐구 활동을 하고 싶다면 진로선택과목인 <수학 과제탐구>, <사회문제탐구>, <융합과학탐구>, <과학과제연구>, <사회과제연구> 과목을 선택해보자.

학교생활기록부는 학생 개개인의 특성과 역량을 보여주는 서류이다.
창의적 체험활동과 세부능력 및 특기 사항에 주제탐구를 통해 나만의 학교생활기록부를 만들어 가보자.

학생이 한 활동에는 의미 없는 활동이 없다. 그 활동에 의미를 부여하고 역량을 보여주도록 해보자. 한 번의 탐구 활동을 이벤트라고 한다면, 후속을 통한 탐구 활동은 성장으로 이어질 것이다.

나의 학생부에서 나의 역량이 잘 보여질 수 있도록 스스로 노력해보자.

5.

합격 세부능력 및
특기사항과 자기소개서

합격 세부능력 및 특기사항과 자기소개서

계열별 세부능력 및 특기사항 안내

학생은 학교에서 다양한 활동을 한다. 이러한 다양한 활동을 기록한 것이 생활기록부이다. 생활기록부는 학생의 종합적인 모습을 볼 수 있는 소중한 자료이다. 이에 따라 대학에서도 학생부 종합 전형에서는 생활기록부를 통해 학생을 바라보고 평가한다.

많은 사람이 생활기록부에 교과 성적이 매우 중요하다고 말을 한다. 틀린 말은 아니지만, 이를 잘못 해석하여 교과 성적만 중요하다고 생각하는 사람이 있다. 이는 잘못된 것이다. 생활기록부는 적게는 15명에서 많게는 40명 이상의 고등학교 선생님들이 학생을 글로 평가한 귀중한 서류이다. 학생의 교과에 대한 이해, 진로에 관한 관심, 인성 등을 각 교과 선생님과 담임선생님이 학교생활기록부에 작성한다. 이러한 글을 생활기록부에서는 세부능력 및 특기사항, 창의적 체험활동, 행동특성 및 종합의견이라고 한다.

중요도가 계속 높아지는 현실에 학생이나 학부모는 어떠한 생활기록부 기록이 중요한지 궁금하고, 고등학교 선생님도 우수한 생활기록부는 무엇이며 어떤 방향으로 생활기록부에 글을 써야 할지 고민을 많이 하는 상황이다. 이에 따라 해당 단원은 생활기록부를 분석하는 방법과 기재 방향에 대한 도움을 주고자 가상의 학생 생활기록부를 제공한다.

제공할 생활기록부는 교과 성적보다는 생활기록부의 기록을 위주로 내용을 담았다. 해당 내용을 통하여 우수한 생활기록부는 어떤 것인지 살펴보길 바란다. 내용 순서는 생활기록부 순서를 적용하였으며, 구성은 아래 예시와 같다.

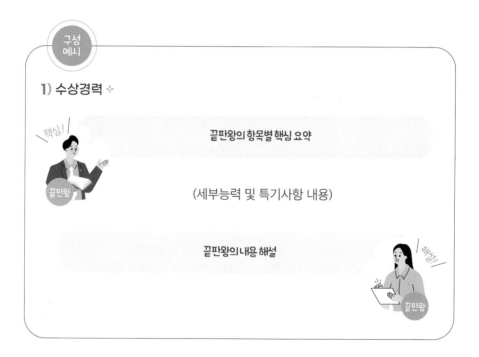

요약부터 내용, 해설까지 모두 작성하였으니 많이 배우고, 얻어 가길 바란다.

단, 기록에서 '꿈구두'라는 칭호는 출판사의 칭호이기 때문에 작성하였을 뿐, 원래 생활기록부에는 기업명을 사용할 수 없음을 감안하고 보기 바란다.

가. 국어국문학과 세부능력 및 특기사항

학생의 진로희망은 방송작가이며, 국어국문학과를 준비한 생활기록부를 만들어 보았다.

1) 수상경력 ✦

수상경력에서는 학생의 관심사와 해왔던 노력의 결실을 확인할 수 있다. 2023학년도 대입에서 학기당 수상 1개 제공을 끝으로 이후 대입에서는 상급학교에 수상경력을 제공하지 않는다. 즉, 2024학년도 대입부터는 대학에서 학생의 수상 경력을 볼 수 없다. 이에 따라 학교에서 주최하는 대회 참가가 의미 없다고 생각할 수 있다.

하지만 **생활기록부가 대입만을 위한 기록물이 아니며, 수상을 위해 학생이 노력하여 발전하는 것은 교육적인 면에서 매우 긍정적이다.** 또한 대회 형식이 아니라 학교 행사 형식으로 진행해 볼 수 있기에 수상에 관한 내용을 정리하였다.

1학년 ◉ 백일장(최우수상) / 표창장(모범상)
2학년 ◉ 영화비평대회(최우수상) / 사이버백일장(최우수상)
3학년 ◉ 아름다운말캘러그래피대회(우수상)

수상에서는 **글솜씨를 알릴 수 있는 대회**를 기재해 보았다. 백일장과 영화비평대회, 캘러그래피대회이다. 학생은 대회를 준비하면서 자신의 글을 알릴 수 있고 평가를 받을 수 있다. 예비 작가를 꿈꾸는 학생으로서 도전해볼 가치가 있는 대회들이다. 이와 비슷한 대회가 있다면 적극적으로 참여하길 바라며, 학교에서도 대회를 시도해보기 바란다.

2) 자율 활동 ✧

자율활동은 학교에서 자치, 적응, 학교 특색활동에 학생이 참여한 모습을 기록하는 곳이다. 학교에서 주도하여 시작하기 때문에 학생의 자기주도성이 다른 영역에 비해 적게 드러날 수 있다. 하지만 각 활동에서도 **뚜렷하게 보이는 기록**이 어떻게 되어야 할지 아래 내용을 참고하길 바란다.

1학년 🔍 한국사 속의 과학을 체험하는 융합 프로그램 '역사학교 과학실'에서 건축, 의학, 언어, 물리에 관한 전 체험과정을 이수함. 특히 국어국문학을 전공하고자 하는 학생인 만큼 훈민정음 해례본 해석과 훈민정음의 과학성을 밝혀가는 부분에 집중하여 분과일지를 기록함. 분과원과 상의하여 분과별 주제를 '역사적 사실로 알아보는 과학기술 사전'으로 정한 후 역사 속 인쇄기술을 조사하여 훈민정음 해례본의 목판인쇄 자료를 스토리보드에 표현함.

학급협의회에서 수업 불참 학생 및 졸고 있는 학생을 어떻게 수업에 참여시킬 수 있을지에 대한 의견을 제시하고 함께 지켜야 할 약속을 정함. 배움과 성장이 있는 더 좋은 학교를 만들기 위해 학생들이 주체적으로 나서서 토론하며 민주시민의식을 키우는 계기를 마련함.

신뢰 서클 나눔에서 학급 구성원 간의 신뢰 관계 형성 및 공동체 의식 강화를 위한 서클 활동을 진행함. 학급에서 서로 아쉬웠던 점과 감사한 점을 공유하며, 존중과 신뢰의 학교 문화를 형성하고 갈등 상황을 평화적으로 해결하는 방법을 친구와 나누며, 서로의 관계가 돈독할 수 있도록 적극적으로 서클을 진행함.

2학년 🔍 꿈구두아카데미(인문학 강연, 작가와의 만남, 분과별 활동, 개인문집 제작)를 이수함. '인문학 강연'과 '작가와의 만남'을 통해 더 많은 경험을 하고 정성을 들여 더 많은 사연을 만들어야겠다는 생각을 드러냄. 분과원과 역할을 분담하여 전염병에 대한 가짜 뉴스를 분석하여 '전염병 사태 이후 SNS 사용'에 대해 깊이 있게 이야기를 나눈 후 이러한 활동들을 모아 자신만의 색깔이 담긴 문집을 완성하였음.

또래 멘토링에 1년간 멘토로 참여하여 급우의 문학 학습을 돕고 함께 공부하는 것의 장점을 알게 되었으며, 복습하는 습관을 기르는 계기가 됨.

독서교육에서 그림책 '나무늘보가 사는 숲에서'를 읽고, 그림책 업사이클링활동을 통해 산타할아버지가 숲속 동물들에게 선물을 주는 내용으로 팝업북을 제작하고 그림책에 흥미를 가짐.

'30일 프로젝트 삼매공(삼심분씩 매일 공부)'을 실시함. 30일 동안 같은 책을 선정하여 매일 한 단원씩 읽고 내용 정리 및 감상평을 사진 찍어 보내는 활동을 계획하고 진행하는 매니저 역할을 잘함. 국어에 관심 있는 친구들로 구성하여 매일 인증할 수 있도록 격려하여 모두 정해진 도서를 읽을 수 있도록 안내함.

3학년 ● '나의 희망 진로를 소개합니다.'라는 주제로 열린 학급 자치 시간에 희망 진로를 국어국문학과로 정하고, 희망 진로를 생각하게 된 이유를 정리하였으며, 롤모델로 국내 작가를 소개함. 사람들에게 웃음을 주는 예능 프로그램 작가로 살면서 시간이 지나도 회자될 수 있는 작품을 만들고 싶다는 포부를 밝힘.

또래 멘토링에 참여하여 멘토의 도움을 받아 사회문화 교과 내용을 꾸준히 학습하고, 문제 해결 능력을 향상시켰으며 학습에 대한 의지를 가지게 됨.

학급 특색활동 '30분의 기적' 시간을 통해 예습과 복습을 효과적으로 실천하는 자기 관리를 통해 자기 주도적 학업 역량을 키움.

장애인식개선교육을 통해 서로 다르지만 같은 점도 많음을 깨닫고 장애 친구와 할 수 있는 일을 정리함.

학교폭력예방교육에서 인권은 왜 보호해야 하는지에 대하여 분명히 알게 되었으며, 나의 권리와 존엄성만 주장하지 않고 다른 사람을 차별하거나 사회적으로 배제하지 않아야 함을 깨달음.

학생의 자율활동 기록을 보면 **따뜻한 마음을 가진 작가**를 희망하는 학생임을 알 수 있다.

'역사학교 과학실', '꿈구두아카데미', '독서교육', '나의 희망 진로 소개' 학교 활동을 정리하면 국어국문학과를 지망하면서 **방송작가를 꿈꾸는 학생의** 모습이다. 어문 분야의 진로를 생각하려는 학생과 학교에서 프로그램을 기획하는 교사가 보고 있다면 참고하여 활동 및 운영을 시도해보길 바란다.

또한 **따뜻한 마음**을 가진 학생이라는 것을 '학급 협의회'와 '신뢰 서클', '또래 멘토링', '삼매공 프로젝트', '장애인식개선교육', '학교폭력예방교육'에서 찾을 수 있다. '서로', '함께', '같이', '다른 이' 등의 단어를 많이 볼 수 있는데 이는 학생이 혼자 있는 삶이 아니라 여러 사람과 함께 사회를 같이 이루어 나가는 것을 학교에서 배우고, 학교와 사회에서 실천하려 한다는 것을 보여준다고 할 수 있다. 해당 활동이 아니라도 **자신의 인성을 보여줄 수 있는 활동이 있다면** 해보길 추천한다.

3) 동아리 활동 ✤

동아리 활동은 학교 내에서 **자신의 관심사**를 가장 높게 드러낼 수 있는 부분이다.
따라서 대학에서도 학생이 어떤 동아리를 했는지 관심이 많다.

1학년 🖊 **(교지편집반1)** 작가나 기자를 진로 방향으로 잡고 있고 교지 편집에 관심이 많아 가입하게 됨. 글을 쓴다는 것은 자유롭게 생각을 풀고 그것을 질서정연하게 조직하고 다양한 방식으로 설득력 있게 풀어내는 매우 종합적인 사고 과정이며, 또한 글쓰기는 모든 일의 기본이 되기 때문에, 기사문 작성을 연습하여 글쓰기 실력을 키우고자 동아리 활동에 열심히 참여함. 교지 구성 중에서 '1학년 수련회' 꼭지를 맡아 취재를 하고 기사를 쓰면서 소중한 추억의 의미를 되새김. 교지 편집 동아리를 하며 '책임'이라는 덕목에 대해 깊이 고민하고 책임을 지는 태도를 가지려고 노력함.

2학년 🖊 **(교지편집반2)** 동아리 부반장으로 동아리의 특징이 잘 드러나 있는 홍보 영상을 감각적으로 제작하여 홍보함으로써 동아리 부원들을 모집하는 데 결정적인 역할을 하였으며 반장과 함께 교지 기획 단계부터 구성원들의 의견을 취합하여 교지의 전체적인 틀을 잡고 이끌어 나가는 모습을 보여주었음. 특히 전염병으로 활동이 제한된 상황에서도 원격 수업을 진행하는 선생님을 인터뷰하고, 도서관 책 배달부 운영을 취재하여 전염병으로 인해 변화하고 달라진 학교의 상황을 엿볼 수 있는 기사문을 작성하여 교지에 다양한 내용을 담을 수 있도록 기여하였음. 또한 편집 후기를 통해 전염병으로 인해 여러 행사와 대회가 취소되어 취재할 내용이 줄어들어 안타까웠던 마음을 표현하고, 인터뷰하거나 자료를 조사하여 무언가를 알리는 글을 쓸 때는 더 신중해야 한다는 사실을 동아리 활동을 통해 다시 한번 깨닫게 되었음을 밝히기도 함.

3학년 🖊 **(교지편집반3)** 탐구보고서 쓰기 활동에서 '대중문화 속 비속어, 유행어, 줄임말의 사용'을 주제로 설정하고 대중매체의 언어 사용에 대한 인식과 방송에서의 구체적인 언어 사용을 예로 들어 한 편의 보고서를 완성하고 발표함. 방송에서 신조어를 사용하며 신조어의 양지화가 이루어졌으며 친숙함과 재미를 부여하는 신조어 자막 편집에 우호적인 시선을 보이며 시대에 따라 방송 심의 규정이 적절하게 변화할 필요성이 있다는 자신의 생각을 조리있게 설명하여 친구들의 공감을 받음.

실제 예능 프로그램과 드라마에서 사용된 단어를 구체적으로 언급하여 친구들의 관심을 유도한 점이 인상 깊었음. 주제 융합 발표에서 '대중매체 속 다문화 차별문제와 해결방안'을 융합 주제로 설정하고 연극, 영화, 티비프로그램에서 정작 우리나라 사람은 지키지 않는 규범을 외국인과 다문화 가정에 강요하여 차별을 조장하는 경우를 예로 들며 우리나라 사람들의 세심한 주의가 더욱 필요하다는 점을 제시함. 또한 적절한 다문화 교육과 상담을 통해 인식의 변화를 도와야 한다는 점을 언급함.

정리!

　작가를 희망하는 학생에게 어울리는 동아리로 교지편집반을 생각하여 동아리를 구성하고 특기사항을 작성하였다.

　1학년 때 특기사항으로 **진로 분야가 확실**한 것을 확인할 수 있다. 그리고 동아리에서 글쓰기를 배우기 위해 열심히 하는 모습을 확인하고, 실제 경험을 통해서 성숙해 나가는 학생의 모습을 볼 수 있다.

　2학년 때는 동아리 부반장으로 악조건 상황에서 동아리를 운영하는 모습을 통해 리더십을 확인할 수 있다. 또한 내용에서 사서 교사와의 인터뷰와 도서관 책 배달부 운영을 포함하여 쓴 글이 완전되어 초고가 작성하였고, 해당 내용을 수정한 **에피소드가 담겨 있는 특기사항**은 면접상황에서 물어 볼 수 있는 내용들이다.

　3학년 때는 교지 작성보다는 언어 현상에 대한 고민과 **자신의 결론을 내보는 탐구보고서 쓰기 활동과 주제 융합 발표**를 작성하였다. 비속어, 유행어, 줄임말, 차별 인식 등은 작가를 희망하는 학생이 판단하였을 때 사람들이 사용하는 것은 적절하지 않다고 주장하고 있다. 아름다운 한국어를 사용하고, 차별 없는 사회에서 모두 공감할 수 있는 언어 사용이 중요함을 강조하는 것이다. 해당 활동은 교지편집반이 아니어도 할 수 있으므로 어문계열을 희망하는 학생이라면 꼭 시도해보길 바란다.

4) 봉사 활동 ✦

봉사 활동의 특기사항은 기본적으로 작성하지 않는다. 또한 2024 대입부터는 학생이 외부에서 한 개인 봉사 활동은 상급학교에 제공하지 않는다. 따라서 학교 계획에 따른 알찬 봉사 활동이 중요하다. 그리고 오해하면 안 되는 부분이 어떤 봉사 활동이 해당학과에 가장 적합한 봉사 활동인지 질문이 많은데 그런 봉사 활동은 있을 수 없다. 학생이 하는 **모든 봉사 활동이 다 의미가 있다는 점**을 꼭 유념하고 내용을 참고하길 바란다.

1학년 🌐 교내 환경정화활동 3시간

토론대회 행사 진행 및 정리 도우미 5시간

학교 신문 발간 및 취재 10시간

2학년 🌐 교내 환경정화활동 3시간

학교 홍보물 및 교육 관련 취재, 교지 발간 10시간

선플달기 캠페인 4시간

3학년 🌐 교내 환경정화활동 3시간

급식 배식 도우미 10시간

아름다운 한국어 사용하기 캠페인 5시간

기본적으로 학교에서 열심히 봉사했을 때 받는 봉사 시간과 토론대회 행사 진행 정리 도우미, 급식 배식 도우미처럼 자진해서 신청한 봉사 활동을 토대로 만들어 보았다. 또한 교지편집부 활동을 하면서 학교 신문을 발간하며 홍보하는 활동의 봉사를 동아리와 연계하여 만들어 보았다.

그리고 '선플달기 캠페인'과 '아름다운 한국어 사용하기 캠페인'은 **학생의 따뜻한 마음씨를 더 강조**할 수 있을 것 같아 만들어 보았다. 글을 사랑하는 학생의 선플달기 캠페인과 아름다운 한국어 사용하기 프로젝트 캠페인은 학생이 꼭 시도해보길 바라며, 교사도 적극적으로 지원해주길 바란다. 여기서 오해하지 말아야 할 것은 꼭 선플달기, 한국어 사용하기 캠페인뿐만 아니라 다른 **봉사로서도 따뜻한 마음씨를 전달**할 수 있기에 지금 할 수 있는 봉사 활동을 확인하고 계획하여 시도해보길 바란다.

5) 진로 활동 ✦

1학년 ◈ 꿈구두진로진학설계프로그램에 참여하여 진로검사 결과에서 나타난 흥미와 적성, 가치관 등 개인적 특성에 알맞은 학과계열을 살펴봄. 학과에 관련된 직업 또는 관심 직업을 탐색하고 목표 학과 및 목표 직업을 위한 준비과정을 알아본 후 커리어맵을 그려보며 희망 진로에 대해 구체적으로 계획을 세워보는 시간을 가짐.

대입설명회에 참여하여 진로진학정보를 탐색하고 입시 방향의 변화에 맞추어 학생부 관리 및 자기소개서 작성법, 면접 대비에 대한 구체적 정보를 탐색함. 특히 자신의 진로 방향에 맞추어 어떤 준비와 노력을 해야 하는지 파악할 수 있어서 학습동기 및 자기주도적 진학설계 능력을 배양하는 계기가 됨.

꿈구두 직업인프로그램에서 '방송작가'를 선택하여 방송 관련 분야에 대한 이해도를 높임. 직무에 필요한 능력, 직업 특성과 전망 등 전문가에게 직접 듣는 생생한 이야기와 직업 선택에 필요한 현실적인 조언을 경청하는 기회를 가짐. 관련 분야에 대한 실질적 정보 탐색과 더불어 자신의 흥미와 적성을 고려하여 미래 직업을 탐색하는 기회를 가짐.

진로박람회 체험활동에서 상담가, 공연기획자, 방송작가에 참여하여 관련 직업군에 필요한 능력 및 전망 등을 탐색해 봄. 특히 방송작가에 관한 정보를 알게 되었으며, 어떤 직업군이라도 시대의 흐름을 파악하고 다방면의 지식이 융합 및 적용되어야 함을 깨닫고 자신의 목표성취를 위해서 구체적이고 현실적인 학습 계획 및 진로 계획을 세우는 계기를 마련함.

2학년 ● 진로 독서활동 시간에 '안 된다고 하지 말고 아니라고 하지 말고(임윤택)'을 읽고 독서 일지를 작성함. 책을 통해 목표설정의 중요성, 꾸준한 노력의 긍정적 효과 등에 대해 알게 되었고, 자신의 진로 희망을 위해 긍정적인 마인드를 가지고 더욱 노력하고자 다짐하는 계기가 됨.

꿈구두전공탐색검사결과 조력가적 사회형, 창작가적 예술형, 조직가적 관습형 순으로 나왔음. 진로 정체성 중 일관도가 우위에 있음. 적성에 맞는 대학전공계열로는 인문, 복지, 사범, 간호로 나왔으며 추천 전공은 국어국문학과, 아동교육학과, 간호학과, 신학과, 가족복지학과임.

꿈구두진로진학설계프로그램에 참여하여 전공 탐색 검사 결과에 따른 관심 학과에 대하여 집중적으로 탐색하고 자신의 특성과 다양한 분야에서의 가능성을 확인함.

진로학과멘토링에 참여하여 국어국문학과와 문화컨텐츠학과를 선택하여 진지하게 탐색하고 전공 학과에 대한 진학 정보 및 학교생활에 대하여 궁금한 내용을 질문함. 진로 방향과 관련된 전공(학과) 정보 탐색을 바탕으로 진로 목표를 구체화하고 진로 방향 의사결정능력 및 전공에 대한 이해도를 높임.

학부모와 함께하는 맞춤형 진로진학컨설팅에 참여하여 변화하는 대학입시의 특징을 이해하고 자신에게 적합한 지원 유형을 탐색함.

3학년 ● 희망 대학 및 학과 조사에서 국어국문학과로의 진학을 위한 학교의 평가 방식 및 평가 일정을 찾고, 교육 목표, 인재상, 핵심역량과 가치관을 정리하고 관련 도서와 진로와 관련된 미래 전망을 조사 발표함.

독서 활동 시간에 '언어로 세운 집(이어령)'을 읽고, 줄거리, 논의점, 질문 만들기 등의 활동지를 작성함. 이를 통해 자신의 생각을 요약하고 정리하는 능력이 크게 향상됨.

시사진로 시간에 적극적으로 참여함. 'K-방역에 대한 언론사의 차이'에 대해 관심을 보였고, '언론의 공공성 훼손'이라는 주제로 발표함. 진보 언론은 현 정부를 칭찬하는 내용만을, 보수 언론은 현 정부를 비판하는 내용만을 기사화한다는 것을 중심으로 발표함. 언론의 공공성에 대해 벤담과 밀의 공리주의 사상, 칸트 도덕론을 연관 지어 설명함. 현재 우리나라 언론사는 기업의 자본과

정치 권력 앞에서 무능함을 주장하며, 사회 질서를 유지하기 위해 언론이 필요한데 그에 맞는 책임감이 없는 행동이 아쉬움이 있음을 발표함.

정리!

　진로 특기사항은 학생이 자신의 진로를 구체화하기 위해 했던 모든 활동을 작성할 수 있다.

　고등학교 저학년 때는 다양한 진로 체험 활동, 진로 검사, 입시 전형 이해 등을 통해 자신의 관심 분야가 무엇인지 찾으며 이를 이루기 위해 **전략을 짜는 단계**이다. 학교에서는 많은 진로 프로그램을 통해 진로의 방향을 같이 잡아주고 학부모와 소통하며 긍정적인 방향으로 학생을 지원해야 한다. 1, 2학년 특기사항은 주로 해당 프로그램이 어떤 것이 있는지 소개하고 진심을 담아 해볼 수 있기를 권장하고자 작성해 보았다.

　3학년 특기사항은 진로시간을 활용해 학생의 진학 열정이 높다는 것을 보여주려는 의도로 작성해 보았다. 희망 대학 및 학과 조사를 통해 언어 능력이 뛰어나며 국어국문학과 진학 목표가 뚜렷하다는 것을 알 수 있다. 또한 **시사진로 시간**은 글을 쓰는 사람을 희망하는 학생이 편향된 매체를 비판적으로 바라볼 줄 아는 공정한 시각과 뛰어난 지적 수준을 갖추었다는 점이 드러나도록 작성해 보았다. 특히 공리주의와 칸트에 대해 언급한 부분은 교과에서 생활과 윤리, 윤리와 사상을 이수하였다는 점과 연결되는 장점이 있다.

6) 교과 세부능력 및 특기사항 ✤

학교에서 학생이 과목을 배울 때, 수업하는 선생님께서 학생을 서술형으로 평가를 해 놓은 부분이다. 학생이 학교에서 교과 수업을 가장 많이 받기 때문에 생활기록부 기록에서, 많은 부분을 차지한다.

1학년 ◉ 한국사 : 역사에 대한 기본 지식이 풍부한 학생으로 매시간 바른 자세로 수업에 참여하고 필기를 열심히 하였으며, 역사 만들기 수업에서 조원과 서로 협력하여 민화 그리기 및 경복궁의 조형물을 완성하고 우리 문화재의 소중함과 가치에 대해 배움. 역사 발표 수업에서 일제 강점기 한글 연구를 주제로 발표함. 말모이, 조선어 연구회, 조선어 학회를 중심으로 일제 시대 우리말 연구의 과정과 노력을 설명하고, 우리말 큰 사전 편찬과정에서 발생했던 조선어 학회 사건을 통해 일제의 한글 탄압을 설명함. 이 주제 발표를 통해 일제의 잔인했던 통치방식과 그 속에서 우리말을 지키려 노력했던 많은 사람의 희생과 노력에 대해 알게 되었으며, 우리말의 소중함과 의미를 생각해보는 기회를 갖게 되었다는 소감을 밝힘.

국어 : 진로나 관심사 말하기 활동에서 청중을 고려한 말하기 계획을 구체적으로 세우고 '국어국문학과'에 대해 자신감 있는 태도로 유창하게 발표함. 효과적인 전달을 위해 시청각 자료를 제시하며 진학 희망 이유, 진학 후 배우는 교과목, 졸업 후 진출 분야 등 발표 내용을 잘 숙지하여 적절한 억양과 속도로 설명함. 소설에 반영된 공동체의 문제에 대해 건의문을 쓰는 활동에서 사회의 규범이 공정하게 적용되지 않는 것에 대해 비판적으로 인식하고, '부당한 이유로 피해를 본 사회약자에 대한 피해 보상의 필요성'을 제안함. 비판적 사고력과 문제해결력을 지니고 있으며 자신의 가치관에 따라 작품의 의미를 새롭게 만들어내는 능동적인 사고를 함. 시조 다시 쓰기 활동에서 첫눈 오는 날에 대한 기대감을 시조의 형식적 특징을 살리면서 완성도 높게 형상화함. 비유, 상징 등의 다양한 문학적 표현을 활용하여 생활 속 자기 생각과 감정을 효과적으로 표현함. 수업에 대한 집중력이 높고 국어 전반에 대한 호기심이 많아

과제를 해결하려는 의욕이 높음. 탐구 활동 시 핵심 개념에 대한 이해는 물론 확장하여 적용하는 능력이 우수함. 배움일기에 매시간 수업의 핵심 개념, 새롭게 배운 내용을 자기만의 방식으로 정리함.

영어 : 1년 동안 한 번도 흐트러진 모습을 보지 못할 정도로 열의를 가지고 수업에 임하는 모습이 타의 모범이 됨. 어휘력이 상당하고 구문 분석력 및 이해력이 좋아 독해 실력이 뛰어남. '나만의 스트레스 해소 방법'을 주제로 한 에세이 쓰기에서 수업 시간에 배운 다양한 구문과 어휘를 활용하여 정확성과 유창성을 갖춘 글을 작성함. 영어책을 읽고 '북리포트'를 작성함에 있어 주제 의식을 잘 찾아내고 글의 핵심을 파악하는 능력이 돋보임. 모든 활동지를 영어로 작성하며 영어 감각을 유지하려고 노력하였으며 자신의 지식을 활용하여 자유롭게 의견을 표현하는 능력을 보여줌. '나의 롤모델'을 주제로 한 말하기 활동에서 언어를 통해서 한국의 정체성을 지키려고 노력한 독립운동가이자 국어학자를 소개하며 그의 노력 덕분에 한글의 가치가 세상에 널리 알려질 수 있었음을 강조함. 특히 '국어를 공부하고 우리말로 글을 쓰는 것이 나라와 국민을 지키는 일'이라는 그의 말이 인상적이었으며, 자신도 국어국문과에 진학하여 우리말과 우리 문학을 심도 있게 공부하고 싶다는 포부를 밝힘. 언어 사용이 매끄럽고 적절한 속도와 자신감 있는 태도가 돋보임.

통합사회 : 진로 탐구 발표에서 자신의 진로 희망과 연관지어 '인공 지능 로봇과 문학'이라는 제목으로 발표함. 인공지능 로봇이 인간만의 영역이라 여겼던 문예 창작을 어느 수준까지 구현하는지 궁금해 하면서 주제를 선정함. 다양한 통계 자료와 신문 기사 등을 조사, 분석하여 로봇 작곡가, 의사, 변호사를 나열하고 문학작품과 기사까지 로봇이 작성하는 사례를 넣어 마치 한편의 논문을 작성하듯 탁월한 발표 자료를 만들어 발표함. 사회 불평등에 대한 카드 뉴스 만들기 프로젝트에서 최근 어느 기업이 여성 친화 우수기업으로 선정됨에 따른 논란을 다룬 뉴스기사를 보고 '과연 여성 친화적 기업일까?'라는 참신한 제목으로 카드뉴스를 작성함. 제한된 분량의 카드에 기승전결이 분명하게 드러나도록 편집함.

　1학년 때 교과특기사항에서 **수업 태도**에 대한 부분도 칭찬하였지만, **진로에 대한 언급**을 많이 하였다.

　한국사 시간에는 '역사 발표 수업'에서 일제 강점기 한글 연구를 주제로 발표하였으며, 우리말의 소중함을 생각했다는 특기사항을 통해서 **동아리 활동 및 봉사 활동과도 연결**지을 수 있다.

　국어 시간에는 희망하는 학과 발표를 통해 진로 방향을 알 수 있고, 글쓰기 능력과 말하기 능력이 뛰어남을 확인할 수 있다.

　영어 시간에도 역시 글쓰기 능력이 뛰어나며, '나의 롤 모델'에서 국어학자를 선택하여 우리말의 소중함을 알리겠다는 포부를 밝히는 특기사항을 **한국사 시간의 특기사항과 연결** 짓고 있는데 이는 학생의 특징을 파악하는데 큰 효과가 있을 것으로 예상해 볼 수 있다.

　통합사회에서는 '진로 탐구 발표'에서 이색적으로 '인공 지능 로봇과 문학'이라는 제목의 발표 활동이 있다. AI 시대가 도래함에 따라 문학이 어떤 방향으로 나아가야 하는지 고민한 것은 면접 문항으로도 활용될 수 있다. 또한 '카드 뉴스 만들기'에서는 **3학년 시사진로와 연결**되어 글 쓰는 사람이 사회를 어떻게 봐야 하는지에 대한 학생의 태도를 알 수 있다.

2학년 🔘 **언어와 매체** : 수업을 진행하며 교사의 설명이나 질문에 적극적으로 반응하며 활발하게 상호작용하는 열정적이고 성실한 모습을 보임. 문법 영역은 개념이 많고 체계가 복잡하지만, 실생활에서 우리가 정확하게 언어를 사용하기 위해 꼭 필요하다는 것을 알고 있으며, 실생활과 연결하는 질문을 교사에게 많이 함. 작가를 희망하고 있어 문법을 정확하게 알고 정확하게 사용하는 것에 대한 열의를 가지고 있음. 수업 후 매일 작성하는 언어 일기는 배운 내용을 복습하며 개념의 체계를 암기하는 데 큰 도움이 되었고, 스스로 복습하는 시간을 가질 수 있어 가장 효과적인 학습 방법으로 꼽음. 5회의 비주얼 씽킹 활동을 통해 전체 내용을 간략하게 이미지화하는 방법을 터득함. 원격의료 도입에 관한 논술에서 원격의료를 도입할 때 선진적인 의료 시스템과 정보기술을 활용할 수 있어 의료 접근성을 높일 수 있기 때문에 의료 민영화, 의료 안정성, 개인 정보 유출 등의 문제 등을 잘 해결만 한다면 매우 유용하다는 견해의 글을 짜임새 있게 작성함.

문학 : 문학에 대한 흥미가 높아 열정을 갖고 수업에 임함. 1학년 때 '소설가 구보 씨의 일일'을 읽으며 소설의 내용이 정리되지 않 은 것 같은 느낌을 받은 적이 있었는데, 이번에 이 제재를 학습하며 의식의 흐름 기법으로 서술되었다는 것을 배우며 소설의 특성을 더욱 잘 이해할 수 있게 됨. 또한 스스로 고독을 이겨내기 위해 노력하지 않는 이중적인 모습을 보며 인간과 세상의 다양한 면모에 대해 생각해보는 기회를 가짐. '송파에서 시를 주고받으며'를 학습하며 당대의 고정관념에서 벗어나 주체적인 문학관을 가지고 있는 정약용의 생각이 매우 대단하다고 여겼으며, '사미인곡'의 학습 일기에서 남성 화자나 남성의 어조로도 슬픔과 그리움의 정서를 충분하게 표현할 수 있을 텐데 여성 화자를 사용한 것은 그런 정서는 여성의 것이라는 시대적 편견이 작용한 것이라는 비판적 해석을 통해 작품을 이해하는 안목이 높다는 것을 확인할 수 있었다는 문학 일기를 작성함. 창작활동으로 '질투는 나의 힘'을 패러디하였는데 덧없고 의미 없이 흘러가 버린 시간에 대한 아쉬움을 '나는 시간을 미친 듯이 쫓아갔으나 시간은 단 한 번도 나를 돌아봐 주지 않았다.'라고 표현하여 동료들의 공감을 얻고 긍정적인 평가를 많이 받음.

고전 읽기 : 긍정적 자세로 수업에 참여하며 학습에 대한 열의가 높고 통합적인 국어능력이 있어 학업성취도가 우수함. '정규 수업 시간에 한 권의 책을 읽고 고전 일지를 작성하고 서평 쓰기를 준비하는 활동'에서 자신이 선택한 책을 꾸준히 읽고 사회 현실과 연관 지어 통합적으로 생각해봄으로써 사고의 폭을 넓히고, 고전 일지 10회를 체계적으로 작성함. 책의 내용을 바탕으로 '대상과 목적을 고려하여 정보를 체계적으로 전달하는 구술 영상을 만들어 발표하는 활동'에서 내용을 확실히 이해하고 논리적으로 발표함. '목민심서(정약용)'와 '군주론(마키아벨리)'을 읽고, '현대적 관점에서 고전을 재해석하는 활동'에서 문제해결 능력과 비판적 사고 및 자기 성찰 계발 역량을 신장함. '주어진 소재를 가장 잘 드러낼 수 있는 시를 찾아 쓰고 다른 갈래로 바꿔보기 활동'에서 자신과 어울리는 시로 '가지 않을 수 없는 길'을 모방시로 변용하여 앞날의 각오를 다지는 내용을 담고, 가족에 어울리는 시로 '사랑은'을 선택하여 가족에 대한 사랑과 고마움을 표현함. 시 구절이나 자신이 알고 있는 인상 깊은 문구를 활용하여 '나만의 달력만들기' 활동에서 계절에 어울리는 시와 삽화를 활용하여 짜임새 있게 완성하였는데 캘리그라피 솜씨가 훌륭함.

영어 I : My Research Report 활동에서 Joan K. Rowling의 연설 영상을 살펴보고 인간은 경험하지 않고도 배우고 이해할 수 있다는 말에 공감하였으며 상상력이 다른 사람과 공감할 수 있게 해주는 연결고리라는 부분을 새롭게 알게 되었다는 내용으로 발표를 잘함. 동서양 문화의 차이에 대한 단원에서는 다양한 관점과 문화적 차이를 이해하기 위해 가보고 싶은 나라로 호주를 선정하여 문화유적지 및 자연경관 관련 문화체험 프로그램을 조사하고 세부 일정 및 홍보 포스터를 작성하였으며 3D 영상을 이용하여 체험장소를 설명하는 등 발표를 잘함. 좋아하는 과목과 자신이 전공하고 싶은 분야를 주제로 한 쓰기 활동에서는 국어 과목을 좋아하고 국문학을 전공하여 많은 사람에게 추억과 행복을 주는 작가가 되고 싶다는 내용을 적절한 어휘와 구문을 사용하여 자연스럽게 표현하였고 논리적인 전달력과 표현력이 우수함.

세계지리 : 탁월한 집중력과 학습 열의를 가진 학생으로 학년 초에 지리 학습

에 어려움을 호소했으나 각방으로 노력하여 기필코 지리 과목 학습법을 터득하고 성적을 향상시킴. 작가를 꿈꾸는 학생으로 진로 지리 융합 에세이를 작성하는 활동에서 '영국, 셰익스피어의 발자취를 찾아서'라는 제목으로 에세이를 작성함. 영국의 자연환경과 인문환경 및 주민 생활에 대해 다양한 자료를 두루 조사하고 원고를 논리적으로 기술함. 한편, 영국 관련 이슈로 브렉시트 추진 상황에 대해 찾아보고 브렉시트에 대한 자신의 견해를 밝히는 등 지역 탐구를 통해 견문을 넓히는 계 기로 삼음. 신속하고 정확하게 자신이 얻고자 하는 정보를 찾는 학생으로 정보 수집 능력이 우수함. 지역 현안 및 쟁점 논술에서 북아일랜드 분리·독립운동에 대해 다룸. 북아일랜드의 분리 운동 발생 원인과 배경을 통찰력 있게 분석하고 현재까지 이어지는 분쟁 과정을 간단명료하게 정리함. 한편 구교도와 신교도 간 분쟁으로 인한 피해를 최소화하기 위해 양자 간 협의와 소통 등의 현실적인 대안을 논리적으로 내세움. 급우들 앞에서 자신이 조사한 지역 분쟁에 대해 적절한 지도와 참혹한 내전 피해 사진 등을 보여주며 분쟁의 전말을 알기 쉽게 설명하여 학습에 도움을 줌.

생활과 윤리 : 언제나 성실하고 차분한 학습 태도가 돋보이며, 인문학에 대한 관심과 흥미를 바탕으로 꾸준히 탐구하여 폭넓은 이해의 틀을 형성함. 바람직한 가치 및 도덕원리에 대한 탐구 능력을 바탕으로 올바른 인간상 및 이상적인 사회의 모습을 제시할 줄 알고, 자신의 인격 완성을 위한 성찰에 힘씀. 강한 목표 의식과 자기 주도적인 학습 능력이 뛰어나며, 부족한 부분을 보완하기 위해 철저한 복습 및 궁금한 부분에 대한 적극적인 질문을 통해 완전한 이해와 학습을 완성해 나감. 다양한 사상을 탐구하는 데 있어 사회, 문화, 역사적 배경에 대한 이해를 바탕으로 깊이 있는 학습이 가능한 학생임. 진로로 작가를 조사하여 발표하고 접근 연령이 점점 낮아지기 때문에 방송의 윤리성 확보 필요를 주장함. 윤리 수업을 통해 다양한 의견의 존재를 깨닫고 사회문제에 대한 지식 확보를 통해 삶의 지혜를 얻겠다고 다짐함.

2학년 전체 국어 특기사항에서는 다독을 통해 다양한 작품을 공부하며 새롭게 표현해 본 경험을 특기사항에 작성해 보았다. 이는 **생활기록부 전체 항목에서 독서를 중요시한다**는 내용과 결을 같이 하고 있기 때문에 주목할 필요가 있다.

언어와 매체에서는 '실생활에 사용하는 언어를 바라보는 학생 시선'을 판단할 수 있는 특기사항이 있다. 작가를 희망하는 학생으로 '표현의 정확성'이 중요함을 강조하고 있다. 동아리 활동과 봉사 활동, 1학년 각 교과 특기사항에도 연결 지어 확인할 수 있다. 또한 문학에 문학 일기, 언어와 매체에 언어 일기, 고전 읽기에 고전 일기를 통해서 수업 시간에 공부하는 모습을 확인할 수 있다. 문학 특기사항 중 '소설가 구보 씨의 일일'에 대한 특기사항은 1학년 때 읽은 책을 새롭게 공부하는 학생의 모습이 긍정적으로 평가되어 있다. 저학년 때 읽었던 작품을 **고학년이 되어 새롭게 해석하고 공부하는 수업**을 설계해 보는 것을 학생들에게 적극 추천하며 꼭 시도해보길 바란다.

영어 I 에서는 해리포터 시리즈 및 신비한 동물 사전 작가인 Joan K. Rowling 연설 중 감동한 예비 작가의 모습을 작성하였다. 또한 학생의 희망 분야를 알 수 있는 특기사항도 뒤에 작성하여 학생의 진로 모습을 잘 볼 수 있는 의미 있는 특기사항이다.

세계지리에서는 '진로 융합 에세이' 활동에서 학생의 꿈을 알 수 있으며 이슈에 대한 자기 생각을 정리하는 활동을 기반으로 작성하였다. 글로 자기 생각을 표현하는 것은 작가라면 당연할 수 있지만, 사회 이슈에 관심을 가진다는 것은 세계시민교육에도 의미 있는 활동이기에 참고하길 바란다.

생활과 윤리 특기사항은 학습에 대한 태도와 진로를 확인할 수 있는 특기사항이다. **해당 과목과 연계된 윤리와 사상을 3학년 때 들으면서 이어지는 도덕 지식은 진로 특기사항 내용에도 연결**되어 있으니 다시금 확인하길 바란다.

3학년 ● **독서** : 능동적으로 자료를 조사하고 분석하며 필요한 정보를 조직하는 능력이 탁월한 학생임. 진로 독서 활동으로 '젊은이를 위한 문학 이야기'를 소개하고, 작가의 창작 동기나 의도에 무게를 두어 해석하는 것이 작품의 깊고 넓은 의미를 파악하는 데 방해가 된다는 저자의 주장에 공감과 저항의 모순적 감정을 느끼는데, 독자가 스스로 작품의 의미를 찾아내는 것의 의미도 중요하지만, 작자의 생각과 거리가 멀어지면 곤란하지 않은가 하는 점에서 여러 번 고민과 성찰을 하게 되었는데, 작가를 지망하는 입장에서 다양한 작품을 읽으며 성찰을 계속해 보겠다는 다짐을 발표함. 손창섭의 단편 '비 오는 날'의 제한적 3인칭 관찰자 시점 등에 깊은 인상을 받고 이러한 언어, 문학에 대한 새로운 시야를 계속 넓혀 가면서 입시를 떠나 앞으로 문학을 공부하는 과정에서 계속적 성찰을 하고 싶다는 소감을 밝힘.

확률과 통계 : 수학에 대해 흥미와 관심이 높은 학생으로 문제 해결 결과뿐만 아니라 해결 방법과 과정을 중시하며 정확한 용어를 사용하여 풀이를 서술하는 능력이 뛰어남. 친구들과 상호작용하는 능력, 자신의 활동 결과나 해결 과정에 대해 표현하는 능력이 뛰어남. 기댓값이 어떤 확률을 가진 사건을 무한히 반복했을 때 얻을 수 있는 값의 평균임을 정확히 이해하고 확률변수의 기댓값을 구하여 제한된 상황에서 의사결정을 하는 방식에 대해 논리적으로 서술함. 제한된 상황에서 최적의 대안을 선택하는 과정을 수학적으로 설명하였으며 이를 문학작품을 볼 때 자신의 경험에 따라 해석이 달라질 수 있음과 연결 지어 설명함. 통계학과와 국어국문학과, 문예창작학과의 특징을 조사하여 공통점과 차이점을 벤다이어그램으로 나타냄. 공통점으로 정보를 처리, 분석하는 독해력이 필요하며 사회 문제에 관심이 있음을 제시함. 이 활동을 통해 국어국문학과와 문예창작학과의 차이점에 대해 확실하게 이해할 수 있었으며 문학작품 연구를 할 때 통계를 활용할 수 있음을 서술함.

사회·문화 : 대학입시 전형 중 '자기주도학습 전형'을 갈등론적 관점에서 비판하는 글을 작성함. 교육 제도나 입시제도는 기득권층이 자신의 유리한 위치를 유지하기 위한 수단이기 때문에 이를 기준으로 대학 입학을 결정하는 것은 불공정한 결과물을 공정한 것으로 포장하는 수단임을 강조하는 글을 서술함. 갈등론에 대한 깊이 있는 이해를 바탕으로 대학입시 전형의 문제점을 분석하여 높은 수준의 비판적 사고력을 보여줌. '사회문화 현상 탐구하기' 활동에서 '대중문화' 단원과 자신의 진로를 연계하여 '사회 문제와 문학'을 주제로 글쓰기를 함. 사회 문제를 소재로 다룬 문학작품을 소개하고 우리 사회가 직면한 여러 문제를 다양하게 다룬 문학작품이 딱딱한 신문 기사보다 더욱 크게 와 닿을 수 있다는 점을 통해 문학작품이 주는 의미를 돌아보게 되었음을 서술함.

윤리와 사상 : 수업의 집중도는 물론 수업 내용에 대한 이해력이 높음. 교사의 학습에 관한 조언을 귀담아듣고 실천하려고 애쓰며, 자신의 꿈을 위해 꾸준히 노력하는 모습이 돋보임. 주제 탐구활동에서 '데이비드 흄'을 탐구 주제로 선정하고 활동지를 작성함. 흄 사상의 핵심 개념인 감정과 공감 능력에 대해 일목요연하게 정리하여 서술함. 특히 다른 사람의 행복과 불행을 함께 느낄 수 있는 공감 능력이 도덕성의 기초라고 본 흄의 주장에 동의하며, 사회적으로 유익한 행위에 대해 사회적 시인의 감정을 갖는 것은 공감 능력 때문이라는 부분에 관심을 표명함. 한편 공감을 이끌어내고 도덕적으로 선한 영향력을 끼칠 수 있는 사람이 되고 싶다는 포부를 밝히며 자신의 희망 진로와 연계된 글을 작성하는 시간을 가짐. '유교 본성론의 관점에서 아동 학대의 해결방안 제시하기' 논술형 탐구 수업에서 아동 학대 문제를 해결하기 위한 방안으로 순자의 성악설의 입장에서 글을 작성함. 인간의 개인적인 사사로운 욕심과 욕망을 다스리고 악한 본 성을 교화하기 위해서는 예교육이 무엇보다도 필요하며, 법적 처벌을 강화하는 제도적 장치도 함께 병행될 때 아동 학대 문제가 근본적으로 해결될 수 있다고 주장함.

미술 창작 : 작품마다 교사의 조언을 경청해 자신만의 방식으로 전환시켜 완성도가 높아졌으며 재료의 특성을 빠르게 이해하고 용구를 효과적으로 활용하기 위해 신중하게 연습을 거듭하여 작품에 적용함. 열정과 정성을 다해 작품 제작에 임하는 모습이 돋보이며 높은 집중력과 인내심으로 끝까지 최선을 다하고 자기주도적으로 문제를 해결하기 위해 노력함. 공공미술의 사회적 기능을 이해하고 미술작품이 일상생활에서 가져다줄 수 있는 심리적인 위로와 희망을 주는 글과 그에 어울리는 그림으로 캘리그래피를 제작함. 작품의 성취 기준을 설명할 때 주의 집중하여 경청함으로써 작품의 제작 과정에서 실수가 나타나지 않으며 의도와 목적에 알맞게 주제를 선정하고 다른 사람과 다르게 표현하기 위해 노력하므로 개성이 돋보임. 미술 작품의 비평과 감상에서 작가

의 삶과 사회적 배경을 이해하고 작품의 주제와 표현 특성을 토대로 하여 자신이 좋아하는 작품을 구체적이고 체계적으로 분석함.

정리!

독서에서는 문학작품을 바라보았을 때 견해가 다를 수 있음을 인정하며 작가를 희망하는 학생이 장래에 문학을 더 공부하고자 하는 의지를 보여주는 특기사항이다. 해당 특기사항은 확률과 통계에서도 이어지는 데 '제한된 상황에서 최적의 대안을 선택하는 과정'을 문학작품 해석과 연관 지어 작성하였다. **수학 특기사항이지만 충분히 어문계열을 희망하는** 학생에게도 활용될 수 있는 수업 활동이다.

사회-문화 특기사항에서는 '기능론'과 '갈등론' 중 갈등론 입장에서 입시 전형을 바라보는 학생의 수업 내용을 작성하였다. 입시뿐만 아니라 세상을 다양한 각도로 바라봐야 한다는 예비 작가의 자세가 두드러지는 특기사항이다. 또한 '사회문화 현상 탐구하기' 활동을 통해 문학작품이 사회를 단순화하는 사건 해석이 아니라, 살아 있는 생물로 만들어 준다는 내용을 통해서 작가 지망생이 어떤 글을 쓰고자 하는지 알 수 있는 특기사항이다.

윤리와 사상 특기사항에서는 학생의 수업에 대한 집중도가 높음을 알 수 있으며, 학생이 **공부를 심화하여 했음을 확인**할 수 있는 수업 내용을 작성하였다. 특히 '주제 탐구활동'에서 철학자의 지식에 이해가 높으며 이를 자신의 진로와 연결 지은 것은 매우 유의미한 특기사항이다. '주제 탐구활동'과 '논술형 탐구 수업'처럼 **열린 수업을 통해** 학생의 생각과 그에 맞는 진로를 연결해볼 수 있는 활동이 수업에서 있어야 할 것이다.

미술작품도 연계할 수 있기 때문에 미술 창작에서는 해당 시간에 학생이 작품 활동에 임하는 모습을 표현하고자 하였다. 또한 학생이 3학년 '아름다운말캘러그래피대회(우수상)'의 신빙성을 높여주는 특기사항을 작성하였다.

7) 독서 활동 상황 ✧

독서 활동 상황은 2024 대입부터는 상급학교 진학 자료에 반영되지 않는다. 이에따라 독서가 중요하지 않다고 생각할 수 있지만, 독서 활동이 교과나 학교 활동으로 들어 올 수 있다. 독서를 통해 학생이 배우는 것이 많으므로 독서는 지속적으로 하길 추천한다.

1학년 ◉ 우리역사 과학기행(문중양), 시간을 파는 상점(김선영), 머리부터 천천히(박솔뫼), 별을 지키는 아이들(김태호), 소설가 구보씨의 일일(박태원), 수학소녀의 비밀노트 식과 그래프(유키 히로시), 세상을 바꾸는 힘(길담서원 외), 우아한 거짓말(김려령), 우리들의 행복한 시간(공지영), 마당을 나온 암탉(황선미), 반드시 다시 돌아온다(박하령), 어느날 내가 죽었습니다(이경혜), 밤을 들려줘(김혜진), 죽고 싶지만 떡볶이는 먹고 싶어(백세희), 별일 아닌 것들로 별일이 됐던 어느 밤(민경희)

2학년 ◉ 나는 K다(이옥수), 키씽 마이 라이프(이옥수), 백석 시전집(백석), 언어 천재 조승연의 이야기 인문학(조승연), 인문학으로 마음의 병 치료하기(윤미영), 통행금지(박상률), 아몬드(손원평), 바깥은 여름(김애란), 뉴턴이 들려주는 미분 1 이야기(자음과 모음), 오늘날 다시 보는 한일관계사(이기용), 철학자는 왜 거꾸로 생각할까(요술피리), 미디어의 이해(마셜 매클루언), 멈추면, 비로소 보이는 것들(혜민스님), 시의 인기척(이규리)

3학년 ◉ 젊은이를 위한 문학 이야기(정명환), 나미야 잡화점의 기적(히가시노 게이고), 바다가 보이는 이발소(오기와라 히로시), 달러구트 꿈 백화점(이미예), 읽고 싶은 이어령(이어령), 교과서를 만든 수학자들(김화영), 타인의 집(손원평), 인문의 바다에 빠져라1(최진기), 보통의 언어들(김이나)

정리!

주로 문학과 사회 이슈, 따뜻한 작품 등에 대한 독서 활동을 기록하였다. 앞선 교과 세부 능력 및 특기사항 중 문학, 고전읽기, 독서처럼 **교과 시간에 책을 읽게 하여 수업과 진로 활동 시간 및 자율 활동 시간**에 활용하는 것도 좋은 수업 설계가 될 것이다.

8) 행동특성 및 종합의견 ✤

행동특성 및 종합의견은 **담임교사의 추천서**이다.

이전 입시에서는 담임교사, 교과 교사 등이 해당 학생의 전반적인 학업 역량, 자질 등을 높게 평가하여 원서를 넣는 대학교에 추천서를 같이 접수하였다. 그러나 대부분의 대학에서 추천서가 사라졌기 때문에 학생을 전체적으로 평가할 수 있는 서류가 사라진 것이다. 이를 대체하는 것이 행동특성 및 종합의견이다.

1학년 ● 독서를 생활화하는 학생으로 국어에 관심이 많고 재능 또한 엿보여 관련 분야에서 성공할 가능성이 다분히 엿보임. 국어국문학과 진학을 목표로 교지 편집반에서 글을 쓰는 일을 찾아 적극적으로 활동함. 글로 자기 생각과 의견을 쉽게 표현하고 표현력에 있어서도 문체가 간결하고 자신의 경험에 비추어 비유를 잘하여 학생이 작성한 글은 가독성이 좋고 읽는 재미가 있음. 풍부한 독서를 바탕으로 사고의 폭이 넓고 깊으며 이해력이 좋아 모든 교과에 있어 우수한 학업성취도를 보임.

성격이 유하고 배려심이 좋아 친구들의 고민을 잘 들어주고, 특히 국어 과목에 있어 도움이 필요한 친구들에게 자신의 공부 방법을 공유하며 '함께 성장하는 모습'을 보여주며 지식 나눔을 실천하고 나눔의 기쁨을 누림.

1년간 한 번도 지각한 적이 없고 어떤 활동이든 규칙을 준수하며 정해진 과업을 완벽하게 수행하는 등 자신의 발전뿐 아니라 공동체의 발전을 위해서 소리 없이 뒤에서 묵묵히 일하여 급우들로부터 책임감이 강하고 믿을 만한 친구라는 평가를 받음.

2학년 ● 겸손하면서도 성실한 학생으로 자신의 역할을 잘 수행하고, 소속된 집단에 기여하려는 의지가 엿보임. 주로 어학과 관련된 분야에 관심이 많고 소질이 있기 때문에 학급 내 학습부 부원으로 활동하며 학급 전체의 국어 성적 향상을 위해 교과서 본문 정리와 어휘를 정리해서 급우들에게 나누어주고 문제 풀이를 주도함.

공동체에 관심이 많아서 전염병에 의해 제한된 현 상황에서 공동체 의식 파괴를 염려했으며, 생각에서 그치지 않고 학교 공동체에 기여할 수 있는 교내 활동과 학급 공동체에 기여할 수 있는 학급 활동을 선택하고 활약함.

시간이 갈수록 여러 급우와 어울리는 모습을 보였으며, 담임이 부재한 상황에서 수능장 설치를 위해 노력하는 학급 임원들에게 적극적으로 협력함. 문화와 언어에 흥미를 느끼는 학생으로 자신의 관심 분야와 재능을 활용할 수 있는 직업으로 나아간다면 좋은 결과를 얻을 것으로 기대함.

정리!

　행동특성 및 종합의견에서는 **'학생의 교우관계', '학급 및 학교에서의 참여도', '학습법'** 등을 작성할 수 있다.

　'학생의 교우관계'는 배려심이 많고 겸손하다는 것을 통해서 친구들과 잘 어울려 지내는 모습을 특기사항을 통해 확인할 수 있다.

　또한 **'학급과 학교에서의 참여도'**로는 국어 과목 성장 도움, 수능장 설치를 확인할 수 있다. 학급 친구들과 같이 공부하고 학급 전체가 성장할 수 있도록 기여하는 바를 작성한 특기사항이다.

　그리고 **'학습법'**은 자율 특기사항에 작성한 독서에 강점이 있다는 것을 들 수 있고 담임교사의 입장에서 글을 쓰는 것에 소질이 있다는 것을 작성하였다. 2학년 자율 특기사항에 작성한 '삼매공 프로젝트' 내용을 강조하는 '전염병에 의해 제한된 현 상황에서 ~ 활약함.'을 작성하였다.

　학생이 특이점을 강조하고 싶을 때는 **행동특성 및 종합의견에서 한 번 더 강조**하는 것도 유의미한 작성법이다.

2024학년도 입시에서 *사라지는*
자소서 예시문의
활용 방법

　자기소개서(이하 '자소서')는 2024학년도 입시부터는 사라지기 때문에 2023학년도 입시를 치르는 학생이 아니라면 제시된 예시들이 더는 필요 없다고 생각할 수 있을 것이다. 하지만 필자의 입장에서 볼 땐 학생부 기록을 위해 학생들이 자주 쓰게 되는 자기평가서 작성 능력을 기르는 데 활용 가치가 있을 것 같다. 자소서가 없다는 것은 그만큼 지원자를 평가할 때 학생부의 중요성이 커졌다고 볼 수밖에 없으며 이는 결국 학생부에 기재된 내용들이 자소서에서 기재했던 내용들과 연관성이 깊다는 것을 의미하기 때문이다.

　현재 많은 고등학교에서 과목별 세특을 기재할 때 학생 개개인의 특성이 잘 드러날 수 있게끔 이른바 맞춤형으로 기록하기 위해 자기평가서를 활용하고 있는데 양식이나 형태는 다르지만 교과 활동에서 흥미로웠던 경험, 심화 탐구활동, 배우고 느낀 점, 진로 계획이나 목표 등을 확인하는 질문을 활용하고 있는 것으로 알고 있다. 예를 들면, '교과 활동이나 수행 평가 등에서 가장 의미 있는 경험은 무엇인지?', '수업 시간에 배운 내용을 기반으로 더 깊이 있게 탐구해 보고 싶었던 것은 무엇인지?', '교과목 시간에 배운 내용을 학교생활이나 자신의 삶과 관련지은 경험이 있는지?', '특정 주제에 대해 궁금했던 것을 스스로의 힘으로 해결해보려는 노력을 한 적이 있는지?', '○○ 활동을 하면서 어려움을 어떻게 극복했고, 배우고 느낀 점이 있다면 무엇인지?' 등이 바로 그것이다.

그런데 전교생을 대상으로 세특을 기재해야 하는 선생님의 입장에서 학생들의 경험이나 생각을 평소 꼼꼼하게 관찰해 누가 기록으로 정리해 놓지 않는 한 개별 학생이 만족할 수 있을 만큼의 파악은 불가능한 실정이다.

일반적으로 학생부에 기재된 내용을 보면 '○○에 관심이 많은', '○○에 흥미가 있는', '○○을 희망하는' 등의 문구로 시작해 기준 글자수를 최대한 활용해 양적인 풍부함을 추구한 후 '참여함', '발표함', '알게 됨' 등으로 마무리하는 경우가 많은 것이 현실이다. 선생님의 입장에서만 썼을 경우 자주 볼 수 있는 내용일 텐데 학생의 의도에 부합하지 못하거나 만족도에 미치지 못하는 경우가 많을 것으로 안다.

결국 이런 한계를 뛰어넘어 경쟁력 있는 학생부를 만들고 싶다면 자신이 교과목 시간에 배운 내용 가운데 의문이나 호기심이 생긴 것을 기반으로 탐구(연구), 실험 활동 등을 통해 '지적 역량을 길러나간 경험'이 담긴 자기평가서를 작성해 봐야 한다.

이런 자기평가서를 작성하기 위해 참고할 수 있는 최선의 자료가 바로 자기소개서라고 할 수 있는데 이는 '활동 동기 - 활동 과정 - 활동 결과 - 배우고 느낀 점'이 드러나게 기술해나가는 자소서의 특성 때문이다. 자신의 진로 분야와 관련 있는 잘 쓴 자소서를 참고해 보면 자기평가서를 작성하는 요령과 방향성을 명확하게 파악할 수 있고, 자신의 역량을 잘 보여줄 수 있는 양질의 학생부를 만드는 데 큰 도움이 될 수 있을 것이다.

2024학년도 이후 입시를 준비하는 학생들이 자소서를 작성할 일은 없겠지만 이와 비슷한 성격을 가진 자기평가서를 작성하는 경험은 최소한 한 번쯤은 하게 될 것이기 때문에 이런 친구들이라면 이 책에 수록된 자소서 예시 내용들을 꼼꼼하게 읽어보고, 도움이 될 만한 부분들을 적극적으로 활용해 보기 바란다.

국어국문학과
자기소개서

1. 재학 기간 중 지원한 분야와 관련하여 어떤 노력을 해왔는지 본인에게 의미가 있는 학습경험과 교내활동 등을 중심으로 기술해 주시기 바랍니다.

'독자들은 무엇을 궁금해할까?'라는 생각으로 평소 글쓰기를 합니다. 소설을 읽다보면 재미있는 소설은 다음 장면이 궁금해지는데 그걸 글쓰기에 반영하려고 노력했습니다. 1학년 때 학교에서 백일장이 있었습니다. 시, 소설, 수필 중 하나를 골라 쓰면 되었고 그날의 주제는 '청소년기의 고민'이었습니다. 소설을 쓰기 위해 전체 줄거리를 구상하면서 그동안 생각했던 저만의 고민을 생각하면서 글을 구성하였습니다. 중학교 때 짝사랑 했던 아이에 대한 내용을 '일기' 형식으로 썼습니다. 일기는 자신만의 가장 솔직한 고백이 들어 있고 비밀을 간직하고 있기 때문에 많은 사람들은 다른 사람의 일기를 보고 싶어 합니다. 좋아하는 아이에 대해 좋아한다는 말 한마디 못하고 혼자 끙끙 앓고 있는 장면을 "카톡 입력창에 좋아한다는 말을 썼다 지웠다를 스무 번 넘게 반복하다가 나도 모르게 입력 버튼을 눌러 버렸다. 다행히 카톡창 1번이 지워지지 않은 걸 확인하고 얼른 삭제 하였다"로 표현해 보았습니다. 누구나 겪어봤을 그 상황을 어떻게 하면 실감나게 표현할지 고민을 많이 하면서 컴퓨터 키보드로 썼다 지웠다를 반복하였습니다. 졸작이라고 생각했지만 심사위원들께서 잘 봐주셔서 입상도 하였습니다. 이렇게 시작한 글쓰기는 2학년 3학년으로 이어졌고 미래의 작가를 꿈꾸었습니다.

글쓰기 훈련을 위해 교지편집반 동아리에 가입해서 활동했습니다. 동아리에서는 기사문 작성을 주로 하였는데 역시 독자들은 무엇을 궁금해할지를 항상 생각하며 쓰고자 했습니다. 특히 1학년 수련회 활동을 취재하면서 마지막 날 밤에 있었던 '촛불 의식'에 대하여 자세히 썼습니다. 2박 3일간 궂은 날씨 때문에 체력훈련에서 많이들 고생한 친구들이 촛불을 들고 한명씩 수련회에서 겪은 이야기, 친구에 대한 고마움, 앞으로의 계획 등 그 자리에 있어야만 느낄 수 있는 감정을 생생히 전달하려고 노력했습니다. 나중에 자기가 했던 말이 교지에 실렸다며 좋아하던 친구들 모습을 보고 사진과 영상과 다른 인쇄된 문자의 힘을 느꼈습니다. 3학년이 되어서 방송작가를 꿈꾸면서 관련된 탐구활동지를 작성했습니다. '대중문화 속 비속어, 유행어, 줄임말의 사용'을 주제로 '예능 프로그램'의 언어를 분석하여 방송에서 신조어의 사용은 어느 정도 허용되어야 한다는 주장을 하였습니다. 이는 방송에서 프로그램의 성격에 맞는 언어를 사용하면 좋고 특히 오락성 있는 예능 프로그램 등에서는 어느 정도 유행어, 신조어 등을 허용하며 대중과 공감할 수 있다고 생각했습니다. 3년 동안의 교지편집반 활동을 하면서 다양한 글쓰기를 경험하였고 특히 동아리 홍보영상 제작의 대본을 작성했던 일은 잊지 못할 경험이었습니다. 그동안 인쇄될 글만 쓰다가 영상으로 제작될 글을 쓴다는 것은 새로운 도전이었고 생각과 달리 영상으로 표현하기 어려운 점을 알게 되었습니다. 글은 무제한의 상상력을 표현할 수 있는데 영상은 한계가 있어 그 절충점을 어디서 찾을지 고민하는 계기가 되었고 앞으로 두고두고 생각할 주제임을 경험했습니다.

2. 고등학교 재학 기간 중 타인과 공동체를 위해 노력한 경험과 이를 통해 배운 점을 기술하시오.

교지 편집 동아리에서 활동하면서 가장 어려웠던 점은 마감 시간을 맞추는 것이었습니다. 기획된 기사를 정해진 시간에 도착해야 전체 내용을 보면서 편집할 수 있는데 학생이라는 제약상 일부 기사가 마감 시간에 맞추어 도착하지 않는 경우가 많았습니다. 선배들에게 배운 경험을 바탕으로 기자들에 대한 마감 시간을 미리 당겨서 고지하여 편집 시간을 확보하기도 하였지만 그것조차도 다 지켜지지 않는 경우가 많았습니다. 오랫동안 같이 활동하는 친구들이라 일부러 늦게 내는건 아니라고 생각하였고 마감 시간이 임박해 와도 크게 재촉하지는 않았습니다. 가끔 메신저로 잘 되고 있는지 물어보면서 시간 여유 있으니(사실은 별로 없었지만) 여유롭게 쓰라고 전하기만 했습니다. 친구가 미안해할까봐 그동안 공부하고 있을테니 다 쓰면 연락하라는 말을 남기면서 밤샌 날이 여러 번 있었습니다. 다행히 모두들 노력한 결과 편집 및 인쇄 마감 시간을 넘긴 적은 없어 모두에게 고마운 마음을 가졌습니다. 그런데 마감 시간보다 더 큰 어려움이 생겼습니다. 코로나로 인하여 교내외 행사가 대부분 취소되어 취잿거리가 부족한 문제입니다. 교지 발행을 연기하자는 의견도 나왔지만 편집부 친구들을 설득하여 원격 수업을 진행하시는 선생님들의 고충을 전하고자 인터뷰를 진행하였고 그 결과 학생 및 선생님들로부터 괜찮은 기사였다는 칭찬을 받았습니다. 위기에서도 지속될 약속이 있습니다. 그 약속을 지키기 위해 다 같이 노력하였던 경험을 통해 한 명의 독자를 위해서라도 약속된 글쓰기는 계속되어야 함을 알았습니다.

나. 국어국문학과 자소서 분석 및 평가

제시된 자소서는 국어국문학과 지원을 고려해 작성해 본 것인데 학생부에 기재된 '1~3학년 수상 경력', '1학년 행동 특성 및 종합의견', '1~3학년 동아리 활동' 등을 활용해 1번 문항을 기술했고, '2학년 동아리 활동'을 활용해 '배려'와 '규칙 준수' 사례를 중심으로 2번 문항을 기술했다. 학생부에 기재된 내용 중 희망 진로를 고려한 활동들을 기반으로 자소서를 기술해나가고 있는데 잘된 점과 아쉬운 점을 중심으로 자소서 예시문을 평가해 보려고 한다. 대개 국어국문학과 진학을 희망하는 학생들은 교과 수업은 물론 교내활동 경험을 활용해 진로나 전공에 대한 적합성을 강조하는 것이 다른 학과와 비교해 보면 상대적으로 수월한 편이다. 예시 자소서 외에도 인문계열의 특성이 잘 드러나 있는 자소서들을 찾아서 읽어보고, 자소서를 작성하기 위해 소재나 주제를 선정하는 데 참고해 보면 좋을 것 같다.

또한 이 학생의 학생부 기재 내용과 자소서를 꼼꼼하게 비교해 가면서 읽어보고, 본인의 자소서 작성 방향과 소재 선정 등에 대해 고민해 본 다음 초안을 작성해 보기 바란다.

1. 고등학교 재학 기간 중 자신의 진로와 관련하여 어떤 노력을 해왔는지 본인에게 의미가 있는 학습 경험과 교내 활동을 중심으로 기술해 주시기 바랍니다.
(띄어쓰기 포함 1,500자 이내 *검정고시 출신자는 중학교 졸업 후 고등학교 재학 기간에 준하는 기간의 경험 기술)

① 평소 '독자들은 무엇을 궁금해할까?'라는 생각으로 글쓰기를 합니다. 소설을 읽다 보면 재미있는 소설은 다음 장면이 궁금해지는데 **그걸 글쓰기에 반영하려고 노력**했습니다. ② **1학년 때 학교에서 백일장이 있었습니다.** 시, 소설, 수필 중 하나를 골라 쓰면 되었고 그날의 주제는 '청소년기의 고민'이었습니다. 소설을 쓰기 위해 전체 줄거리를 구상하면서 그동안 가졌던 고민을 생각하면서 글을 구성했습니다. ③ **중학교 때 짝사랑했던 아이에 대한 내용을 '일기' 형식으로 썼습니다.** 일기는 자신만의 가장 솔직한 고백이 들어 있고 비밀을 간직하고 있기 때문에 사람들은 다른 사람의 일기를 보고 싶어 합니다. **좋아하는 아이에 대해 좋아한다는 말 한마디 못하고 혼자 끙끙 앓고 있는 장면을 "카톡 입력창에 좋아한다는 말을 썼다 지웠다를 스무 번 넘게 반복하다가 나도 모르게 입력 버튼을 눌러 버렸다. 다행히 카톡창 1번이 지워지지 않은 걸 확인하고 얼른 삭제 하였다"로 표현해 보았습니다.** 누구나 겪어봤을 그 상황을 어떻게 하면 실감나게 표현할지 고민을 많이 하면서 컴퓨터 키보드로 썼다 지웠다를 반복했습니다. 졸작이라고 생각했지만 심사위원들께서 잘 봐주셔서 입상도 하였습니다. ④ **이렇게 시작한 글쓰기는 2학년 3학년으로 이어졌고 미래의 작가를 꿈꾸었습니다.**

①에서는 학생이 평소 글을 쓰는 태도를 언급하고 있는데 이에 대한 근거로 ②를 제시하고 있다. ③에서는 학생이 백일장에서 쓴 내용을 구체화한 것으로 '일기 형식'을 활용했다는 것은 ①에서 언급한 글쓰기 태도를 고려한 선택으로 볼 수 있을 것 같다. 또한 ④에서는 글쓰기 활동의 지속이라는 점이 자신의 진로 선택에 영향을 미쳤음을 간단하게 언급하고 있는데 학생부를 보면 2, 3학년 때 관련 수상 경력이 있다는 점을 고려해 추가 활동에 해당하는 내용을 구체적으로 기술해 보는 것도 좋을 것 같다.

1번 문항 첫 번째 사례 기반이 된 생기부 기재 내용

▲ **1학년 수상경력**
백일장(최우수상)

▲ **2학년 수상경력**
영화비평대회(최우수상) / 사이버백일장(최우수상)

▲ **3학년 수상경력**
아름다운말캘러그래피대회(우수상)

▲ **1학년 행동특성 및 종합의견**
독서를 생활화하는 학생으로 국어에 관심이 많고 재능 또한 엿보여 관련 분야에서 성공할 가능성이 다분히 엿보임. 국어국문학과 진학을 목표로 교지편집반에서 글을 쓰는 일을 찾아 적극적으로 활동함. 글로 자기 생각과 의견을 쉽게 표현하고 표현력에 있어서도 간결한 문체와 자신의 경험에 비추어 비유를 잘하여 학생이 작성한 글은 가독성이 좋고 읽는 재미가 있음. 풍부한 독서를 바탕으로 사고의 폭이 넓고 깊으며 이해력이 좋아 모든 교과에 있어 우수한 학업성취도를 보임.

---

⑤ **글쓰기 훈련을 위해 교지 편집반 동아리에 가입해서 활동했습니다.** 동아리에서는 기사문 작성을 주로 하였는데 역시 독자들은 무엇을 궁금해할지를 항상 생각하며 쓰고자 했습니다. 특히 ⑥ **1학년 수련회 활동을 취재하면서 마지막 날 밤에 있었던 '촛불 의식'에 대하여 자세히 썼습니다.** 2박 3일간 궂은 날씨 때문에 체력훈련에서 많이들 고생

한 친구들이 촛불을 들고 한 명씩 수련회에서 겪은 이야기, 친구에 대한 고마움, 앞으로의 계획 등 그 자리에 있어야만 느낄 수 있는 감정을 생생히 전달하려고 노력했습니다. 나중에 ⑦ **자기가 했던 말이 교지에 실렸다며 좋아하던 친구들 모습을 보고 사진이나 동영상과 다른 인쇄된 문자의 힘을 느꼈습니다.**

⑧ **3학년이 되어서 방송작가를 꿈꾸면서 관련된 탐구 활동지를 작성했습니다.** '대중문화 속 비속어, 유행어, 줄임말의 사용'을 주제로 '예능 프로그램'의 언어를 분석하여 **방송에서 신조어의 사용은 어느 정도 허용되어야 한다는 주장**을 했습니다. 이는 방송에서 프로그램의 성격에 맞는 언어를 사용하면 좋고 특히 오락성 있는 예능 프로그램 등에서는 어느 정도 유행어, 신조어 등을 허용하면 대중과 공감할 수 있다고 생각했습니다.

⑨ **3년 동안의 교지 편집반 활동을 하면서 다양한 글쓰기를 경험했고 특히 동아리 홍보영상 제작의 대본을 작성했던 일은 잊지 못할 경험이었습니다.** 그동안 인쇄될 글만 쓰다가 동영상으로 제작될 글을 쓴다는 것은 새로운 도전이었고 생각과 달리 **동영상으로 표현하기 어려운 점을 알게 되었습니다.** ⑩ **글은 무제한적으로 상상력을 표현할 수 있는데 동영상은 한계가 있어 그 절충점을 어디서 찾을지 고민하는 계기가 되었고 앞으로 두고두고 생각할 주제임을 경험**했습니다.

⑤~⑩은 3년간의 교지 편집반 동아리 활동 경험을 활용해 내용을 구성하고 있다. 활동의 연속성을 엿볼 수 있는 경험을 글쓰기의 소재로 선정한 점 외에도 첫 번째 활동에서 언급한 '독자들이 궁금해 하는 것은 무엇인지'를 기준으로 삼아 일관성을 가지고 내용을 기술해나가려고 한 점이 돋보인다. 특히 ⑥과 ⑦은 고1 때 동아리 활동에 기재된 수련회에서 취재한 내용을 구체화했다는 점에서 '학생부 기재 내용의 보완'이라는 자소서의 취지에 부합하는 방향으로 정리했다고 볼 수 있을 것 같다. 다만 ⑧에서 언급한 내용들이 학생부에 기재된 것과 거의 흡사한데 이를 풀어서 정리하는 것보다는 탐구 활동지에서 주장한 것들을 뒷받침할 수 있는 활동이나 사례를 추가해 내용을 보완해 보는 게 좋을 것 같다. 자소서가 학생부를 기반으로 쓰이기는 하지만 내용을 단순히 풀어서 다시 옮겨 적을 필요는 없기 때문이다. 또한 이런 점은 ⑨에서 제시한 활동을 뒷받침할 수 있는 내용을 추가해 보는 것에도 해당이 될 것 같은데 이 부분을 보완한다면 ⑩에서 주장하는 바를 강조하는 효과 또한 얻을 수 있을 것이다.

1번 문항 두 번째 사례 기반이 된 생기부 기재 내용

▲ 1~3학년 동아리 활동

(교지편집반1) 작가나 기자를 진로 방향으로 잡고 있어 교지 편집에 관심이 많아 가입하게 됨. 글을 쓴다는 것은 자유롭게 생각을 풀고 그것을 질서정연하고 조직하고 다양한 방식으로 설득력 있게 풀어내는 매우 종합적인 사고 과정이며, 또한 글쓰기는 모든 일의 기본이 되기 때문에, 기사문 작성을 연습하여 글쓰기 실력을 키우고자 동아리 활동에 열심히 참여함. 교지 구성 중에서 '1학년 수련회' 꼭지를 맡아 취재를 하고 기사를 쓰면서 소중한 추억의 의미를 되새김. 교지 편집 동아리를 하며 '책임'이라는 덕목에 대해 깊이 고민하고 책임을 지는 태도를 가지려고 노력함.

(교지편집반2) 동아리 부반장으로 동아리의 특징이 잘 드러나 있는 홍보 영상을 감각적으로 제작하여 홍보함으로써 동아리 부원들을 구성하는 데 결정적인 역할을 하였으며 반장과 함께 교지 기획 단계부터 구성원들의 의견을 취합하여 교지의 전체적인 틀을 잡고 이끌어 나가는 모습을 보여주었음. 특히 전염병으로 활동이 제한된 상황에서도 원격 수업을 진행하는 선생님을 인터뷰하고, 도서관 책 배달부 운영을 취재하여 전염병으로 인해 변화하고 달라진 학교의 상황을 엿볼 수 있는 기사문을 작성하여 교지에 다양한 내용을 담을 수 있도록 기여하였음. 또한 편집 후기를 통해 전염병으로 인해 여러 행사와 대회가 취소되어 취재할 내용이 줄어들어 안타까웠던 마음을 표현하고, 인터뷰하거나 자료를 조사하여 무언가를 알리는 글을 쓸 때는 더 신중해야 한다는 사실을 동아리 활동을 통해 다시 한번 깨닫게 되었음을 밝히기도 함.

(교지편집반3) 탐구보고서 쓰기 활동에서 '대중문화 속 비속어, 유행어, 줄임말의 사용'을 주제로 설정하고 대중매체의 언어 사용에 대한 인식과 방송에서의 구체적인 언어 사용을 예로 들어 한 편의 보고서를 완성하고 발표함. 방송에서 신조어를 사용하며 신조어의 양지화가 이루어졌으며 친숙함과 재미를 부여하는 신조어 자막 편집에 우호적인 시선을 보이며 시대에 따라 방송 심의 규정이 적절하게 변화할 필요성이 있다는 자신의 생각을 조리

있게 설명하여 친구들의 공감을 받음.

실제 예능 프로그램과 드라마에서 사용된 단어를 구체적으로 언급하여 친구들의 관심을 유도한 점이 인상 깊었음. 주제 융합 발표에서 '대중매체 속 다문화 차별문제와 해결방안'을 융합 주제로 설정하고 연극, 영화, 티비프로그램에서 정작 우리나라 사람은 지키지 않는 규범을 외국인과 다문화 가정에 강요하여 차별을 조장하는 경우를 예로 들며 우리나라 사람들의 세심한 주의가 더욱 필요하다는 점을 제시함. 또한 적절한 다문화 교육과 상담을 통해 인식의 변화를 도와야 한다는 점을 언급함.

총평

1번 문항에서 '진로와 관련하여'라는 의미는 지원자가 작성한 학습 경험이나 교내 활동 등이 자신의 진로와 연관성이 있는지를 묻고자 함이다. 지원 동기나 향후 진로 계획에 초점을 맞추라는 것은 아니기 때문에 글을 작성하기 전이나 초고 작성 후에 이런 부분을 점검해보아야 한다. 이런 점을 고려할 때 이 학생은 지원학과와의 연관성이 있는 학습 경험들을 중심으로 내용을 구성한 것으로 보이는데 추가적으로 잘된 점과 아쉬운 점을 요약해보면 다음과 같다.

잘된 점   국어국문학과에 진학하려는 이유가 방송작가라는 진로 희망과 연계되어 있는데 이를 잘 보여줄 수 있는 글쓰기 활동 경험을 소재로 내용을 정리해 나간 점이 인상적이다. 특히 고등학교 3년 동안 글쓰기와 관련된 수상 경력들을 활용했는데 학생부에서는 자세히 언급되지 않은 글쓰기 대회에서 본인이 쓴 글의 내용을 구체적으로 정리한 점이 돋보인다. 또한 동아리 활동의 연속성, 자신이 생각하는 글쓰기의 방향 등을 명확하게 제시한 후에 이를 뒷받침할 수 있는 내용들을 기술하고 있는 점도 눈에 띈다.

학생부의 다른 항목에서도 글쓰기와 관련된 내용들이 언급되어 있고, 독서 활동 경험 또한 풍부하기 때문에 자소서 작성과 더불어 면접을 준비하는 데도 이런 활동들을 활용해 보면 좋을 것 같다.

아쉬운 점   큰 틀에서 보면 1학년 백일장 수상 경험과 3년 동안의 동아리 활동 경험을 활용했지만 제한된 글자 수 안에서 너무 많은 것을 기술하려고 한 것은 아닐까 하는 생각이 든다. 앞에서 2, 3학년 때 수상 경력에 대한 추가적인 보완을 조언했었는데 이를 상세하게 정리하려면 두 번째 활동으로 기술한 동아리 활동 중에서 학생부에 있는 내용과 큰 차이를 보이지 않는 탐구 보고서 수정이나 삭제 여부를 고민해 볼 필요가 있을 것 같다. 이는 자소서 작성 시 지양해야 할 방식이기 때문에 내용을 수정할 경우엔 학생부에 원론적으로만 기재되어 있는 활동 사실을 뒷받침할 수 있는 사례나 일화를 추가해 보면 좋을 것 같다.

2. 고등학교 재학 기간 중 타인과 공동체를 위해 노력한 경험과 이를 통해 배운 점을 기술해 주시기 바랍니다.

(띄어쓰기 포함 800자 이내 *검정고시 출신자는 중학교 졸업 후 고등학교 재학 기간에 준하는 기간의 경험 기술)

① 교지 편집 동아리에서 활동하면서 가장 어려웠던 점은 마감 시간을 맞추는 것이었습니다. 기획된 기사가 정해진 시간에 도착해야 전체 내용을 보면서 편집할 수 있는데 학생이라는 제약상 일부 기사가 마감 시간에 맞추어 도착하지 않는 경우가 많았습니다. 선배들에게 배운 경험을 바탕으로 기자들에게 **마감 시간을 미리 당겨서 고지해 편집 시간을 확보하기도 하였지만 그조차도 다 지켜지지 않는 경우가 많았습니다.** 오랫동안 같이 활동하는 친구들이라 일부러 늦게 내는 건 아니라고 생각하였고 **마감 시간이 임박해 와도 크게 재촉하지는 않았습니다. 가끔 메신저로 잘 되고 있는지 물어보면서 시간 여유 있으니(사실은 별로 없었지만) 여유롭게 쓰라고 전하기만 했습니다.** 친구가 미안해할까 봐 그동안 공부하고 있을 테니 다 쓰면 연락 주라는 말을 남기면서 **밤을 샌 날이 여러 번 있었습니다.** 다행히 모두 노력한 결과 편집 및 인쇄 마감 시간을 넘긴 적은 없어 모두에게 고마운 마음을 가졌습니다.

② 그런데 마감 시간보다 더 큰 어려움이 생겼습니다. 코로나로 인하여 교내외 행사가 대부분 취소되어 취잿거리가 부족해지는 문제가 생겼습니다. 교지 발행을 연기하자는 의견도 나왔지만 부원들을 설득하여 ③ **원격 수업을 진행하시는 선생님들의 고충을 전하고자 인터뷰를 진행**했고 그 결과 학생 및 선생님들로부터 괜찮은 기사였다는 칭찬을 받았습니다.

위기에서도 지속될 약속이 있습니다. 그 약속을 지키기 위해 다 같이 노력했던 경험을 통해 한 명의 독자를 위해서라도 약속된 글쓰기는 계속되어야 함을 알았습니다.

①은 동아리 활동 중에 있었던 경험을 정리한 것으로 학생부에서 구체적으로 언급되지 않았던 일화를 소개하는 방식으로 내용을 전개해 나가고 있는데 '기사 마감 시간 준수'라는 소재를 활용해 협력과 배려의 의미를 무난하게 정리했다.

②에서는 사회 전반에 걸쳐 활동에 큰 제약을 가져다 준 코로나 19의 위기 속에서도 자신과 부서의 역할을 수행하기 위해 힘쓴 경험을 활용해 공동체를 위한 노력을 강조하고 있다. 인터뷰를 진행했다는 사실이 제시되어 있는데 여기에 더해 인터뷰의 내용적인 부분을 좀 더 구체화해 보면 어땠을까 하는 아쉬움이 남는다.

2번 문항 기반이 된 생기부 기재 내용

▲ 2학년 동아리 활동

(교지편집반2) 동아리 부반장으로 동아리의 특징이 잘 드러나 있는 홍보 영상을 감각적으로 제작하여 홍보함으로써 동아리 부원들을 구성하는 데 결정적인 역할을 하였으며 반장과 함께 교지 기획 단계부터 구성원들의 의견을 취합하여 교지의 전체적인 틀을 잡고 이끌어 나가는 모습을 보여주었음. 특히 전염병으로 활동이 제한된 상황에서도 원격 수업을 진행하는 선생님을 인터뷰하고, 도서관 책 배달부 운영을 취재하여 전염병으로 인해 변화하고 달라진 학교의 상황을 엿볼 수 있는 기사문을 작성하여 교지에 다양한 내용을 담을 수 있도록 기여하였음. 또한 편집 후기를 통해 전염병으로 인해 여러 행사와 대회가 취소되어 취재할 내용이 줄어들어 안타까웠던 마음을 표현하고, 인터뷰하거나 자료를 조사하여 무언가를 알리는 글을 쓸 때는 더 신중해야 한다는 사실을 동아리 활동을 통해 다시 한번 깨닫게 되었음을 밝히기도 함.

2번 문항은 말 그대로 '타인'과 '공동체'를 위해 노력한 경험이라는 의미에 부합하는 내용을 기술하면 되는데 이 학생의 경우 학생부의 동아리 활동에 기재된 교지 편집 과정에서 일어난 경험을 중심으로 2번 문항을 정리해 나가고 있다. 2번 문항의 잘된 점과 아쉬운 점을 요약해보면 다음과 같다.

잘된 점 질문의 의도를 고려해 자신이 소속된 부서에서의 활동 경험을 소재로 글을 전개해 나가려고 했는데 활동 경험의 일관성을 엿볼 수 있다는 점에서는 인상적이라 할 수 있겠고, 전체적으로 평이한 형태로 무난하게 내용을 정리했다.

아쉬운 점 내용을 전반적으로 재구성해 보면 어떨까 하는 생각이 드는 글이다. 자소서는 글자 수의 제한이 있다는 점을 고려해야 한다. '800자 이내'라는 조건을 고려해 질문에서 요구하는 의도에 맞게 자신의 역량을 기술하려면 활동 사실과 느낀 점만을 기술하는 것보다 사례를 활용해 구체적인 자신의 역량이나 모습이 드러나는 형태로 글을 써 보는 게 더 효과적이다. 이 학생의 경우엔 크게 보면 2가지 활동으로 내용을 정리했는데 한 가지 활동으로 집약해서 정리해 보는 것을 권해주고 싶다. 이를테면 '코로나 19시기'에 선생님과의 인터뷰를 진행한 후 이를 기사화했다는 사실만을 소개하는 것이 아니라 '인터뷰 내용은 무엇이었고', '그 과정에서 어떤 일이 있었고', '그것을 통해 보여줄 수 있는 결과물은 무엇이었는지', '무엇을 배웠는지' 등을 고려해 보완해 보는 것이다. 향후 자소서를 작성해야 하는 학생들이라면 이런 점을 유념할 필요가 있다.

다. 영어영문학과 세부능력 및 특기사항

학생의 진로희망은 번역가이며, 영어영문학과를 준비한 생활기록부를 만들어 보았다.

1) 수상경력 ✧

수상경력에서는 학생의 관심사와 해왔던 노력의 결실을 확인할 수 있다. 2023학년도 대입에서 학기당 수상 1개 제공을 끝으로 이후 대입에서는 상급학교에 수상경력을 제공하지 않는다. 즉, 2024학년도 대입부터는 대학에서 학생의 수상 경력을 볼 수 없다. 이에 따라 학교에서 주최하는 대회 참가가 의미 없다고 생각할 수 있다.

하지만 **생활기록부가 대입만을 위한 기록물이 아니며, 수상을 위해 학생이 노력하여 발전하는 것은 교육적인 면에서 매우 긍정적**이다. 또한 대회 형식이 아니라 학교 행사 형식으로 진행해 볼 수 있기에 수상에 관한 내용을 정리하였다.

1학년 ◎ 토론대회(장려상) / 표창장(모범상)
2학년 ◎ 표창장(봉사상) / 토론대회(최우수상)
3학년 ◎ 외국소개포스터그리기(우수상)

정리!

수상에서는 학생의 **말하는 능력을 강조**하였다. 학생의 뒤이은 생활기록부에도 토론과 관련된 내용을 자율 및 진로 특기사항에 작성해 놓았다. 해당 특기사항을 통해 2학년 때 최우수상을 받았을 개연성을 만들었다. 표창장은 1학년과 2학년 때 보이는데 이는 자율활동과 행동특성 및 종합의견의 내용을 확인해야 한다. 학생의 성품이 밝고 힘이 넘치는 것이 학급 분위기를 긍정적으로 만들어 준 부분을 강조하고자 표창장을 작성하였다.

3학년 외국소개포스터그리기는 학생의 외국에 대한 관심이 있음을 나타내기 위함이다. 해당 비슷한 대회가 있다면 **학생은 참여하고, 학교에서는 대회를 만들어 보길 바란다.**

2) 자율 활동 ✛

자율활동은 학교에서 자치, 적응, 학교 특색활동에 학생이 참여한 모습을 기록하는 곳이다. 학교에서 주도하여 시작하기 때문에 학생의 자기주도성이 다른 영역에 비해 적게 드러날 수 있다. 하지만 각 활동에서도 **뚜렷하게 보이는 기록**이 어떻게 되어야 할지 아래내용을 참고하길 바란다.

1학년 ◉ 1학기 학급자치회 회장, 2학기 부회장으로 학급협의회를 주도하고 모든 학생의 의견에 귀 기울이고 합의점을 찾고자 노력함. 소통하는 시간, 학급이벤트 등으로 긍정적인 학급 분위기 조성을 위해 노력함.

전교학생자치회 학생문화부 부원으로서 매 회의에 참석해 의견을 제시하였고 행사들을 통해 즐거운 학교 문화 형성에 기여함. 아침맞이 활동을 통해 학생들이 학교를 보다 정답게 느끼고 아침을 활기차게 시작할 수 있도록 함. 축제 준비 위원으로서 공연 오디션을 준비하고 리허설과 당일 공연까지 기획, 운영하며 매 회의마다 의견을 적극적으로 펼침.

독서 릴레이를 완수함. 영어, 문화, 문학 분야에 관심을 갖고, 그와 관련한 다양한 지식을 쌓기 위해 관련 책을 찾으려 노력함.

꿈구두디베이트캠프에서 브레인라이팅, 입론서, 반론서를 작성하고 이를 통해 퍼블릭포럼디베이트와 칼포퍼디베이트 과정을 이수하여 공감, 경청 및 비판적, 논리적 사고력을 신장함.

2학년 ◉ 1학기 학급자치 부회장과 2학기 학급자치회장으로서 원격 수업 시 반원들에게 수업 일정 안내 및 학급의 궂은일을 솔선수범하는 리더십을 발휘함. 선거관리위원으로 공정한 선거가 이루어질 수 있도록 세부 일정을 계획하고 실행하였으며 선거 활동 준비 시 각 후보를 관리·감독하여 선의의 경쟁을 할 수 있도록 이끎.

교내 축제 준비위원으로 전인교육 차원의 다양한 동아리 활동을 통하여 익힌 재능과 개인의 잠재적인 특기를 발휘할 수 있도록 공연 오디션을 심사하고 영상을 편집하는 등 적극적으로 참여함. '행사계획과 축제계획'을 주제로 한 학생자치회 대의원회 정기회의에 학생회로서 참여하여 학급 건의 사항을 포함하여 학생들의 의견수렴, 의사결정, 참여와 실천 등의 자치활동 자세에 대해 배움. 학생회를 행사를 마무리하고, 새 학기를 계획하는 교장 선생님과의 대화에서 배우고 나누며 더불어 행복한 학교를 위한 토의 활동에 참여함.

인문학 강연에 참여하여 인문학과 힙합의 관계를 파악하면서 그동안 가지고 있었던 힙합 음악에 대한 오해를 풀고, 음악의 본질은 위로와 용기라는 생각을 하게 되었음을 밝힘.

3학년 ● 전교 학생자치회 부원으로서 신입생 환영 행사를 준비하고 각 반 교실을 방문하여 환영 인사와 함께 선물을 배부함.

학급특색활동 '자기목표관리하기'에 참여하여 영어 단어 암기와 비문학 지문 분석을 통해 주요 어법 내용을 정리하면서 익숙해지도록 익히는 연습을 꾸준히 함. 이 과정에서 자신이 설정한 목표에 대한 실천 의지와 자신감을 갖고, 자기주도학습 능력과 효율적인 시간 관리 방법에 대해 배움.

'면접 기초반'에 참여하여 희망 직업과 그렇게 선택한 이유에 대해 발표하고 고등학교에서 인상 깊었던 수업과 교내 활동에 대해 회고하며 마지막까지 보람되게 마무리하겠다는 결의를 가지고 앞으로의 진로 관련 독서와 자료조사 계획을 세움.

학급 장기자랑 시간에 준비한 랩을 부르며 자신의 꿈과 끼를 발산하였으며 친구들로부터 긍정적인 반응을 이끌어 냄.

학생은 자율 활동 기록으로 **학생자치 활동과 학생 관심사 활동**이 주로 기록되어있음을 볼 수 있다. 1학년, 2학년 학급자치회 임원과 1학년부터 3학년까지 전교 학생자치회 부원의 모습을 통해 학교 일에 적극적으로 참여하며 긍정적 에너지를 내려고 노력한 학생임을 찾을 수 있다. 이를 통해 표창장 수상의 이유를 이해할 수 있다.

관심 활동으로는 독서 릴레이, 인문학 강연 참여, 학급 장기자랑, 면접 기초반 내용이 있다. 학생이 요즘 인기 있는 힙합에 관심이 높다는 것과 자신이 잘하는 것을 남에게 뽐내 하는 성향이 있음을 나타내었다. 그리고 학년이 높아짐에 따라 독서를 연계한 진로 탐색도 같이 확인해 볼 수 있다. 단, 힙합 분야의 진로가 아니기 때문에 오해하지 않기를 바란다.

자율 활동으로 **공부를 어떻게 하고 있는지를 확인할 수 있는 특기사항**은 3학년 학급 특색활동에 작성하였다. 해당 내용을 통해서 학급에서 공부하는 학생의 모습도 기록할 수 있으므로 참고하길 바란다.

3) 동아리 활동 ✦

동아리 활동은 학교 내에서 **자신의 관심사**를 가장 높게 드러낼 수 있는 부분이다.
따라서 대학에서도 학생이 어떤 동아리를 했는지 관심이 많다.

1학년 ◉ **(번역1)** 외국어 번역 및 문화 분야에 관심이 많은 학생으로 '영상번역가가 되는 법'이라는 책을 읽고 막연히 생각했던 번역가라는 직업이 어떤 일을 하는지 그리고 번역가의 가장 큰 덕목으로 성실함을 가져야 한다는 내용으로 영어 발표를 함. 영어로 발표함으로써 영어 공부에 대한 동기 부여가 되었고 진로에 대해 구체적인 정보를 알 수 있었음. 인근의 대학교 캠퍼스를 탐방하고 대학교의 큰 규모에 자극을 받았고 다양한 학과 설명을 들으면서 본인이 과연 어느 과로 진학을 해야 할 것인지 진로에 대해 심각하게 고민해 볼 수 있는 계기가 됨. 학교 동아리 발표에서도 자발적으로 청소 및 자리 배치를 하고 부스 내 미션을 수행한 사람들에게 음료수를 만들어 주고 도장을 찍는 일을 성실하게 수행하였고 마지막 뒷정리까지 자기 일을 책임감 있게 완수해 낸 매우 성실한 학생임.

2학년 ◉ **(번역2)** 동아리 반장으로 활동하면서 전반적인 동아리 계획을 세우고 매 차시마다 동아리 활동을 계획하고 이를 이끌어가는 리더십이 매우 돋보이며 문제해결력 또한 탁월하여 교사로서 믿음이 가는 학생임. 유창한 영어 발음과 자신의 진로에 대한 명확한 인식을 하고 이를 탐색하는 점이 탁월하게 눈에 띄는 학생으로 '캡틴 아메리카-시빌워'를 시청 후 '통제를 거부한 캡틴 아메리카의 행동은 옳은가?'라는 토론에서 모방범죄가 우려되고 모방범죄를 줄이기 위해서는 통제가 필요함을 주장하고 시민들의 걱정을 덜기 위해 그의 행동은 옳지 않다고 말함. 명사 초청 강연사이트 중 자신의 진로인 번역가와 관련하여 '새로운 언어를 배워야 하는 이유'의 강연을 영어로 시청하고 유창한 영어로 새로운 언어를 배움으로써 지역색을 벗어나 세계적인 시각을 가질 수 있고 또한 자신과 다른 언어를 사용하는 사람들의 다양한 시각과 의견들을 들을 수 있다는 점을 들어 긍정적으로 의견을 표현함. 자신의 진로와 관련하여 영화 '기생충'의 번역가와 감독에 관련된 기사를 소개함.

3학년  **(시그널3)** 동아리 부반장으로서 동아리 활동 계획을 수립하고 진로 활동 관련 자료를 수집하여 안내하는 등 솔선하는 리더십을 보임. '사형제도에 대한 찬성과 반대의 견해'를 주제로 진행된 토론 활동에서 사형제는 교화의 기회를 박탈하는 문제점을 가지고 있고, 중국의 국가 안보법 사례에서 보듯이 악용의 가능성이 잔존하고 있다는 점을 부각함. 상대방의 논리에 합리적인 반론을 제시함으로써 토론의 주도권을 가져오는 능력을 보이며 정련되고 논리적인 화법으로 자신의 의견을 설득력 있게 주장함. 진로탐색토론활동에서 '4차 산업혁명과 인문 소양 교육의 필요성'이라는 주제로 탐구활동을 전개함. 급속히 변화하는 시대에서 상대적으로 순수인문학은 소외되고 있다는 견해를 밝히면서, 인생의 좌표를 이해하기 위해서는 과거를 통해 반성하고 미래를 조망하는 능력이 필요한데 이러한 능력은 인문학을 통해 배양할 수 있음을 주장함.

학생은 번역 1, 2 동아리와 시그널3 동아리를 하였다. 번역가를 꿈꾸는 학생으로 1, 2학년 때 번역동아리는 학생이 번역가를 희망하고 있다는 것을 알 수 있게 해주며 동아리에서는 어떤 활동을 했는지 확인할 수 있게 해준다. 3학년 때 동아리는 결을 살짝 달리해보았다. 단순 어문 분야보다 범위를 넓혀서 인문학과에 진학하려는 학생이 어떤 동아리를 해볼 수 있을까 고민하였고, 시그널이라는 인문학의 필요성을 드러낼 수 있는 동아리 활동을 나타내었다.

1, 2학년 동아리에서는 대학교 탐방 및 번역가의 자세, 영화, 강연 사이트를 통한 동아리 활동 등을 통해서 영어 번역에 학생이 관심 있다는 것을 알 수 있다. 해당 기록을 참고하여 학생 및 교사는 동아리 활동을 계획해보길 바란다.

학생은 자율 활동과 진로 활동 특기사항을 통해 토론 관련 활동을 이어갔으며 수상도 했다. 그래서 3학년 동아리 활동에서는 그와 결을 같이 하여 토론 활동을 넣어보았다. 진로 탐색 토론 활동에서 '4차 산업혁명과 인문 소양 교육의 필요성'이라는 주제 활동은 인문학을 전공하거나 관심이 있는 학생이라면 자신의 답을 내놓을 줄 알아야 한다. 꼭 시도해보길 바란다.

4) 봉사 활동 ✦

봉사 활동의 특기사항은 기본적으로 작성하지 않는다. 또한 2024 대입부터는 학생이 외부에서 한 개인 봉사 활동은 상급학교에 제공하지 않는다. 따라서 학교 계획에 따른 알찬 봉사 활동이 중요하다. 그리고 오해하면 안 되는 부분이 어떤 봉사 활동이 해당 학과에 가장 적합한 봉사 활동인지 질문이 많은데 그런 봉사 활동은 있을 수 없다. 학생이 하는 **모든 봉사 활동이 다 의미가 있다는 점**을 꼭 유념하고 내용을 참고하길 바란다.

1학년 ◐ 교내 환경정화활동 3시간

급식배식 봉사 10시간

인문독서부 행사 지원 및 정리 5시간

2학년 ◐ 교내 환경정화활동 3시간

전래동화 영어동화책 번역 봉사 10시간

마음방역 캠페인 4시간

3학년 ◐ 교내 환경정화활동 3시간

아름다운 우리 동네 만들기 캠페인 10시간

금연캠페인 4시간

기본적으로 학교에서 열심히 봉사했을 때 받는 봉사 시간과 급식 배식 및 인문 독서부 행사 지원처럼 자진해서 신청한 봉사 활동, 그리고 영어 동화책 번역, 마음 방역 캠페인과 금연 캠페인과 같은 개인 봉사 활동을 활용해 사회에 이바지하고 있음을 보여주는 사례를 소개한다.

급식배식 봉사와 인문 독서부 행사 지원 봉사와 같은 교내 부서에서 제공할 수 있는 봉사 활동을 학교에서도 많이 고민하면서 학생에게 활동의 기회를 주었으면 한다. 그리고 **개인 봉사는 학생이 프로젝트 봉사로 만들어 시도해보길 바란다.** 해당 봉사 활동에서 학생은 전래동화 영어 동화책 번역 봉사가 학생의 진로에 영향을 주었음을 3학년 진로 특기 사항 및 교과특기 사항에 연결하여 작성하였다. 무수한 봉사 활동에서 어떤 것이 학생 진로에 '트리거(Trigger)'가 될 수 있다고 장담하여 말하기는 어렵다. 하지만 서두에서도 언급했던 것처럼 **봉사 활동은 그 자체가 모두 의미 있음**을 한 번 더 강조하는 바이다.

5) 진로 활동 ✦

진로활동의 특기사항은 진로 희망과 관련된 학생의 자질, 수행한 활동 및 결과물을 기록할 수 있고, 진로 상담한 결과도 작성할 수가 있다. 즉, 전반적으로 **학생이 희망하는 진로로 나아가기 위해 수행한 어떠한 활동**도 기록할 수 있다.

1학년 ◉ 꿈구두 학과계열선정검사 및 유형별학습진단검사를 통해 본인이 국제적이고 개방적인 마인드로 커뮤니케이션을 중시하고 개인적 성취를 지향하는 타입인 해외형 유형의 특성을 좀 더 지니고 있음을 알게 되었고, 검사 결과 드러난 자신의 관심 분야(영어영문학, 제 2외국어학, 철학)를 보며 본인의 평소 희망과 더불어 다른 영역도 함께 생각해보는 계기로 삼음.

꿈구두진로진학설계프로그램에 참여하여 진로검사 결과에서 나타난 본인의 흥미와 적성, 가치관 등 개인적 특성을 이해하고 통·번역 관련 직업 탐색 및 관련학과 정보를 탐색한 후 진로 방향 로드맵을 그려보면서 진로 방향을 구체적으로 설정하는 방법을 탐색함.

꿈구두 직업인프로그램에서 '번역가'체험 분야에 참여하여 직무 및 필요한 능력, 직업특성과 전망, 직업 선택을 위한 조언 등을 경청 및 체험하며 실질적인 직업 세계에 대한 이해를 높임.

자기소개 활동에서 자신의 진로에 대해 진지하게 고민하며 진로 방향과 관련된 활동 경험과 노력에 대하여 자기 이야기를 작성함. 평소 관심 있었던 통·번역 분야에 대한 글을 쓰면서, 전공학과에 대한 이해를 높임.

진로박람회 체험활동에서 3D펜 예술가, 체코슬로바키어학과 부스에 참여하여 직무 및 필요한 능력, 전망 등을 탐색함. 활동을 통하여 직업과 관련해 실질적으로 참고해야 할 정보를 탐색하는 방법을 익힘.

2학년 ◉ 꿈구두전공탐색검사결과 설득가적 진취형, 조력가적 사회형, 창작가적 예술형 순으로 나왔음.

꿈구두진로진학설계프로그램에에 참여하여 전공탐색검사 결과에서 드러난 자신의 흥미와 적성, 가치관 등 개인적 특성과 연계한 관심있는 학과에 대하여 집중 탐색함. 자신의 흥미와 적성에 맞추어 진로진학방향 로드맵을 그려보면서 앞으로 전공하고 싶은 학과에 대한 진학정보 및 학과정보를 구체적으로 탐색하고 진로방향을 설계함.

'희망학과 소개하기'를 주제로 영어영문학과나 통번역학과에 관심을 가지게 된 계기에 대해 발표 수업을 진행함. 국제 구호 단체에 정기적으로 후원활동을 하면서 후원 단체에서 맺어준 결연 아동이 편지를 쓰면 관련 종사자들이 현지에서 영어로 번역하고, 그걸 다시 한국에서 한국어로 번역하여 후원자의 집으로 배송된다는 과정을 알게 된 후 영어를 번역하는 일에 관심을 갖게 됨. 그 후 영어 동화책을 번역하는 봉사활동에 참여하면서 자신의 꿈과 희망 진로를 결정하게 되었다고 소개함.

꿈구두 토론캠프에서 퍼블릭포럼디베이트와 칼포퍼디베이트 과정을 이수하면서 브레인라이팅, 입론서, 반론서를 작성하여 디베이트 과정을 실습하였고 이를 통해 공감, 경청하는 토론자세를 배우고 비판적 사고력 및 논리적 사고력을 신장함.

3학년 💠 진로주제탐구 수업에서 '영미권 문화가 우리나라에 끼친 영향'을 주제로 발표 수업을 함. 영미권 문학의 발전 과정과 특징을 시대순으로 구분하여 표를 통해 이해하기 쉽게 설명해 줌. 또한 영문학과 국문학의 공통점과 차이점, 영미권 문화가 우리나라에 끼친 영향에 대해서도 일목요연하게 정리하여 발표함. 특히 문학작품을 통해 우리 삶의 다양한 국면들을 언어라는 틀 속에 담아낼 뿐만 아니라 우리 정신의 가장 내밀한 부분까지도 숨김없이 드러내고, 또 언어의 한계를 언어로 무너뜨리려는 불가능에 도전하는 그 가열찬 열망이 공통점이라고 소개함.

진로탐색 독후활동 시간에 '번역가 모모씨의 일일(노승영, 박산호)'을 읽고 독후활동을 함. 이 활동을 통해 번역가의 일상에서부터 번역 노하우, 번역가 되는 법, 선배 번역가로서 추천하는 영어 공부법 등에 대해 배움. 번역이란 단순히 해석하는 것이 아닌 또 다른 창작의 과정임을 새롭게 알게 되면서 자신의 진로 선택에 많은 도움을 받음.

자기소개서 특강에 참여하여 항목별 글쓰기 전략, 학생부 자료 추출하기, 학기별 우수한 활동 개요짜기 등의 활동을 통해 자기소개서 작성 방법에 대해 배움

정리!

학생의 진로 특기사항에서는 **학교 전체 프로그램 활동 결과와 진로 시간의 활동 내역**을 나타내었다.

학교 전체 프로그램 활동 결과로는 대표적으로 각종 검사 결과, 설계 프로그램, 직업인 프로그램, 진로박람회 등이 있다. 해당 내용 역시 학생이 외부 데이터를 통해 자신의 성향과 희망하는 전공이 맞는지 확인할 수 있으며, 체험을 통해 **진로에 확신을 가질 수 있는 요소**가 있으므로 유의미하다. 이에 따라 학생이 번역가 위주의 프로그램 선택과 검사 결과를 작성하였다. 많은 학생이 해당 글을 보고 적극적으로 참여를 했으면 한다.

진로시간의 활동으로는 자기소개 활동, 희망 학과 소개하기, 진로 주제 탐구, 독후활동이 있다. 학교 전체 프로그램보다는 **진로 시간에 했던 의미 있는 활동을 작성한 것으**로 학생 개개인의 특기사항에 중점을 두었다. 2학년 희망 학과 소개하기 특기사항을 통해 봉사 활동과 연계하였고, 3학년에서는 수업과 독후활동으로 통번역가를 하고 싶은 의지와 자세를 배웠음을 작성하였다. 작성한 진로 시간의 특기사항을 참고하여 학생 및 교사는 수업의 방향과 스스로 해야 할 결과물 만들기에 도움이 되길 바란다.

6) 교과 세부능력 및 특기사항 ✤

학교에서 학생이 과목을 배울 때, 수업하는 선생님께서 학생을 서술형으로 평가를 해 놓은 부분이다. 학생이 학교에서 교과 수업을 가장 많이 받기 때문에 생활기록부 기록 에서 많은 부분을 차지한다.

1학년 ◉ 한국사 : 한국사 교과부장으로 1년 동안 학습조력 및 멀티기자재 준비를 하루 도 소홀함 없이 실천한 학생으로 교사와의 친밀도가 강하여 자신의 학습문제 를 스스럼없이 이야기하며 학습의 피드백을 자주 요청하는 적극적인 학생임. '지귀설화'를 읽고 '해바라기'라는 자신만의 주제로 시를 작성하여 선덕여왕 당시를 표현하는 등 교과독서수업에 적극적으로 참여함. 가야토기와 철제갑 옷을 모형으로 만들어 가야의 세련된 토기문화와 철기문화를 타모둠원에게 설명함. 조선왕조실록 학습 후 '피로 물든 국가'라는 주제로 모둠별 화첩을 제 작하면서 광해군과 인조반정의 스토리를 가족사를 중심으로 표현함. 매 시간 작성한 수업일기 중 삼전도의 굴욕을 당한 인조가 되어 당시 심정을 설명했 던 점은 많은 학생에게 극찬을 받음. 수원화성을 답사한 후 정조가 이루고자 한 세상을 상상하며 활동지를 제출함. 독도의 날을 맞아 실시한 계기교육 수 업 중 독도경비대에 보내는 감사의 엽서를 정성스럽게 작성함. 현대 외교정책 에 관심이 많은 학생답게 '고종의 외교정책'을 주제로 발표 수업을 진행하면 서 기존의 고종에 대한 평가와 자신만이 내리는 고종의 평가를 비교함.

국어 : 정보전달 말하기 활동에서 번역가를 소재로 자진하여 발표함. 번역가 가 하는 일, 번역가의 종류, 유명 번역가 되는 방법과 관련 자격증 등을 설명 하였음. 학급 친구들을 고려한 언어와 몰입도 높은 시청각 자료를 활용하여 청중을 사로잡는 탁월한 발표 능력을 보임. 그리고 신경림의 '가난한 사랑 노 래' 수업 진행을 맡아 호소력 있는 어조로 시를 낭송한 후, 시대 배경과 화자 의 상황을 설명함. 이를 통해 시의 주요 부분을 해설함. 또한, 조별 발표 과제 로 속미인곡을 맡아 준비하다가 조원 한 명의 착오로 발표 전날 발표 자료에 큰 오류가 생겨 갈등이 발생함. 그러나 이를 친구와 새벽까지 함께 수정 보완

하며 극복하는 모습을 보임. 이후 속미인곡의 구성과 영역별 주요 내용을 설명함. 특히 이별한 여인에 의탁하여 연군의 감정을 표현한 것을 친구들이 잘 느낄 수 있도록 이끈 것이 인상적이었음. 설득하는 글쓰기 활동에서는 저출산 고령화 사회에 대해 문제를 제기한 후 이에 대한 구체적인 해결방안과 논거를 통해 논리적으로 글을 전개함. 지필평가를 앞두고는 친구들이 어려워하는 중세 문법을 골든벨 형식의 문제풀이를 통해 익힐 수 있게 도와줌. 본인이 공부하던 예상 문제를 공유하여 학생들에게 큰 호응을 얻음.

수학 : 기본개념 및 원리를 잘 숙지하고 있으며 발표에 적극적으로 참여하여 수업에 주도적인 역할을 함. 더불어 공부하는 것을 좋아하여 어떠한 모둠에 가든지 모둠활동이 활발히 이루어지도록 하는 활력소가 됨. 모둠활동으로 명제 단원 준비학습에서 모둠칠판에 사각형들의 포함관계를 벤다이어그램으로 나타내어 급우들의 학습자료로 사용되도록 함. 다항식 중단원 마무리 시간에 급우들의 학업을 도와주는 조교 활동을 함. 학년 초에 수학반장을 자원하는 의욕을 보였고, 수업시작 전에 교무실에 와서 수업 준비사항을 물어 각 조별로 모둠칠판과 보드마카를 준비하도록 하였으며 칠판에 단원명을 기록해 놓음. 수학 수업 태도가 좋고 열심히 공부한 결과 성적이 조금씩 향상되면서 수학에 재미를 갖게 되었으므로 지금처럼 꾸준히 노력한다면 더욱 향상되리라 기대됨.

통합사회 : 언변에 힘이 있고, 활동을 이끌어 가는 통솔력을 가진 학생으로 자신이 가진 사회적 지식을 바탕으로 학습 내용을 이해하고자 노력함. 교과·진로 융합 수업 활동에서 번역이란 '한 문화를 다른 문화로 옮기는 작업'이라고 스스로 정의하고 각 문화를 꿰뚫지 않는다면 언어적 능력이 좋아도 문화를 이해하기 어렵다는 점을 강조하여 발표함. 공간 불평등의 사례로 후암동, 대전 쪽방촌 사례를 예로 들어 설명하고, 대책으로 쪽방 상담소, 사회 통합위원회 운영, 공공주택 확대를 제시하는 카드 뉴스를 제작함. 도시 설계 수업에서, 맡은 도시에 교통 문제, 쓰레기 매립장 문제가 있음을 찾아내고, 이에 대한 대책을 제시하는 도시 설계도를 제작함. 이 과정에서 모둠의 의견을 취합하고 정리하여 최종 결과물을 작성하는 데 큰 역할을 담당하였고, 리더십과 협응력을

발휘함. 자신에게 유의미한 단원을 선정하는 활동에서 문화 단원을 선정하고 문화를 바라보는 관점을 파악하고 흐름을 알게 되어 흥미를 느꼈음을 서술함.

통합과학 : 교사의 질문에 유머러스한 대답으로 수업에 활기를 불어넣는 학생임. 꾸준히 학습하는 태도를 보여주며 과학에 흥미를 꾸준히 유지함. 이온 모형을 이용하여 소금물과 설탕물을 구분할 수 있는 탐구과정을 기록하고 반 친구들 앞에서 논리 정연하게 발표함. 모둠 협동학습으로 주기율표 만들기 활동에서 탄소, 질소, 산소, 플루오린, 네온 원소의 성질과 용도가 잘 드러나도록 표현하고 설명하는 카드를 만들어 동료들에게 우수한 평가를 받음. 화학분야의 응용문제를 쉽게 해결하는 능력이 있음. 자연의 구성 물질 단원을 마무리하는 중단원 평가 내용을 과제로 풀고 이해하기 어려워하는 친구에게 논리적으로 설명해주어 이해를 도움. 지구시스템의 하위요소 중 생물권과 외권의 층상구조와 특징에 대해 정리하여 침착하게 발표함. 친구들의 이해를 돕기 위한 퀴즈를 출제하여 복습활동을 도움. 2학기 매주 월요일 과학부장으로 성실하게 수업활동에 필요한 준비물 이동 및 배부를 돕는 등 책임감이 뛰어나며 과학에 대한 흥미가 많아 자발적으로 수업에 관련된 일들을 즐겁게 수행함.

1학년 때 배우는 과목들은 필수인 경우가 많기 때문에 대부분의 학생들이 수강한다. 필수 과목이다 보니 학생의 선택권이 거의 없지만 그 속에서도 해당 학생은 모든 과목에서 열심히 한다는 것을 특기사항을 통해 알 수 있다.

학생은 **수업 속에서 리더십**이 있으며, 친구들에게 자신이 **가지고 있는 내용을 잘 전달하는 힘**이 있고, **수업을 밝게 해주는 학생**임을 묘사하였다.

한국사에서는 교과부장과 모둠활동의 적극성 및 발표에 뛰어남을 나타내었다.

국어에서는 진로가 뚜렷하게 드러나는 특기사항으로 번역가에 대한 내용을 작성하였고, 이때 발표 능력이 뛰어남을 확인할 수 있는 특기사항도 작성하였다. 특히, 속미인곡 발표 관련 에피소드는 면접 문항에 나올 수 있으니 의미 있는 특기사항이라고 할 수 있겠다.

수학 특기사항에서는 수학반장이 아니더라도 수업에 의욕이 많아 수업 시간이 잘 진행되도록 선생님을 돕는 학생의 모습을 나타내었다.

통합사회는 리더십이 있으며 발표에 호소력이 있고, 번역 관련한 직업에 관심 있음을 확인할 수 있다.

통합과학에서는 밝은 성격의 아이임을 알 수 있는 문장을 넣었으며, 모둠 학습과 협동학습 등에 학생이 활발하게 참여하는 내용을 작성하였다. 그리고 학생의 희망 진로가 과학 분야는 아니지만 과학부장을 수행한 것을 통해 학급의 수업 분위기 조성에 이바지하고 있음을 나타내었다.

2학년 🔵 **언어와 매체** : 수업태도가 진지하고 학습 의욕이 높으며 성실한 자세로 꾸준히 노력하는 모습을 보임. 교사의 질문에 적극적으로 대답하여 학습 분위기를 활기차게 만드는 데 큰 역할을 할 뿐만 아니라 어려운 것을 질문하는 친구들에게 친절하게 설명하여 스스로 답을 이끌어낼 수 있도록 가르쳐주는 모습에서 나눔을 실천하고 있음을 확인함. 수업 후에는 복습 공책을 꾸준히 작성하여 이해한 것과 보충해야 할 부분을 정리하였으며, 궁금한 것은 꼭 질문을 통해 완전히 이해할 때까지 다양한 예시 문장을 만들어 확인하는 과정을 가짐. 언어와 매체 과목을 통해 맞춤법에 자신이 생겼다고 수업일기에 작성함. 단어의 분류와 특성을 학습한 후, 품사에 대한 이해를 바탕으로 자신이 좋아하는 시 '산도화(박목월)'를 활용하여 단어의 품사를 분류하는 활동에 자발적으로 참여함으로써 자료 활용 역량을 발휘함. 단어를 의미, 형태, 기능에 따라 9품사로 나눠서 쉽게 암기하는 자신만의 방법을 창의적으로 만들어 품사송이란 제목의 노래를 만들어 부름.

문학 : 문학반장으로서 원활한 수업을 위해 교구 준비와 참고 자료 배부 등 맡은 일을 성실히 수행하며 책임감 있는 태도를 보였으며, 수업에 적극적으로 참여하며 교사와 소통하는 자세가 돋보임. 또한 공부할 문제를 스스로 찾아 자주적으로 해결하는 태도가 바람직한 학생임. 고전문학 작품 속에 드러난 당시 사회의 현실과 인물들의 가치관을 파악하고 오늘의 현실과 관련지어 생각해 볼 줄 아는 감상력을 지니고 있음. 특히 '어부사시사(윤선도)'를 학습한 후, 연시조의 형식과 정서의 표출 방식 등을 변용하여 패러디 작품을 창의적으로 작성하여 발표함. '간격(안도현)'을 학습한 후 깨달은 내용을 과거 자신의 경험을 바탕으로 주체적으로 수용하는 자세를 보임. '질투는 나의 힘(기형도)'을 학습한 후 시의 내용이 자신의 상황과 부합되는 면이 있어 놀랐고, 앞으로 어떻게 살아갈 것인지에 대해 생각하는 기회가 되었다고 발표함. '현시창(임지선)'을 선택하여 읽고, 구성하기 단계를 거쳐 '청춘들이 겪고 있는 이기적인 사회에 대하여'라는 제목으로 서평을 완성함. 글을 구성하는 단계에서 핵심 문제를 자신의 경험이나 사회 현실과 연관지어 생각해봄으로써 이야기의 틀을 자연스럽게 짜는 모습을 보임.

영어 I : 영어과목에 관심과 흥미를 가지고 늘 긍정적이고 성실한 자세로 참여하여 모범이 되었고 교과의 면학분위기 조성에 크게 기여함. 픽처북 한 권을 선정하여 그 속에 나오는 일러스트 그림으로 이야기를 재구성하는 학습에서 발표 자의 역할을 맡아 팀원들의 생각을 종합하여 정리하고 재구성된 이야기에 맞게 그림을 재배열한 후 한 편의 스토리가 되도록 잘 발표함. 'My Soul Food'라는 주제로 자신이 좋아하는 음식을 발표하는 영어말하기 수업에서 마라탕을 소울푸드로 선택하여 음식의 기원과 역사, 재료, 조리방법, 좋아하는 이유 등을 잘 정리하여 적절한 어휘와 문장을 선택하여 모범적인 발표를 함. 수업시간에 배부된 학습지를 잘 작성하여 포트폴리오를 완벽하게 완성하고 단어공부를 성실하게 하여 정기적으로 치르는 단어시험에서 모두 좋은 성적을 거둠. 좋아하는 과목과 자신이 전공하고 싶은 분야를 선택하여 한 단락 정도의 에세이를 작성하는 영어쓰기 시간에 좋아하는 과목이 외국어이며 이와 관련하여 앞으로 전공하고 싶은 분야가 통번역가라고 밝히고 그 이유를 정리한 후 목표를 이루기 위한 실천사항 등을 적절한 어휘와 구문을 선택하여 훌륭하게 작성함.

실용 영어 : 원서를 읽고 전체 줄거리를 요약하는 능력이 우수하고 Open Questions에 적절한 영어표현을 사용하여 자신의 의견을 잘 표현함. 사고 방식(Mindset)에 대한 교과 내용을 학습한 후 연계 활동으로 등장인물의 사고방식을 성장형 사고방식(growth mindset)으로 전환하는 북아트 제작활동에서 The Gardneer(Sarah Stewart)의 내용을 재구성하여 등장인물의 캐릭터가 성장형 사고방식으로 변한 모습을 북아트로 매우 잘 표현함. 음악의 도시로 여행이라는 단원을 학습한 후 관련 활동으로 세계 여러 도시를 소개하는 영상을 살펴본 후 테마를 정하고 여행 계획을 세우는 나만의 여행안내 책자 만들기 활동에서는 '문화체험'을 테마로 영국 런던의 여러 여행지에 대한 정보 안내 책자를 매우 잘 구성하여 디자인 함. Math Beyond Careers 단원을 학습한 후 문제해결력을 주제로 Marvin Redpost Why Pick on Me(Louis Sachar)를 읽고 주인공 Marvin이 처한 상황을 해결할 구체적 방법과 예상되는 결과를 6컷의 만화로 잘 표현하였으며 스토리 구성과 표현 능력이 매우 우수함. Is He a Girl(Louis Sachar)를 읽은 후 책 속의 사건 및 등장인물과 인터뷰한 내용을 중심으로 신문기사 작성이 우수하고 사건의 장면묘사와 주인공의 행동은 '정상적이다.'라는 주장의 근거를 잘 표현함.

세계지리 : 지적 호기심이 많아 이해되지 않는 부분은 수업 후 질문하는 모습이 인상적임. 매시간 경청하며 수업에 적극적으로 참여함. 진로 지리 융합 에세이를 작성하는 활동에서 문화 분야에 관심이 많은 학생으로 영국 런던을 조사 지역으로 선정하고 다양한 자료를 활용하여 자연환경, 인문환경 특징 및

진로 관련 장소와 대표 명소에 대한 핵심 내용을 잘 소개함. 한편 영국의 브렉시트 진행 상황을 찾아보고 이에 대한 자신의 견해 및 대안을 제시해 보는 등 지역 탐구를 통해 지리적 지식수준을 높이게 됨. 신속하고 정확하게 자신이 얻고자 하는 정보를 찾는 학생으로 정보 수집 능력이 좋음. 지역 현안 및 쟁점 논술에서 중국의 소수 민족의 분리·독립운동에 대해 다룸. 다양하고 복잡한 역사적, 지리적 배경을 가진 소수 민족이 분리하고자 하는 이유와 배경을 조사하여 핵심적 내용을 간단명료하게 기술함. 한편, 한 국가의 국민이 되기 위한 정체성의 조건을 들며 중국이 소수 민족의 독립을 막지 말아야 한다는 주장을 펼치는 등 설득력 있는 근거를 들며 논리적으로 기술함. 급우들 앞에서 자신이 조사한 지역 분쟁에 대해 적절한 지도와 사진을 보여주며 쉽게 설명함.

생활과 윤리 : 동서양의 다양한 사상들을 접하면서 세상을 바라보는 폭넓은 사고와 자신을 성찰해 나가는 계기를 마련함. 자연을 바라보는 동서양의 관점을 비교 설명할 수 있으며 인간과 자연의 관계에 대한 네 가지 이론을 탐구하고 슈바이처의 생명중심주의 입장에서 동물 및 생태계 보호의 필요성을 주장함. '국제 분쟁의 해결과 평화' 단원을 미리 탐구하고 학습하여 학급 친구들을 대상으로 윤리 수업을 진행함. 수업 초반에 사드 배치와 관련된 영상을 보여주고 다양한 이해관계가 얽혀있는 국제 분쟁의 문제를 소개함. 많은 노력과 정성이 돋보이는 피피티 자료를 통해 수업을 준비 및 진행하였으며, 전체적으로 재미있고 깔끔한 구성의 수업을 완성하여 친구들의 호응을 얻음.

중국어 I : 중국의 사드 보복조치로 인한 한한령에 대해 다룬 신문 기사를 선정하여 읽고 주제 관련 핵심 용어와 어휘를 잘 정리하였으며, 신문 기사의 내용을 정확히 이해하고 분석하였음. 국익을 개인의 이익보다 중시하는 국가주의 성향을 가진 중국의 콘텐츠 검열로 대중 한국 콘텐츠 수출이 제한을 받는 상황에서 우리나라의 우회 전략을 소개하며, 콘텐츠의 본질상 개인을 표현하고자 하는 자유주의의 요구를 중국이 어떻게 받아들일지 관심을 표현하는 글을 작성하였음. 중국어 반장으로서 노트 걷기, 수행평가 준비하기 등 매시간 중국어 수업을 위해 봉사하였으며, 단어본문 읽기, 쓰기, 회화 연습 등 수업 활동에 빠짐없이 적극적으로 참여하는 모습이 인상적임.

1학년 특기사항과 **연결되어 학생은 밝고, 수업 참여를 열심히 하는 학생**으로 작성하였다.

언어와 매체, 문학 시간에는 교사 및 친구와의 소통을 강조하였으며, 학생이 어떻게 공부하며 언어적으로 성숙하고 있음을 알 수 있는 특기사항이다.

영어 Ⅰ, 실용 영어에서는 영어에 뛰어난 학생임을 특기사항에 작성하였다. 그리고 진로를 확인할 수 있는 학생의 선호 과목 및 희망 전공 분야, 여행안내 책자 만들기를 통해 확인할 수 있다. 학생의 영어 수준과 진로를 같이 확인할 수 있는 유의미한 특기사항이다.

세계지리 과목에서는 진로 지리 에세이를 통해서 학생이 문화에 관심이 있다는 것을 영어 과목과 연결지어 한 번 더 확인할 수 있다. 또한 학생의 특기사항 중 소수 민족의 분리 독립내용이 있다. 이는 3학년 중국문화 수업과 연결되는 부분이다. 그리고 생활과 윤리과목에서 사드 배치 관련 내용은 중국어 Ⅰ에서도 확인할 수 있다.

한 과목에서의 한 주제가 아니라 **다교과, 다학년에서 같은 주제를 가지고 다 방면을 고민하거나 심화해보는 습관이 필요하여 제시하였다.**

3학년 ◉ **독서** : 상호작용하며 능동적으로 수업에 참여하는 학업 충실도가 높은 학생이며 재치 있는 대답으로 수업에 활기를 불어넣음. 유럽의 대서양 진출과 영향에 대한 글을 읽고 신항로 개척을 다양하게 바라보는 관점을 심화 탐구하고 특히 영국의 언어인 '영어'가 아메리카 대륙에 상륙해 영미문학을 다채롭게 발전시킬 수 있었던 점을 중심으로 영미문학의 발전 과정을 통시적으로 분석하여 발표함. 영미 문학을 단순히 영어로 된 문학으로 여긴 자신의 태도를 반성하며 영미문학에 대한 애정을 보여줌. 한 권 읽고 서평쓰기 활동에서 '위대한 개츠비(F.스콧피츠제럴드)'를 읽고 한 편의 서평을 완성함. 개츠비가 실패하더라도 신념을 가지고 도전하는 모습을 보고 지금까지 작은 일에도 망설였던 자신의 삶을 성찰하고 '일단 도전하라.'는 새로운 다짐을 하게 된 점을 진술하게 제시함. 더불어 번역본과 원서를 함께 읽어보며 학교에서는 접하지 못했던 영어 표현을 공부해 볼 수 있어 유익했다는 느낀 점을 서술함. 수업 중 '영산가'와 기존 사대부 가사의 자연을 비교하며 공통점과 차이점을 친구들에게 설명함. 구체적인 근거를 들어 작품을 비평하는 능력이 우수하며 대표적인 갈래의 특징을 이해하여 실제 작품에 적용하는 능력이 탁월함.

확률과 통계 : 수업 활동에 필요한 사전 준비 및 학습 과제물 걷기 등 교과부장으로서 임무를 성실히 수행하여 원활한 수업이 이루어질 수 있도록 이바지함. 수업 태도가 바르고 수업 시간 활용한 학습지와 과제를 성실하게 해결함. 원순열의 수를 구하는 문제발표에서 친구들 눈높이에 맞게 그림으로 도식화하여 설명하며 질문을 통해 상호 의사소통하며 해결함. 확률과 통계 관련 탐구에서 '공문서의 영어 한자 오남용 실태'를 주제로 공문서에 사용된 영어와 한자에 관한 통계자료를 분석하면서 통계를 통해 한글로 표현해도 되는 것을 영어와 한자로 쓰는 것이 생각보다 많음을 알았고 자신의 진로인 통번역가가 되어서 올바른 영어의 쓰임새에 관심을 가지고 한글과 영어의 소통이 잘 될 수 있도록 연구를 하고 싶다고 발표함.

영어 독해와 작문 : 영어 성취도가 높을 뿐 아니라 특유의 친화력으로 모든 친구가 수업에 즐겁게 참여할 수 있는 분위기를 만드는 학생임. 미리 어휘와 글의 구조를 예습하며 자기주도학습을 보였으며 그 내용을 친구들과 공유하며 높은 협업능력을 보임. 자신이 영어에 더 관심을 갖고 독해력을 향상시킬

수 있었던 방법으로 원서번역 봉사 경험을 꼽고, 어휘와 문장구조를 넘어 다른 나라의 문화까지 알아가는 과정이 즐거웠으며, 언어와 문화를 뗄 수 없음을 깨달았다는 내용을 발표하여 큰 호응을 얻음. 귀여운 캐릭터 그림을 잘 그리며 이를 영어 필기에 접목시켜 어휘와 그림을 활용한 시각화 정리에 두각을 나타냄. 특히, '개발도상국과 빈민가'를 다룬 글을 읽고 정치적 의지의 필요성을 두 사람의 대화 장면으로 표현한 것과 '노화와 감정'이란 글을 읽고 감정 복합성을 지닌 노인을 고수, 감정의 기복이 심한 젊은이를 하수라는 그림으로 표현한 점이 인상적임. 독해 지문을 배경 지식과 연결해 확장하는 학습 태도가 칭찬할 만함. '혁신과 공유'라는 글을 읽고 일상에서 고립된 경쟁보다 협력이 중요하다는 생각을 논리적으로 표현하였으며, '기술의 일시 정지'를 얼리어댑터와 대립시키고 느리게 살기 운동과 연결하여 설명함.

사회·문화 : 수업 준비를 충실하게 했으며 매시간 집중하며 수업 내용을 부교재에 자신만의 방법으로 정리함. 매시간 교사와 눈을 맞추고 수업에 집중했으며 이해되지 않는 부분은 적극적으로 교사에게 질문하며 해결하기 위해 노력함. 다른 나라의 언어와 문화에 관심이 많아 문화 변동 단원에 흥미를 가지고 수업에 참여함. 문화 동화와 문화 병존, 문화 융합의 예를 우리나라의 사례에서 찾아 정리함. 사회 계층 구조의 표 분석 문제에 어려움을 느껴 교사의 풀이를 정리해 여러 번 반복해서 풀어보고, 다양한 문제를 접하면서 문제 해결 능력을 향상시키기 위해 노력함. 문화를 이해하는 태도를 배우면서 우리나라와 타국의 문화를 이해하는 태도에 대해 생각해보는 시간을 가졌으며 문화 상대주의적 태도를 바탕으로 인간의 존엄과 보편적 가치를 훼손하지 않도록 해야겠다는 다짐을 발표함.

한문 I : 밝고 긍정적인 에너지로 즐거운 수업 분위기를 조성하였으며, 누구보다 열심히 수업을 경청하고 참여하는 태도가 매우 뛰어남. 특히 한자 읽기 발표시간에는 한 번도 빠지지 않고 자발적으로 읽고 발표하여 다른 친구들이 수업에 적극적으로 참여할 수 있는 분위기를 만들었으며, 교사의 수업에 깊이 공감해 주고 호응해 주는 태도와 상황에 맞는 재치 있는 답변으로 교사와 학생 모두에게 활력을 불어넣어 줌. '토사구팽'의 유래를 조사해서 설명하고 쓸모가 없어지면 버려지는 상황에 대해 예시를 들어주며 친구들의 이해를 도움. 자신의 좌우명을 '팔방미인'으로 정하고 통번역가를 꿈꾸는 사람으로서 언어에 능통해야 하는 것은 물론 다른 나라의 문화와 유행을 능동적으로 민감하게 수용해야 하므로 사고의 유연함을 갖춘 팔방미인이 되어 자신의 꿈을 펼치고 싶다는 마음으로 선택했음을 글로 써서 표현함.

중국 문화 : 홍콩보안법과 관련한 미국과 중국의 갈등 상황을 안내한 보도를 보고 주제 관련 핵심 용어를 학습하며 이해하였음. 미국의 홍콩에 대한 특별 대우인 미국산 군사장비 수출 종료 및 미국 국방 이중용도기술에 대해 중국과 같은 수준으로 제한 시행 및 홍콩인에 대해 중국인에 준한 비자 발급 시행하고 추가 관세를 부여하는 여러 미국의 조치를 정리하며 미중 관계와 국제 정세에 대해 생각해보는 기회를 가짐. 중국 신장 위구르 자치구의 강제 수용소와 관련한 보도를 보고 국제인권단체들이 주장하는 100만명이 넘는 위구르족 이슬람교도가 재교육 수용소에 수용되어 중국 당국의 교육을 받고 중국 각지의 공장에 이송되는 인권 침해 사항 등의 내용과 위구르족의 중국 사회 적응을 위한 중국어와 직업 기술을 지원하고 있다는 중국 측의 주장을 정리하고 자기 생각을 글로 작성하여 발표하였음.

3학년 교과 특기사항은 더욱 **영어 통번역가에 잘 맞추어진 특기사항**이다.

독서 특기사항은 학생이 영미문학에 관심이 높으며 스스로 공부하고, 미진했던 내용을 알아가는 과정을 상세히 작성하였다.

확률과 통계에서는 교과부장의 역할을 잘 이행하였고, '공문서의 영어 한자 오남용 실태'를 주제로 통계 자료를 분석하는 활동은 인문 분야를 지원하는 학생도 수학 수업에서의 좋은 활동이라 생각하여 작성하였다.

영어 독해와 작문 특기사항에서는 학생의 영어 성취도가 높아졌던 이유로 원서번역 봉사 경험이 있었음을 작성하였다. 봉사 활동과 진로 활동에서 이어져 교과 특기사항에도 적어본 연계 내용이다. 또한 언어는 문화와 함께 가기 때문에 문화에 관심이 있었던 학생의 모습도 전체적으로 잘 설명해주는 특기사항이다.

사회·문화, 한문Ⅰ 특기사항에는 수업 태도에 대한 칭찬과 다른 나라의 언어와 문화에 관심이 많으며 특히, 통번역가를 꿈꾸는 학생임을 직접적으로 나타내었다.

중국 문화 특기사항은 앞서 2학년 세계지리 과목과 연결되는 내용이 있다.

7) 독서 활동 ✦

독서 활동 상황은 2024 대입부터는 상급학교 진학 자료에 반영되지 않는다. 이에 따라 독서가 중요하지 않다고 생각할 수 있지만, 독서 활동이 교과나 학교 활동으로 들어 올 수 있다. 독서를 통해 학생이 배우는 것이 많으므로 독서는 지속적으로 하길 추천한다.

1학년 ◉ 아름다운 아이(R. J. 팔라시오), 국어 교과서 작품 읽기 고등 소설 하(서덕희 외 3명), 연을 쫓는 아이 (할레드 호세이니), 러셀이 들려주는 명제와 논리 이야기(황선희), 수학비타민 플러스(박경미), 나는 영어로 미국을 이겼다(김재연), 영어, 너 정말 이러기냐!(후루야 유코), 반기문 영어 연설문(최형두,최민경,하정숙), Wonder(RJ Palacio), 뉴스를 읽어드립니다(민동기, 김용민), 그러니까 이게, 사회라고요?(박민영), 카타리나 블룸의 잃어버린 명예(하인리히 뵐), 과학의 미래, 청소년이 묻고 과학자가 답하다(박승덕), 청춘, 거침없이 달려라(강남구), 고등학교 사용설명서(앤써 편집부), 아나운서처럼 말하고 스튜어디스처럼 행동하라(백민하 외 2인)

2학년 ◉ 열두 발자국(정재승), 우리는 바이러스와 살아간다(이재갑 외), 언택트 심리학(정인호), 생명 과학 뉴스를 말씀드립니다(이고은), 광장(최인훈), 백석 시전집(백석), 구운몽(김만중), 숫자없이 모든 문제가 풀리는 수학책(도마베치 히데토), 이제야 알겠다,수학(세야먀 시토), 세계사를 바꾼 전염병 13가지(제니퍼 라이트), 세계사 최대한 쉽게 설명해 드립니다(만프레트 마이), 한입에 꿀꺽! 뉴스 속 세계사(공미라), 피터 싱어의 실천 윤리학 읽기(김성동), 자유론(존 스튜어트 밀), 왜 세계의 절반은 굶주리는가(장 지글러), 뉴스와 거짓말(정철운), 신경 끄기의 기술(마크 맨슨, 나의 열여덟은 아름답다(이현희), 눈, 새로운 발견(손현철), 테드, 미래를 보는 눈(박용삼), 선택 받는 리더의 미디어 스피치(김진숙), 10대처럼 들어라(박하재홍)

3학년 ◉ 통계의 거짓말(게르트 보스바흐, 옌스 위르겐 코르프), 조선시대 백성들의 커뮤니케이션(채백), 언론이란 무엇인가(피터 스티븐), 앎이 삶이 되는 동양철학(임정환), 디지털 사회와 커뮤니케이션(양승찬 외 12명), 정의란 무엇인가 (마이클 샌델), 아픔이 길이 되려면(김승섭)

정리!

주로 언어 및 말하는 법, 시사에 대한 독서 활동을 작성하였다. 앞선 교과 세부능력 및 특기사항 중 국어 교과 시간 또는 진로 시간에 **책을 읽게 하여 수업에 활용하는** 것도 좋은 수업 설계가 될 것이다.

8) 행동특성 및 종합의견 ✦

행동특성 및 종합의견으로 **담임교사의 추천서**이다.

이전 입시에서는 담임교사, 교과 교사 등이 해당 학생의 전반적인 학업 역량, 자질 등을 높게 평가하여 원서를 넣는 대학교에 추천서를 같이 접수하였다. 그러나 대부분의 대학에서 추천서가 사라졌기 때문에 학생을 전체적으로 평가할 수 있는 서류가 사라진 것이다. 이를 대체하는 것이 행동특성 및 종합의견이다.

1학년 ◉ 항상 활발하게 생활하는 긍정적인 에너지가 넘치는 학생으로 다방면에서 뚜렷한 존재감을 보임. 1학기 학급 회장, 2학기 학급 부회장으로 일 년 동안 학급의 모든 일에 적극적으로 나서서 급우들을 살뜰히 챙기고 궂은일을 도맡아 하는 등 학급을 위해 열과 성을 다해 봉사함. 모든 수업시간에 적극적으로 참여하는 학생으로 여러 과목 부장을 도맡아 교사를 돕고 학급 내 협동적 학습 분위기 조성을 위해 최선을 다함. 언어, 문화 분야에 관심이 많으며 특히 영어에 흥미가 높아 번역 동아리 활동을 하는 등 적극적인 탐구 자세를 보임. 다양한 분야에 관심이 있어 과학석학초청강연에 참석하여 강의를 듣고, 느낀 점을 작성함. 이러한 적극성을 학교 전반으로 확장하여 2학기에는 학생회 부원으로 본인의 시간과 노력을 투자하여 쉴 틈 없이 활동함.

학습플래너를 이용하여 계획 후 학습하는 자기주도적 학습역량이 뛰어나며 독서를 생활화하여 독서량이 많음. 리더쉽이 뛰어나고 꿈을 위해 부단히 노력하는 학생이기에 향후 자신이 원하는 분야에서 성공할 것이라 기대함.

2학년 재치 있는 말과 행동으로 주변 분위기를 즐겁게 만들어 주는 학생임. 적극적이고 유머러스한 학교생활로 교우관계가 원만함. 밝은 에너지를 다른 친구들에게 전달해주며 친구를 생각하는 마음이 깊음. 친구들과 함께 협력 활동에 적극적으로 임하며 자신이 맡은 일에 항상 웃는 얼굴로 즐겁게 임하는 모습이 보기 좋음. 자기 이해도가 높아 자신의 장단점을 잘 파악하고 부족한 점을 고치기 위해 노력하는 등 꾸준히 자기 발전에 힘씀. 복도에서 마주치면 항상 밝은 얼굴로 예의바르게 인사함.

사회적인 관계에 관심이 많고 다른 사람의 생각이나 의견에 잘 공감하며, 주위 사람들의 이야기를 잘 들어주고 친구의 입장에서 상처가 되는 말을 하지 않으며 상대방을 존중해 줌. 수업시간에 수업 참여도가 바르며 선한 웃음을 바탕으로 교사의 말을 귀 기울여 경청하는 좋은 태도를 가지고 있음. 친구들 간의 의견 충돌이 발생했을 때 자신의 의견만 옳다고 주장하기 보다는 모든 구성원의 의견을 수렴하고 조율하는 모습이 돋보임. 배움에 대한 동기가 높아 자신의 학업 계획을 수립하고 이를 실천해 가는 태도가 모범적이어서 긍정적인 성장이 기대되는 학생임.

행동특성 및 종합의견에서는 **학생의 교우관계, 학급 및 학교에서 참여도, 학습법** 등을 작성할 수 있다.

앞선 특기사항에서도 자주 작성한 긍정적 에너지가 넘치는 학생임을 알 수 있는 내용을 행동특성 및 종합의견에 학급 담임 입장으로 작성하였다.

추가적 내용으로 1학년 특기사항으로는 공부하는 모습과 진로에 대한 확신과 다양한 분야에 관심이 있다는 것을 작성하였다.

2학년은 학생의 교우관계와 수업 태도 및 참여도 등의 평소 모습을 강조한 진술한 특기사항이다.

1, 2학년 특기사항의 내용이 큰 틀에서 같은 학생을 묘사한다. 하지만 구체적인 내용을 기술한 1학년 특기사항과 학생의 인성에 대해 강조한 2학년 특기사항 중에 어느 것이 더 효과적인지를 선택하기는 쉽지 않다. 다만, 이렇게 작성할 수도 있음을 알리고자 작성하였다.

영어영문학과
자기소개서

1. 재학 기간 중 지원한 분야와 관련하여 어떤 노력을 해왔는지 본인에게 의미가 있는 학습경험과 교내활동 등을 중심으로 기술해 주시기 바랍니다.

'번역은 또 다른 창작이다'라는 늘 생각하면서 번역가의 꿈을 키우고 있습니다. 우리말과 영어에 대한 관심으로 우리 글을 영어로 또는 영어로 작성된 글을 우리말로 번역하는 것에 항상 흥미를 가졌습니다. 전래동화 영어 번역 봉사활동을 통해 쉽게 생각했던 동화 번역이 사실 매우 어렵다는 사실을 깨달았습니다. 우선 우리 전래동화를 서양 어린이들이 쉽게 읽을 수 있는 영어로 옮긴다는 것이 단순 번역만의 문제가 아니었습니다. 어린이 눈높이에서 머나먼 한국 그것도 오래전 이야기를 이해하기 쉽고 전래동화만의 재미를 느끼게 하기위해 우선 비스한 내용의 서양 동화 원서부터 읽기 시작했습니다. '콩쥐팥쥐'를 번역하기 위해 '신데렐라'를 읽으면서 권선징악적 내용을 어떻게 표현할지 고민하였습니다. 하지만 다른 동화는 유사한 사례를 찾기 어려워 우선 직역부터 하면서 영어적 표현을 쓰기 위해 노력했습니다. 가장 쉬운 단어를 쓰되 장면이 상상될 수 있도록 표현하는 과정을 통하여 번역은 단지 언어만을 바꾸는 것이 아닌 독자의 문화적 이해까지 고려해야 한다는 생각을 하였습니다.

영어에 대한 관심은 영어 수업 시간에 조별 영어 발표를 통하여 표현하였습니다. '흥부놀부'라는 그림이 있는 전래동화를 가지고 조원별로 이야기 순서를 바꾸어 글을 재구성하도록 유도하였고 이를 종합하여 여러 가지로 이야기를 전개시켜 보았습니다. 함께 참여한 조원들도 흥미를 가졌지만 발표를 듣는 친구들도 재미있다는 반응을 보였습니다. 한 권의 책을 가지고도 다양한 이야기 전개가 가능함을 확인함은 물론 똑같은 내용도 어떻게 표현하냐에 따라 독자에게 전달되는 내용도 달라질 수 있음을 알았습니다. 영어를 다양한 방법으로 표현하는 방법을 익힌 후 영어를 이용하여 논리적으로 주장하는 방법도 연습했습니다. 실용영어 시간에 세계 여러 도시를 소개하는 나만의 여행 책자 만들기 활동에서 영국 런던의 여러 여행지에 대한 영어 안내 책자를 구성하였습니다. 런던의 명소를 소개하면서 오래된 건축물이 현재에도 사용되고 있음을 통해 우리의 전통 건축물도 실제로 사용해야 더 잘 보존된다고 주장하면서 전통의 현대적 가치를 주장하기도 하였습니다. 마찬가지로 우리의 전래동화 및 고전도 현재에도 널리 읽어야 하고 아울러 외국어로도 번역되어 세계 사람들이 함께 읽을 수 있어야 오래 보존할 수 있다고 생각했습니다.

이런 활동들을 통해 우리 문학을 외국에 널리 보급시키기 위해 영어영문학과에 진학하고자 합니다. 그동안 영어를 통하여 그들의 문화를 배우고 이해했다면 앞으로는 우리의 문화를 널리 알리는데 영어를 사용하고 싶은 꿈을 가지고 있습니다. 세계의 문화를 우리에게 우리의 문화를 세계에 널리 알려 우리는 물론 세계의 문화 발전에 공헌하는 것을 목표로 준비하겠습니다.

2. 고등학교 재학 기간 중 타인과 공동체를 위해 노력한 경험과 이를 통해 배운 점을 기술하시오.

3년간 학생회 활동을 하며 학교 행사에 보탬을 되었다는 점에 보람을 느끼고 있습니다. 1학년 때 학생문화부 부원으로 축제에서 공연을 기획하였고 특히 여러 팀이 참가하는 오디션을 준비하여 공연 당일 원활한 진행을 위해 노력했습니다. 많은 상품이 걸리기도 했지만 그동안 갈고닦은 실력을 펼치고 공정하게 평가받기 위하여 많은 팀들이 선의의 경쟁을 하였습니다. 예전에는 입상팀 선정을 선생님들과 학생회 임원으로 이루어진 심사위원단의 평가로 이루어져 실제 관중들의 의견이 반영되지 않은 문제점을 지적하였습니다. 그 대안으로 공연장에 있는 관중을 포함한 모든 구성원들에게서 즉석 투표를 실시하여 입상팀을 결정하자는 의견을 제시하였지만 선례가 없다는 이유로 반대 의견이 나왔습니다. 하지만 관중 모두가 심사에 참여하면 입상 시비도 사라지고 특히 관중들의 호응이 더 클 것이라는 의견으로 부원들을 설득하였고 채택되었습니다. 이를 위해 투표용지를 만들고 공연 입장과 동시에 관중들에게 배부하면서 입상의 결정권을 관중들에게 준다고 발표하였습니다. 예상했던 대로 관중들은 엄청나게 환호하였고 참가팀들도 모두 동의하여 공연이 성공적으로 끝났습니다. 이 경험을 통하여 모든 구성원들이 함께 참여하고 호응을 얻기 위해서는 중요한 결정권을 구성원에게 맡길 필요가 있음을 알게 되었습니다. 다음 해도 같은 방식을 적용하기로 했는데 지난해 경험이 있어 참가팀에서 관중들에게 미리 입상 시켜달라고 얘기 하는 등 부작용을 우려하는 의견도 있었으나 우리 학교 학생들을 믿자고 했고 실제로도 그런 일은 발생하지 않아 그 방법이 지금까지 이어오고 있습니다.

라. 영어영문학과 자소서 분석 및 평가

제시된 자소서는 영어영문학과 지원을 고려해 작성해 본 것인데 학생부에 기재된 '2학년 봉사활동과 진로활동', '2학년영어 I 교과 및 실용 영어 교과 세부 능력 및 특기사항'을 활용해 1번 문항을 기술했고, '1~3학년 자율 활동' 중 '학생회 활동'을 기반으로 협력의 자세가 드러나는 사례를 활용해 2번 문항을 기술했다. 학생부에 기재된 내용 중 희망 진로와 연관성이 큰 활동 사례를 소개하는 형태로 자소서를 기술해나가고 있는데 잘된 점과 아쉬운 점을 중심으로 자소서 예시문을 평가해 보려고 한다. 영어영문학과 진학을 희망하는 학생들은 교과 수업이나 교내 활동을 통해 자신의 진로나 전공 분야에 대한 관심과 흥미, 적합성 등을 강조하는 경우가 많은데 이런 특성이 잘 드러나 있는 자소서들을 찾아서 읽어보고 자소서를 작성하기 위해 소재나 주제를 선정하는 데 참고해 보면 좋을 것 같다.

또한 이 학생의 학생부 기재 내용과 자소서를 꼼꼼하게 비교해 가면서 읽어보고, 본인의 자소서 작성 방향과 소재 선정 등에 대해 고민해 본 다음 초안을 작성해 보기 바란다.

1. 고등학교 재학 기간 중 자신의 진로와 관련하여 어떤 노력을 해왔는지 본인에게 의미가 있는 학습 경험과 교내 활동을 중심으로 기술해 주시기 바랍니다.
(띄어쓰기 포함 1,500자 이내 *검정고시 출신자는 중학교 졸업 후 고등학교 재학 기간에 준하는 기간의 경험 기술)

① '번역은 또 다른 창작이다'라는 말을 늘 생각하면서 번역가의 꿈을 키우고 있습니다. 우리말과 영어에 대한 관심으로 우리 글을 영어로 또는 영어로 작성된 글을 우리말로 번역하는 것에 항상 흥미가 있었습니다. ② **전래동화 영어 번역 봉사활동을 통해 쉽게 생각했던 동화 번역이 사실 매우 어렵다는 사실을 깨달았습니다.** 우선 우리 전래동화를 서양 어린이들이 쉽게 읽을 수 있는 영어로 옮긴다는 것이 단순 번역만의 문제가 아니었습니다. ③ **어린이 눈높이에서 머나먼 한국 그것도 오래전 이야기를 이해하기 쉽고 전래동화만의 재미를 느끼게 우선 비슷한 내용의 서양 동화 원서부터 읽기 시작**했습니다. '콩쥐팥쥐'를 번역하기 위해 '신데렐라'를 읽으면서 권선징악적 내용을 어떻게 표현할지 고민했습니다. ④ **하지만 다른 동화는 유사한 사례를 찾기 어려워 우선 직역부터 하면서 영어적 표현을 쓰기 위해 노력**했습니다. 가장 쉬운 단어를 쓰되 장면이 상상될 수 있도록 표현하는 과정을 통해 번역은 단지 언어만을 바꾸는 것이 아닌 독자의 문화적 이해까지 고려해야 한다고 생각했습니다.

①은 학생이 생각하는 번역의 의미를 희망 진로와 함께 드러내고 있는 문장으로 이와 관련해 자신의 역량을 기르기 위한 봉사활동 수행 과정에서의 어려움을 ②를 통해 밝히고 있다. 자소서에서 흔히 볼 수 있는 '활동 과정에서 생긴 어려움'에 해당하는 부분이며 이를 극복하기 위한 방법으로 ③과 ④를 제시한 후 거기서 배운 점을 중심으로 무난하게 마무리한 글이다.

활동 중에 생긴 어려움을 극복하는 방식은 자소서를 기술하는 데 있어서 흔히 볼 수 있는 형태 중 하나이기 때문에 자소서를 작성하려는 학생들은 이런 유형을 참고해 보면 좋을 것 같다.

1번 문항 첫 번째 사례 기반이 된 생기부 기재 내용

▲ **2학년 봉사활동**
전래동화 영어동화책 번역 봉사 10시간

▲ **2학년 진로활동**
'희망학과 소개하기'를 주제로 영어영문학과나 통번역학과에 관심을 가지게 된 계기에 대해 발표 수업을 진행함. 국제 구호 단체에 정기적으로 후원활동을 하면서 후원 단체에서 맺어준 결연 아동이 편지를 쓰면 관련 종사자들이 현지에서 영어로 번역하고, 그걸 다시 한국에서 한국어로 번역하여 후원자의 집으로 배송된다는 과정을 알게 된 후 영어를 번역하는 일에 관심을 갖게 됨. 그 후 영어 동화책을 번역하는 봉사활동에 참여하면서 자신의 꿈과 희망 진로를 결정하게 되었다고 소개함.

⑤ 영어에 대한 관심은 수업 시간에 조별 영어 발표를 통해 표현했습니다. ⑥ '흥부놀부'라는 그림이 있는 전래동화를 가지고 조원별로 이야기 순서를 바꾸어 글을 재구성하도록 유도했고, 이를 종합해 여러 가지로 이야기를 전개해 보았습니다. 함께 참여한 조원들도 흥미를 가졌고 발표를 듣는 친구들도 재미있다는 반응을 보였습니다. ⑦ 한 권의 책을 가지고도 다양한 이야기 전개가 가능함을 확인함은 물론 똑같은 내용도 어떻게 표현하냐에 따라 독자에게 전달되는 내용도 달라질 수 있음을 알았습니다.

⑧ 영어를 다양한 방법으로 표현하는 방법을 익힌 후 영어를 이용하여 논리적으로 주장하는 방법도 연습했습니다. ⑨ 실용영어 시간에 세계 여러 도시를 소개하는 나만의 여행 책자 만들기 활동에서 영국 런던의 여러 여행지에 대한 영어 안내 책자를 구성했습니다. 런던의 명소를 소개하면서 오래된 건축물이 현재에도 사용되고 있음을 통해 우리 전통 건축물도 실제로 사용해야 더 잘 보존된다고 주장하면서 **전통의 현대적 가치를 주장**하기도 했습니다. 마찬가지로 ⑩ **우리의 전래동화 및 고전도 널리 읽어야 하고 외국어로도 번역되어 세계 사람들이 함께 읽을 수 있어야 오래 보존할 수 있다고 생각**했습니다.

이런 활동들을 통해 우리 문학을 외국에 널리 보급시키기 위해 영어영문학과에 진학하고자 합니다. 그동안 영어를 통해 그들의 문화를 배우고 이해했다면 앞으로는 우리의 문화를 널리 알리는 데 영어를 사용하고 싶은 꿈을 가지고 있습니다. 세계 문화를 우리에게 우리 문화를 세계에 널리 알려 우리는 물론 세계의 문화 발전에 공헌하는 것을 목표로 준비하겠습니다.

⑤는 영어에 관심이 있음을 보여주는 또 다른 활동을 소개한 문장으로 학생부에 기재되어 있는 '픽처북' 관련 활동을 ⑥을 통해 제시한 후 거기서 배운 점을 ⑦과 같이 드러내고 있다. 다소 아쉬운 점이 있다면 ⑥에서 언급한 활동과 관련해 부연 설명이 추가되었으면 하는 부분이다. 그럴 경우 ⑦에서 학생이 주장한 것에 타당성을 높이는 효과를 줄 수 있다.

⑧은 ⑤를 기반으로 한 활동 경험으로 ⑨에서 제시한 수업 시간을 통해 구체화되고 있다. 수행 활동 과정을 무난하게 정리했고, 그 가운데서도 '전통의 현대적 가치'를 자신의 관심 분야와 연결 지어 주장(⑩)한 점이 인상적이다.

▲ 2학년 영어 Ⅰ 교과 세부능력 및 특기사항

픽처북 한 권을 선정하여 그 속에 나오는 일러스트 그림으로 이야기를 재구성하는 학습에서 발표자의 역할을 맡아 팀원들의 생각을 종합하여 정리하고 재구성된 이야기에 맞게 그림을 재배열한 후 한 편의 스토리가 되도록 잘 발표함.

▲ 2학년 실용 영어 교과 세부능력 및 특기사항

음악의 도시로 여행이라는 단원을 학습한 후 관련 활동으로 세계 여러 도시를 소개하는 영상을 살펴본 후 테마를 정하고 여행 계획을 세우는 나만의 여행안내 책자 만들기 활동에서는 '문화체험'을 테마로 영국 런던의 여러 여행지에 대한 정보 안내 책자를 매우 잘 구성하여 디자인 함.

총평

1번 문항에서 '진로와 관련하여'라는 의미는 지원자가 작성한 학습경험이나 교내 활동 등이 자신의 진로와 연관성이 있는지를 묻고자 함이다. 지원동기나 향후 진로 계획에 초점을 맞추라는 것은 아니기 때문에 글을 작성하기 전이나 초고 작성 후에 이런 부분을 점검해보아야 한다. 이런 점을 고려할 때 이 학생은 지원하려는 학과와의 연관성을 가진 학습 경험들을 중심으로 내용을 구성하려고 했는데 추가적으로 잘된 점과 아쉬운 점을 요약해보면 다음과 같다.

잘된 점   영어영문학과에 진학하려는 이유 중 한 가지가 '번역가'라는 진로 희망과 관련되어 있는데 영어 역량을 보여주기 위해 번역 봉사활동과 영어 교과 수업에서의 활동 경험을 기반으로 무난하게 정리했다. 학생부의 교과와 비교과 활동을 고르게 활용한 점이 돋보이며, 향후 면접을 준비하게 된다면 이런 점을 중심으로 예상 질문을 추출해 보면 좋을 것 같다.

아쉬운 점 두 번째로 기술한 활동에서 지적했던 것처럼 활동을 구체적으로 보여줄 수 있는 사례나 근거를 중심으로 부연 설명을 추가하면 좋을 것 같다. 또한 글의 마무리 부분에서 영어영문학과에 진학하기 위한 이유나 포부를 제시하고 있는데 바로 위에서 언급한 것처럼 지원 동기나 향후 계획에 꼭 초점을 맞춰야 하는 것은 아니기 때문에 이 분량을 부연 설명을 보완하는 데 활용해 보면 좋을 것 같다.

2. 고등학교 재학 기간 중 타인과 공동체를 위해 노력한 경험과 이를 통해 배운 점을 기술해 주시기 바랍니다.

(띄어쓰기 포함 800자 이내 *검정고시 출신자는 중학교 졸업 후 고등학교 재학 기간에 준하는 기간의 경험 기술)

① 3년간 학생회에서 활동하여 학교에 보탬이 되었다고 생각하고 있습니다. ② 1학년 때 학생문화부 부원으로 축제에서 공연을 기획하였고 특히 여러 팀이 참가하는 오디션을 준비하여 공연 당일 원활한 진행을 위해 노력했습니다. 많은 상품이 걸리기도 했지만, 그동안 갈고닦은 실력을 펼치고 공정하게 평가받기 위해 많은 팀이 선의의 경쟁을 하였습니다. 예전에는 입상팀 선정이 선생님들과 학생회 임원으로 구성된 심사위원단의 평가로 이루어져 실제 관중들의 의견이 반영되지 않았던 문제점을 지적했습니다. 그 대안으로 공연장에 있는 관중을 포함한 모든 구성원에게서 즉석 투표를 하여 입상팀을 결정하자는 의견을 제시하였으나 선례가 없다는 이유로 반대 의견이 나왔습니다. 하지만 관중 모두가 심사에 참여하면 입상 시비도 사라지고 특히 관중들의 호응이 더 클 것이라는 의견으로 부원들을 설득했고 채택되었습니다. 이를 위해 투표용지를 만들고 공연 입장과 동시에 관중들에게 배부하면서 입상의 결정권을 관중들에게 준다고 발표했습니다. 예상대로 관중들은 엄청나게 환호했고 참가팀도 모두 동의하여 공연이 성공적으로 끝났습니다.

③ 이 경험을 통하여 모든 구성원이 함께 참여하고 호응을 얻기 위해서는 중요한 결정권을 구성원에게 맡길 필요가 있음을 알게 되었습니다. 다음 해도 같은 방식을 적용하기로 했는데 지난해 경험이 있어 참가팀에서 관중들에게 미리 입상시켜달라고 얘기하는 등 부작용을 우려하는 의견도 있었으나 우리 학교 학생들을 믿자고 했고 실제로도 그런 일은 발생하지 않아 그 방법이 지금까지 이어오고 있습니다.

①에서 3년 동안 학생회 활동을 했다는 사실을 제시했는데 내용 전개 과정에서 큰 의미는 없어 보인다. 전체적인 내용이 ②에서 언급하고 있는 1학년 때 학생문화부 부원으로서의 경험에 초점을 맞추고 있는 만큼 정리 과정에서 글자 수에 대한 문제가 생기면 생략해도 무방할 것 같다. 또한 ②에서는 학생문화부 부원으로 축제 시 수행한 활동을 소개하고 있는데 활동 과정과 거기서 생긴 문제점, 이를 자신이 주도적인 의견을 가지고 부원들을 설득해 나가면서 마무리하는 과정 등이 무난하게 정리되어 있고, ③에서 보이는 것처럼 해당 경험을 통해 배운 점 또한 잘 정리한 것 같다.

2번 문항 기반아 된 생기부 기재 내용

▲ 1학년 자율 활동

전교학생자치회 학생문화부 부원으로서 매 회의에 참석해 의견을 제시하였고 행사들을 통해 즐거운 학교 문화 형성에 기여함. 아침맞이 활동을 통해 학생들이 학교를 보다 정답게 느끼고 아침을 활기차게 시작할 수 있도록 함. 축제준비 위원으로서 공연 오디션을 준비하고 리허설과 당일 공연까지 기획, 운영하며 매 회의마다 의견을 적극적으로 펼침.

▶ 2학년 자율 활동

교내 축제 준비위원으로 전인교육 차원의 다양한 동아리 활동을 통하여 익힌 재능과 개인의 잠재적인 특기를 발휘할 수 있도록 공연 오디션을 심사하고 영상을 편집하는 등 적극적으로 참여함. '행사계획과 축제계획'을 주제로 한 학생자치회 대의원회 정기회의에 학생회로서 참여하여 학급 건의 사항을 포함하여 학생들의 의견수렴, 의사결정, 참여와 실천 등의 자치활동 자세에 대해 배움. 학생회를 행사를 마무리하고, 새 학기를 계획하는 교장 선생님과의 대화에서 배우고 나누며 더불어 행복한 학교를 위한 토의 활동에 참여함.

▲ 3학년 자율 활동

전교 학생자치회 부원으로서 신입생 환영 행사를 준비하고 각 반 교실을 방문하여 환영 인사와 함께 선물을 배부함.

2번 문항은 말 그대로 '타인'과 '공동체'를 위해 노력한 경험이라는 의미에 부합하는 내용을 기술하면 되는데 이 학생의 경우 학생부의 자율 활동에 기재된 학생회 활동 중 1학년 때 경험을 중심으로 학생부에 기재되지 않은 일화를 활용해 2번 문항을 정리해 나가고 있다. 2번 문항의 잘된 점과 아쉬운 점을 요약해보면 다음과 같다.

잘된 점 '학생부에서 다 보여주지 못한 자신의 강점이나 역량을 자소서를 통해 보완할 수 있다'는 자소서 작성의 취지를 잘 살린 글이라고 볼 수 있을 것 같다. 특히 구체적인 활동 사례를 중심으로 정리한 점이 돋보이며 이를 통해 배운 점까지도 무난하게 기술한 것 같다.

아쉬운 점 본문에서도 언급했지만 3년 동안 학생회 생활을 했다는 점은 학생부를 통해서도 확인할 수 있기 때문에 글자 수의 문제가 생기면 굳이 쓸 필요는 없을 것 같다. '학교 행사에 보탬이 되었다는 점에 보람을 느꼈다'는 점을 강조하기 위해서라면 전체 내용을 정리한 후 마무리 부분에 첨언하는 정도로 해당 내용을 수정해 보는 것이 좋을 것 같다.

학교생활기록부에서 학생의 개인 기록이 많이 있는 것이 세부능력 및 특기사항이다. 학교생활기록부는 오로지 한 학생만의 특기사항이 담겨있는 기록물이다. 학생은 저마다의 수업과 활동을 통해 새로운 것을 배우고 자신의 것을 만들기 위해 생각하고 고민한다. 교사는 이런 학생을 면밀히 관찰하고 기록한 결과를 학교생활기록부에 작성한다.

하지만 학생마다 다른 특기사항을 작성하기는 쉽지 않다. 빡빡한 학교 일정과 행정 업무 등으로 교사는 학생을 일일이 꼼꼼히 볼 시간이 없다. 더불어 학교생활기록부 지침에는 모든 학생에게 특기사항을 작성하도록 요구하고 있다. **패닉상태에 교사는 지쳐있다.** 어떤 방향성으로 나가야 할지, 어떻게 기록해야 할지 교사는 어려워한다. 학생은 **내가 어떤 활동을 해야 하며, 어떤 기록이 도움이 될지** 고민되고 궁금해한다.

해당 단원을 통해 교사와 학생, 학부모 등에게 유의미하며 가치 있는 생활기록부는 어떤 것인지 제시해보았다. 이제는 움직여야 한다.

교사는 학생의 자기평가서와 동료평가서, 수행평가 결과물을 적극적으로 활용하길 바란다. 그리고 각 교과 활동 및 창의적 체험활동에서 독서를 장려하며, 주제 및 진로 보고서 활동을 할 수 있도록 수업을 설계하길 바란다. 또한 수업 성취수준을 이용한 교과 세부능력 및 특기사항 작성도 좋은 방법이다. 본문에 제시된 세부능력 및 특기사항을 통해 활동의 힌트와 방향을 찾고, 특기사항을 작성할 때 도움이 되길 바란다.

학생은 자신의 활동 기록을 자세히 작성하고, 교사에게 지속된 피드백을 받아야 한다. 모든 것을 교사가 알 것이라는 점은 착각이다. 수업과 활동에서 계속해서 교사에게 보여주어야 한다. 그리고 교사가 제시한 과제를 충실히 하며 해당 결과물을 모아야 한다. 본문에서 제시된 세부능력 및 특기사항을 통해 스스로 어떤 활동을 해야 할지 설계하길 바란다.

이제 생활기록부 기록까지 함께 알아보고 공부하였다. 이어서 공부할 것은 면접이다. 대학입시에서는 면접제도가 있다. 학교생활기록부는 제삼자인 교사의 시각에서 학생을 객관적으로 평가하여 만들어진 서류이다. **면접은 1인칭 시점인 학생에게 질문을 통하여** 학교생활기록부에 있는 내용을 질문하고 해당 역량이 있는지 판단한다.

다양한 면접방식이 있지만, 가장 일반적인 것은 학교생활기록부를 기반으로 하는 면접이다. 학생이 활동하고 이를 토대로 교사가 기록한 것이기 때문이다. 면접 문항의 답을 물어보는 사람이 있다. 당혹스러운 질문이다.

면접 문항에 대한 답은 학생 본인만이 알고 있다.

6단원에서는 5단원에 있는 있던 학교생활기록부 및 자기소개서(서류)를 이용하여 면접 문항을 추출하였다. 어떠한 이유로 면접 문항이 만들어졌는지 확인하고 자신의 서류에서 면접 문항을 스스로 추출해보기 바란다.

6

합격 면접

합격 면접

가. 대입 면접의 기초

1) 면접의 중요성

학생부종합전형(학종)은 학생부, 자기소개서를 통하여 고등학교 생활의 전반을 파악하고 이를 통하여 대학에서 수학 가능한지 학업역량, 진로역량, 공동체역량 등 여러 가지 요소를 종합적으로 파악한다. 고등학교에서 활동한 모든 내용이 학교생활기록부에 기록되고 이를 바탕으로 학종의 서류 전형이 진행되고 있다. 학생을 선발하려는 대학에서는 이렇게 기록된 정보를 바탕으로 학생의 능력을 평가하지만 이를 정확히 확인할 필요성도 느낀다. 이때 면접이 중요한 판단 요소로 작용한다. 면접을 통하여 기록의 사실성을 확인할 수 있다. 실제 그 활동을 기록된 것처럼 열정적, 주도적으로 하였는지 면접 질문을 통하여 확인하고 이를 바탕으로 학생의 열정과 의지를 정확히 확인하기 위하여 면접이 진행된다. 아울러 학생부종합전형의 핵심축이던 자기소개서가 2023학년도 대입 이후 전면 폐지되는 상황에서 면접은 더 중요하다. 자기소개서를 통하여 학생의 활동과 생각을 읽었는데 이제는 면접이 그 역할까지 담당해야 해서 그 역할이 더 커졌다.

2) 면접의 평가 요소

대학에서 면접으로 평가하고자 하는 요소는 각 대학교의 입학 요강 및 학생부 종합전형 안내문에 제시되어 있다. 전공 적합성, 인성, 발전 가능성, 의사 소통 능력 등 공통적인 평가 요소를 제시하고 있다. 하지만 대학에 따라 평가하고자 하는 요소 및 중요도가 다를 수 있기 때문에 자신이 희망하는 대학의 요강과 여러 자료를 면밀히 분석하여 면접에 대비하여야 한다. 다음은 일부 대학에서의 면접 평가항목이다.

경희대

평가요소(비율)	평가항목	특징
인성(50%)	창학이념 적합도	창학이념 추가
인성(50%)	인성	창학이념 추가
전공적합성(50%)	전공 기초소양	창학이념 추가
전공적합성(50%)	논리적 사고력	창학이념 추가

건국대

평가요소(비율)	평가항목	특징
전공적합성(30%)	전공에 대한 관심과 이해 전공 관련 활동과 경험	발전가능성에 많은 비중
인성(20%)	소통능력	발전가능성에 많은 비중
발전가능성(50%)	창의적 문제해결력	발전가능성에 많은 비중

충남대

평가요소(비율)	평가항목	특징
의사소통능력(30%)	종합적사고력	
	논리적사고력	
전공적합성(30%)	전공에 대한 관심과 활동 경험	면접 평가 기준이 다양한 요소로 세분
발전가능성(20%)	자기주도성	
	경험의 다양성	
인성(20%)	협업능력	
	나눔과 배려	

출처: 2022학년도 각 대학교 수시 모집 요강

3) 면접 방법

(1) 제시문 기반 면접

서울대 일반전형(지역균형선발 제외), 연세대, 고려대 등은 계열별로 제시문을 주고 이를 바탕으로 문제를 풀어 답변하는 등 사실상 구술시험 형태이기 때문에 이 책에서는 제외한다.

(2) 서류 기반 면접

이 책에서 주로 다룰 내용으로 면접을 시행하는 대부분 대학에서 활용하는 면접 방식이다. 앞에서 언급한 각 대학별 평가 요소를 면밀히 분석하여 자신이 지원하는 학교와 계열에 맞는 면접 준비가 필요하다. 대부분은 면접 문항을 공개하지 않고 면접 당일 즉석에서 문답을 통하여 면접이 진행된다.

(3) 면접 문항 제시형

일부 대학에서는 미리 면접 문항을 제시하는 경우도 있다. 복수의 면접 문항을 미리 제시하고 당일 그중 한두 개 문항을 물어보는 경우와 처음부터 하나의 문항만을 주어 면접 당일 물어보는 경우가 있다. 어떤 경우든 미리 문항을 분석하고 자신에게 맞는 적절한 답변을 준비하고 연습하여 면접에 임하도록 한다.

(4) 동영상 촬영 후 업로드하는 경우

코로나19의 영향으로 일부 대학에서는 대면 면접을 하지 않고 미리 문항을 제시하여 이를 각자 동영상으로 촬영하고 업로드하는 방식의 면접을 진행하는 경우도 있다. 이 경우는 면접 문항 제시형과 유사하고 미리 준비하고 촬영하기 때문에 준비하기 수월하다. 대학교에서 제시한 주의사항만 잘 지키면 큰 문제 없이 면접을 진행할 수 있다.

4) 면접 준비 방법

학교별 면접 평가 요소와 기준이 다름을 앞에서 보았다. 이에 따라 자신의 학교생활기록부와 자기소개서를 바탕으로 면접을 준비한다.

(1) 지원 대학 면접 요소 및 기준 파악

지원 대학 입학처 홈페이지에서 수시 요강 및 학생부종합전형 안내문을 반드시 확인하여 면접 요소와 평가 기준을 확인하여야 한다.

(2) 예상 문항 작성

학생이 하고 싶은 얘기도 중요하지만 면접관 입장에서 학생에 대해 더 알고 싶은 내용을 생각하면서 예상 문항을 작성한다. 특히 학교생활기록부에서 그 활동을 왜 했는지(취지), 어떤 내용으로 했는지(활동), 그 활동을 통해 배운 점, 느낀 점은 무엇인지(생각), 활동에 어떤 자료를 사용하였는지(참고자료), 추후 더 하고 싶은 활동(향후 계획), 활동에서 어려웠던 점과 극복 과정 및 노력은 무엇인지(고난 극복) 등을 확인하면서 예상 문항을 작성한다. 특히 학교생활기록부에 기록은 되어 있으나 기억이 나지 않는 내용이 있는지 파악하고 있다면 미리 관련 자료를 확인하여 실제 면접에서 답변이 가능하도록 준비해야 한다.

(3) 예상 문항 답변 준비

각 문항에 맞는 답변 내용을 준비한다. 가급적 '두괄식'으로 결론을 먼저 답변하고 이어서 이유, 근거 등을 구체적으로 답변한다. 답변 문항을 미리 작성하는 것은 좋지만 이를 단순히 암기하여 답변하는 것은 곤란하다. 실제 면접 현장에서 암기했던 내용이 기억나지 않는 경우 다음 답변으로 이어지지 않는 '침묵 상태'가 발생할 수 있기 때문에 답변은 키워드를 중심으로 자연스럽게 이야기가 전개되도록 준비한다. 다시 강조하지만 면접에서의 답변은 '구체성'이 가장 중요하다. 구체적으로 답변했을 때 '사실성'이 인정되기 때문이다.

(4) 면접 연습

가족, 친구, 선생님 등 도움을 받을 수 있는 분과 함께 면접 연습을 하면 좋다. 특히 답변에 대한 피드백을 들을 수 있으면 좋고 아니어도 스스로 피드백 하여야 한다. 답변 과정을 동영상으로 촬영하여 자신의 답변 모습을 스스로 보고 문제점을 파악하여야 하고 이를 바탕으로 여러 번 연습하여 면접 당일 잘 답변할 수 있게 노력한다.

(5) 면접 당일

각 대학교 입학처 홈페이지에 제시된 주의사항을 다시 확인하여 면접 시간, 장소를 꼼꼼히 확인한다. 전날 미리 확인해 보는 것도 좋다. 여기서 가장 중요한 것은 시간이다. 면접 시간에 늦지 않도록 충분히 준비해야 한다. 면접에서 지각은 용서되지 않는다. 실제 면접에서는 긴장하지 않도록 노력해야 하고 질문을 잘 듣지 못했을 때 다시 물어보고, 답변이 바로 생각나지 않을 때 잠깐 생각할 시간을 요청할 수도 있지만 자주 사용하지 않도록 미리 준비하는 것이 좋다. 마지막으로 면접실에 들어갈 때와 나올 때 면접관에게 공손하게 인사하는 것은 기본이다.

(6) 면접을 위한 당부 사항

면접의 내용은 지원하는 학생이 결정한다고 생각한다. 면접관은 학교생활기록부에 기록된 내용을 바탕으로 질문하기 때문에 평소 학생부 관리가 매우 중요하다. 당연히 의미 있는 교내 활동을 하여야 하고 이를 항상 기록해 두어야 한다. 면접은 고교 생활의 마지막 시기에 진행되기 때문에 과거의 내용이 다 기억나지 않아 제대로 준비하지 못하는 경우가 생긴다. 이를 막고 더 좋은 답변을 위해서는 고등학교에서 이루어진 여러 학습 및 활동에 대한 자신만의 기록을 남겨야 한다. "기록은 기억을 지배한다."는 말이 있다. 활동 당시 느꼈던 생각 등을 활동 내용과 함께 기록하고 이를 잘 보관해두면 면접 준비 과정에서 요긴하게 활용된다. 다시 한번 기록의 중요성을 강조한다.

(7) 계열과 상관없이 자주 묻는 문항

① 우리 대학교에 지원한 이유를 말해 보세요.

출제 이유

여기서 주의할 점은 '우리 대학교'의 지원이유다. 보통 '전공'을 지원한 이유와 혼합해서 답변하는 경우가 많은데 구분해서 답변해야 한다. 지원 대학의 인재상 또는 창학 이념 등을 잘 인지하고 있는지를 물어 정말로 지원 대학에 입학하고 싶은지를 확인하고자 한다. 학교 홈페이지와 학생부종합 안내서 등을 참고하여 지원하고자 하는 이유를 정리하여야 한다.

② 전공을 지원한 동기를 말해 보세요.

출제 이유 및 답변 준비

지원 동기를 통해 진로역량을 확인하고자 한다. 학생부의 진로활동과 연계시키면 좋고 장래 희망, 자신만의 경험 및 학과 수업 내용 등을 연계해서 답변하면 좋지만 학생 또는 학부모, 고등학교 등을 특정할 만한 내용은 답변하지 않아야 한다. 자기소개서가 없거나, 자기소개서 3번 문항(전공 지원 동기)이 없는 경우 자주 출제되는 문항이다.

③ 전공을 지원하기 위해 가장 의미 있게 준비한 내용을 말해 보세요.

출제 이유 및 답변 준비

진로역량과 학업역량을 확인하기 위한 질문이다. 지원 전공을 제대로 이해하고 있는지, 전공을 공부하기 위해 필요한 능력은 무엇이며 그에 따른 어떤 노력을 하였는지 확인하고자 한다. 자율활동, 진로활동, 동아리활동, 세특 등에 기록되어 있는 내용 중 가장 중요하다고 생각하는 내용으로 답변한다. 노력 과정에서 어려웠던 점과 극복 과정을 함께 답변하면 좋다. 이 문항도 자기소개서가 없거나, 자기소개서 3번 문항(전공 지원을 위한 준비 과정)이 없는 경우 자주 출제되는 문항이다.

④ 대학 입학 후 학업 계획을 말해 보세요.

출제 이유 및 답변 준비

지원 대학 전공에 대해 충분히 이해하고 있고 이를 바탕으로 어떤 분야를 집중적으로 공부하고 싶은지 확인하고자 한다. 평소 진로와 전공에 대한 이해가 있어야 하며 지원 대학 학과 홈페이지 등을 참고하여 수업 내용 등을 확인하고 특히 대학 졸업 후 자신의 진로와 연계하여 중점적으로 학습하고 싶은 내용으로 답변한다. 홈페이지에 있는 학과 커리큘럼을 단순히 나열하는 답변은 지양해야 한다. 더불어 학과 홈페이지에 나와 있는 교수님들의 연구 성과와 연구실 등을 확인하여 관심 있는 분야를 미리 확인하고 관련 자료를 준비하는 것도 필요하다. 이 문항도 자기소개서가 없거나, 자기소개서 3번 문항(대학 입학 후 학업 계획)이 없는 경우 자주 출제되는 문항이다.

⑤ 대학 졸업 후 진로 계획을 말해 보세요.

출제 이유

이 문항은 지원자의 장래 희망과 관련된 질문이다. 기본적으로 대학원에 진학하여 연구를 더 수행할지 전공 관련으로 취업할지로 답하면 되고 대학 입학 후 학업 계획과 연계시켜 답변하면 좋다. 이 문항도 자기소개서가 없거나, 자기소개서 3번 문항(대학 졸업 후 진로)이 없는 경우 자주 출제되는 문항이다.

⑥ 가장 의미 있게 읽은 책과 그 책을 읽고 자신에게 바뀐 부분이 있으면 말해 보세요.

출제 이유

깊이 있는 독서를 통하여 학업역량, 진로역량, 공동체역량 등을 향상시킨 경험이 있는지 확인하는 질문이다. 자신의 삶에서 가장 중요한 책, 자신의 진로를 결정하는데 가장 중요한 책 등으로 나눌 수 있고 각각 구체적으로 나누어서 질문할 수도 있다. 학생부에 기록된 독서 목록을 세세히 확인하는 '시험'은 아니기 때문에 그동안 읽었던 모든 책을 다시 확인할 필요는 없지만, 자신의 인생과 전공을 정하는데 가장 중요한 책은 다시 확인할 필요가 있다.

⑦ 자신의 장점과 단점을 말해 보세요.

출제 이유

공동체역량을 확인하고자 한다. 장점이 있다면 구체적으로 어떤 내용인지 답변하고 그 장점을 앞으로도 어떻게 계속 유지할지를 답변하면 좋다. 단점은 지나치게 문제 될 내용은 답변하지 않도록 한다. 보통은 단점이면서도 장점이 될 수 있는 내용 등으로 가볍게 답변하고 단점을 극복하기 위해 노력했던 점을 강조하면 좋다.

⑧ 마지막으로 더 하고 싶은 얘기가 있으면 말해 보세요.

출제 이유

면접 마지막에 이 질문을 하는 이유는 여러 가지가 있다. 학생 입장에서는 앞 질문에 답변을 제대로 하지 못한 경우 추가로 더 답변해도 좋고, 자신이 준비했던 내용을 물어보지 않는 경우 준비한 내용을 얘기해도 좋고, 이 대학에 꼭 입학해야 하는 이유 등 어떤 답변이어도 좋다. 이 질문도 문항이기 때문에 '없다'고 하지 말고 성실히 답변해야 한다.

(8) 마지막 당부 사항

① 면접도 시험이다

잠깐 준비해서 될 시험이 아니다. 각 대학 및 학과에 맞게 철저히 준비해야 하고 면접 결과에 따라 당락이 바뀔 수 있다는 사실을 명심해야 한다.

② 인사와 예절은 기본이다

"안녕하십니까?", "자리에 앉아도 되겠습니까", "다시 한번 더 말씀해 주시겠습니까?", "안녕히 계십시오" 등 예절을 갖추고 정중하게 인사해서 손해 볼 일은 없다.

③ 밝은 표정과 또렷한 목소리

표정은 가급적 밝게 하면 좋고, 목소리는 또렷하고 면접관이 잘 들을 수 있는 성량으로 하고 너무 빠르거나 느리지 않게 답변한다. 특히 문장의 마지막까지 정확히 답변해야 한다. 본인이 면접관이면 어떤 학생을 뽑고 싶은지 생각하면 된다. 동영상 촬영 등을 통하여 자신의 모습을 객관적으로 들여다보면서 연습하기 바란다.

나. 인문계열 면접 특징 및 준비 방법

　인문학은 인간 근원의 문제에 관심을 가지는 학문으로 인간의 가치, 문화, 사상을 중심으로 연구하여 인간의 본질을 탐구한다. 인문학은 언어, 문학, 역사, 철학, 종교로 크게 분류하고 분석적, 비판적 사고를 사용하여 연구한다. 대학에서 인문계열 전공의 경우 오래전부터 쌓아온 인문학적 지식과 사고체계를 각 전공에 맞추어 적용하고 있다. 이에 학생부종합전형에서 인문계열 면접의 경우 이러한 전공 취지에 맞는 문항들이 자주 출제되고 있다. 고등학교에서 배웠던 여러 과목과 활동에서 깊이 있게 학습하고 탐구한 내용들을 확인하는 질문을 통하여 지원자의 학업역량, 진로역량, 공동체역량을 확인하는 면접이 주를 이루고 있다. 다음은 각 능력에 따른 면접 대비 방법이다.

1 학업역량

대학에서 인문계열 전공을 이수할 수 있는지를 판단한다. 국어, 영어, 사회, 제2 외국어, 예술 과목 등을 중심으로 각 과목에서의 학업역량뿐만 아니라 이를 바탕으로 한 탐구, 토론, 독서, 수행 평가 등 모든 활동에서 인간 본질의 탐구에 기초가 되는 기본 학습 능력 및 심화 학습 능력을 평가하고자 한다. 깊이 있는 학습 경험을 토대로 면접 준비가 필요하다. 또한, 인문학과 관련된 여러 학습 경험 및 문제 해결 과정에서 자신만의 창의적인 생각을 활용한 적이 있는지, 현재 하고 있는 활동을 대학 진학 후 어떻게 연계할지를 확인하고자 한다. 이를 위해서 깊이 있는 학습 및 활동에서 남들과 다른 생각이 있다면 기록해 두고 이를 앞으로 어떻게 발전시킬지에 대한 계획을 세워두면 좋다.

2 진로역량

진로활동, 동아리활동, 자율활동 및 각 과목별 학생부 세특을 확인하고 이를 통하여 지원 전공과의 적합성을 확인하고자 한다. 특히 인문학적 문제와 관련된 여러 주제들을 통하여 문제 인식, 탐구 방법, 결론 및 대안에 이르는 탐구 활동의 경우 진로역량을 드러내기 좋은 활동이기 때문에 이에 관한 질문이 자주 출제되고 있다. 여러 활동에 대한 기록을 남기고 그때

가졌던 생각을 활동하는 동안 직접 기록해 두었다가 추후 면접 자료로 활용하면 좋다. 한편 전공 관련된 문제에 대한 토론도 좋은 활동이고 이를 확인하는 문제도 출제되고 있다. 자신이 주장했던 내용과 그에 따른 근거는 무엇인지, 반대편 주장과 근거는 무엇인지를 정확히 기록해 두고 이를 활용하면 좋다. 마지막으로 독서는 인문학의 본질을 탐구하는데 가장 중요한 도구이기 때문에 독서의 중요성을 강조한다.

3
공동체역량

여러 가지 윤리적 쟁점, 역사관, 전통과 현대문명에 대하여 어떤 생각을 하고 있고 이를 적절히 표현하고 있는지 판단한다. 특히 공동체에서의 의사소통 능력과 상대방을 이해하고 존중하는 자세를 통하여 인성을 판단하고 있다. 평소 이와 관련된 내용에 대한 독서 및 생각을 잘 기록해 두면 실제 면접시 도움을 받을 수 있다.

이상에서 인문계열 전공의 일반적 소개 및 이를 지원하기 위한 면접 특징과 준비 방법에 대하여 살펴보았다. 학생부종합전형이 추구하는 다양하고 깊이 있는 활동을 통하여 평소 면접에 대비할 수 있고 이를 위해서 활동 즉시 기록을 남겨 두어야 한다. 특히 활동에서 자신의 역할과 생각을 구체적으로 기록하면 면접 대비는 저절로 이루어진다.

다. 국어국문학과 면접 문항

1) 국어국문학과 면접 특징 및 준비

  국어국문학과는 우리말과 우리 문학을 연구하여 민족 문화를 창조적으로 계승하고 발전시키는 것을 목적으로 하는 학과이다.(출처: 서울대학교 국어국문학과 홈페이지) 이런 목적에 맞게 국어국문학과에서는 국어와 문학을 중심으로 공부하고 각 학문 영역의 역사, 변천 과정과 현대적 가치를 탐구한다. 한민족의 역사와 함께 이어져온 우리말과 글인 국어, 고전문학, 현대문학에 대한 연구를 통하여 인문학 전반에 대한 기초를 제공하며 수준 높은 언어생활 및 문화생활 등 한국인으로 살아가는데 중요한 역할을 담당한다. 아울러 최근 '한류' 열풍으로 한국어 및 한국 문학에 대한 세계적 인식 향상에 맞게 우리의 언어와 문학이 세계의 문화 발전에 깊은 공헌을 하고 있다. 이러한 학과 특성에 맞게 면접에서는 언어적 능력, 문학적 능력을 확인하기 위하여 다양하고 깊이 있는 독서 경험, 글쓰기 경험 및 탐구 능력을 확인하고자 한다. 고등학교에서 경험했던 다양한 학습 경험과 탐구 경험을 바탕으로 국어 및 국문학에 대한 자신만의 생각과 기록을 통하여 면접에 대비하여야 한다.

  이 책에서는 국어국문학과 면접 특징에 맞게 생활기록부와 자기소개서를 이용하여 추출한 면접 문항과 출제 의도를 제시하고자 한다. 이를 통하여 학생 스스로가 생활기록부와 자기소개서를 분석하여 국어국문학과에 맞는 면접 문항을 만들 수 있고 입시에 바로 적용할 수 있다. 많은 도움이 되길 바란다.

국어국문학과 면접 문항

(1) 수상실적

> **1학년** : 백일장(최우수상) / 표창장(모범상)
> **2학년** : 영화비평대회(최우수상) / 사이버백일장(최우수상)
> **3학년** : 아름다운말캘러그래피대회(우수상)

예상 문항 학업역량, 진로역량

제출한 수상실적 중 자신에게 가장 의미 있는 상을 말해 보세요.

출제 이유

학교생활기록부에는 수상명만 기록되어 있고 실제 어떤 내용으로 수상하였는지 구체적으로 알 수 없다. 자기소개서에 잘 기록되어 있으면 문제가 없지만 그렇지 않은 경우 대학교에서는 수상을 위해 준비한 동기, 내용, 배우고 느낀 점에 대해 더 알고 싶어 한다. 가급적 전공과 관련된 내용으로 답변하고 특히 수상을 위해 노력한 구체적 경험과 수상을 통하여 더 배우고 느낀 점을 구체적으로 답변하면 좋다.

(2) 자율활동

> 한국사 속의 과학을 체험하는 융합 프로그램 '역사학교 과학실'에서 건축, 의학, 언어, 물리에 관한 전 체험과정을 이수함. 특히 국어국문학을 전공하고자 하는 학생인 만큼 훈민정음 해례본 해석과 훈민정음의 과학성을 밝혀가는 부분에 집중하여 분과일지를 기록함.

예상 문항 진로역량

훈민정음 해례본 해석과 훈민정음의 과학성을 밝혀가는 부분에 집중하여 분과일지를 기록하였다고 했는데 그 내용을 말해 보세요.

전공과 관련된 자율 활동 기록이 구체적이지 않으므로 구체적인 내용을 물어 실제 활동한 사실과 내용의 깊이를 확인하고자 한다. 이렇게 생활기록부에 구체적으로 기록되지 않은 활동에 대하여 질문하는 경우가 많기 때문에 평소 활동 후 자기만의 기록을 남겨야 한다.

(3)-1 동아리활동

교지 구성 중에서 '1학년 수련회' 꼭지를 맡아 취재를 하고 기사를 쓰면서 소중한 추억의 의미를 되새김. 교지 편집 동아리를 하며 '책임'이라는 덕목에 대해 깊이 고민하고 책임을 지는 태도를 가지려고 노력함.

예상 문항 진로역량

교지편집 동아리활동에서 '1학년 수련회' 꼭지를 맡아 취재를 하고 기사를 썼다고 했는데 그 내용을 말해 보세요.

출제 이유

자신의 전공과 연관된 동아리활동에서 했던 활동 내용이 생활기록부에 드러나 있지만 구체적 내용이 없어 이를 확인하고자 출제하였다. 활동했던 내용을 구체적으로 소개하고 가능하다면 어려웠던 점과 극복 과정 및 느낀 점을 답변한다.

(3)-2 동아리활동

동아리 부반장으로 동아리의 특징이 잘 드러나 있는 홍보 영상을 감각적으로 제작하여 홍보함으로써 동아리 부원들을 구성하는 데 결정적인 역할을 하였으며 반장과 함께 교지 기획 단계부터 구성원들의 의견을 취합하여 교지의 전체적인 틀을 잡고 이끌어 나가는 모습을 보여주었음.

예상 문항 공동체역량

2학년 동아리활동에서 교지 기획 단계에 대한 내용을 말해 보세요.

출제 이유

동아리활동을 통하여 리더십을 확인하고자 한다. 활동의 목표는 무엇인지 그 목표를 이루기 위해 구성원들과 어떻게 토의하고 결론을 이끌었는지를 확인하여 공동체를 이끌어 가는 모습을 확인하고자 한다.

(4)-1 진로활동

꿈구두 직업인프로그램에서 '방송작가'를 선택하여 방송 관련 분야에 대한 이해도를 높임. 직무에 필요한 능력, 직업 특성과 전망 등 전문가에게 직접 듣는 생생한 이야기와 직업 선택에 필요한 현실적인 조언을 경청하는 기회를 가짐. 관련 분야에 대한 실질적 정보 탐색과 더불어 자신의 흥미와 적성을 고려하여 미래 직업을 탐색하는 기회를 가짐.

예상 문항 진로역량

방송작가에게 필요한 능력 및 직업 특성과 전망에 대하여 전문가에게 들은 내용을 말해보고 그 내용이 자신의 진로를 정하는데 어떤 도움이 되었는지 말해 보세요,

출제 이유

지원자의 진로가 정해지는 과정은 자주 출제되는 문항이다. 이 질문을 통하여 진로에 대한 이해와 확고한 의지를 확인하고자 한다.

(4)-2 진로활동

> 시사진로 시간에 적극적으로 참여함. K-방역에 대한 언론사의 차이에 대해 관심 있게 보았고, '언론의 공공성 훼손'이라는 주제로 발표함. 진보 언론은 현 정부를 칭찬하는 내용만을 보수 언론은 현 정부를 비판하는 내용만을 기사화한다는 것을 발표함. 언론의 공공성에 대해 벤담과 밀의 공리주의 사상, 칸트 도덕론을 연관지어 설명함.

예상 문항 학업역량

언론의 공공성에 대해 벤담과 밀의 공리주의 사상과, 칸트 도덕론을 연관지어 말해 보세요.

출제 이유

교과 내용과 진로의 연관성을 통하여 수업에서 배운 내용을 진로와 관련된 관심 사항과 어떻게 연계시키고 있는지 파악하려고 한다. 이를 통하여 학습한 내용의 이해 수준 및 비판적 사고력을 평가하고자 한다.

(5) 세부 능력 및 특기 사항

>
> ① 한국사
>
> 역사 발표 수업에서 일제 강점기 한글 연구를 주제로 발표함. 말모이, 조선어 연구회, 조선어학회를 중심으로 일제 시대 우리말 연구의 과정과 노력을 설명하고, 우리말 큰 사전 편찬과정에서 발생했던 조선어 학회 사건을 통해 일제의 한글 탄압을 설명함.

예상 문항 학업역량

일제 강점기 우리 말과 글을 지키기 위한 조선어학회의 노력을 말해 보세요.

출제 이유

수업 시간에 학습하고 탐구한 내용에 대해 구체적으로 확인하고자 한다. 특히 전공과 관련하여 조선어학회의 가치와 의미를 파악하고 있는지, 현재 우리에게 어떤 교훈을 주는지를 자신이 조사하고 탐구한 내용으로 구체적으로 답변하기 바란다.

② 국어

시조 다시 쓰기 활동에서 첫눈 오는 날에 대한 기대감을 시조의 형식적 특징을 살리면서 완성도 높게 형상화함. 비유, 상징 등의 다양한 문학적 표현을 활용하여 생활 속 자기 생각과 감정을 효과적으로 표현함.

예상 문항 학업역량

시조의 국문학적 가치와 앞으로의 발전 가능성에 대해 말해 보세요.

출제 이유

국어국문학과를 지원하기 때문에 국어는 핵심과목이다. 특히 고전문학의 가치와 현대적 의의 및 발전 가능성에 대한 생각을 통하여 학업역량과 함께 진로역량 등 학종 평가 요소를 대부분 확인할 수 있다. 전공과 직접 관련되는 내용에 대한 철저한 면접 준비가 필요하다.

③ 영어

영어책을 읽고 '북리포트'를 작성함에 있어 주제 의식을 잘 찾아내고 글의 핵심을 파악하는 능력이 돋보임.

예상 문항 학업역량

1학년 영어시간에 영어책을 읽고 '북리포트'를 작성했다고 했는데 그 내용을 말해 보세요.

출제 이유

영어 이해 능력을 통하여 학업역량을 평가하고자 한다. 실제로 어떤 책을 읽었는지 구체적으로 밝히고 그 내용에 대하여 간략하게 소개할 수 있어야 한다.

④
통합
사회
진로 탐구 발표에서 자신의 진로 희망과 연관지어 '인공 지능 로봇과 문학'이라는 제목으로 발표함. 인공지능 로봇이 인간만의 영역이라 여겼던 문예 창작을 어느 수준까지 구현하는지 궁금해하면서 주제를 선정함. 다양한 통계 자료와 신문 기사 등을 조사, 분석하여 로봇 작곡가, 의사, 변호사를 나열하고 문학작품과 기사까지 로봇이 작성하는 사례를 넣어 마치 한 편의 논문을 작성하듯 탁월한 발표 자료를 만들어 발표함.

예상 문항 진로역량

인공 지능이 쓴 문학작품은 과연 문학작품으로서 의미가 있는지 자신의 생각을 말해 보세요.

출제 이유

국어국문학을 넘어 인문학 전체의 화두가 되는 문항이다. 과연 문학의 영역은 어디까지인지, 인공 지능의 창작을 인정할지 등 인문학도라면 평소 깊이 생각할 문제이다. 명확한 답이 없는 이러한 문항을 통하여 지원자의 인문학적 사고를 확인하고자 한다.

⑤
언어와
매체
문법 개념이 많고 체계가 복잡하지만, 실생활에서 우리가 정확하게 언어를 사용하기 위해 꼭 필요하다는 것을 알고 있으며, 실생활과 연결하는 질문을 교사에게 많이 함. 작가를 희망하고 있어, 문법을 정확하게 알고 정확하게 사용하는 것에 대한 열의를 가지고 있음.

예상 문항 학업역량

국어 문법의 특징에 대해 말해 보세요.

출제 이유

전공과 관련된 학업역량을 평가하고자 한다. 특히 국어 문법의 특징을 이해하고 있는지 확인하고자 한다. 국어 문법에 대한 형태적 특징, 통사적 특징에 대해 정리하기 바란다.

1학년 때 '소설가 구보씨의 일일'을 읽으며 소설의 내용이 정리되지 않은 것 같은 느낌을 받은 적이 있었는데, 이번에 이 제재를 학습하며 의식의 흐름 기법처럼 서술되었다는 것을 배우며 소설의 특성을 더욱 잘 이해할 수 있게 됨.

예상 문항 학업역량

'소설가 구보씨의 일일'을 통해 소설의 특성을 잘 이해했다고 했는데 그 내용을 말해 보세요.

출제 이유

이 문항 역시 학업역량과 진로역량을 동시에 평가하고자 한다. 전공과 직접 연관된 과목이기 때문에 생활기록부에 기록된 내용에 대한 정확하고 구체적인 답변 준비가 필요하다.

'목민심서(정약용)'와 '군주론(마키아벨리)'을 읽고, '현대적 관점에서 고전을 재해석하는 활동'에서 문제해결능력과 비판적 사고 및 자기 성찰 계발 역량을 신장함.

예상 문항 진로역량

'목민심서'와 '군주론'을 현대적 관점에서 재해석한 내용을 말해 보세요.

출제 이유

인문학도에게 고전 읽기는 매우 중요하다. 인류 문명의 산물인 고전이 현대적으로 어떻게 재해석 되었는지를 파악하고자 한다. 독서를 하면서 틈틈이 자신의 생각을 기록하고 우리에게 어떤 의미를 주는지 생각해야 한다.

⑧
영어I

My Research Report 활동에서 Joan K. Rowling의 연설 영상을 살펴보고 인간은 경험하지 않고도 배우고 이해할 수 있다는 말에 공감하였으며 상상력이 다른 사람과 공감할 수 있게 해주는 연결고리라는 부분을 새롭게 알게 되었다는 내용으로 발표를 잘함.

예상 문항   진로역량

Joan K. Rowling의 연설 영상을 보고 느낀 점을 말해 보세요.

출제 이유

유명 작가의 연설을 어떻게 받아들이는지, 자신에게 어떤 의미가 있는지를 파악하여 인문학도로서 진로역량을 평가하고자 한다.

⑨
생활과
윤리

바람직한 가치 및 도덕원리에 대한 탐구능력을 바탕으로 올바른 인간상 및 이상적인 사회의 모습을 제시할 줄 알고, 자신의 인격완성을 위한 성찰에 힘씀.

예상 문항   공동체역량

자신이 생각하는 올바른 인간상과 이상적인 사회의 모습을 말해 보세요.

출제 이유

인문학도는 추상적인 내용을 구체적인 내용으로 재해석 하는 능력이 필요한데 이를 확인하고자 한다. 아울러 올바른 인간상과 이상적인 사회의 모습이 구체적으로 어떤 내용인지 그것을 이루기 위해 어떤 노력이 필요한지 확인하여 공동체역량을 평가하고자 한다.

⑩ 독서

진로 독서 활동으로 '젊은이를 위한 문학 이야기'를 소개하고, 작가의 창작 동기나 의도에 무게를 두어 해석하는 것이 작품의 깊고 넓은 의미를 파악하는 데 방해가 된다는 저자의 주장에 공감과 저항의 모순적 감정을 느끼는데, 독자가 스스로 작품의 의미를 찾아내는 것의 의미도 중요하지만, 작자의 생각과 거리가 멀어지면 곤란하지 않은가 하는 점에서 여러 번 고민과 성찰을 하게 되었는데, 작가를 지망하는 입장에서 다양한 작품을 읽으며 성찰을 계속해 보겠다는 다짐을 발표함.

예상 문항 진로역량

'젊은이를 위한 문학 이야기'에서 작가의 주장에 대한 자신의 의견을 말해 보세요.

출제이유

독서에서 작가의 주장에 대한 자신의 의견이 있는지 확인하고자 한다. 역시 전공과 밀접한 과목이므로 생활기록부에 기록된 내용에 대한 정확하고 깊이 있는 면접 준비가 필요하다.

⑪ 확률과 통계

통계학과와 국어국문학과, 문예창작학과의 특징을 조사하여 공통점과 차이점을 벤다이어그램으로 나타냄. 공통점으로 정보를 처리, 분석하는 독해력이 필요하며 사회 문제에 관심이 있음을 제시함. 이 활동을 통해 국어국문학과와 문예창작학과의 차이점에 대해 확실하게 이해할 수 있었으며 문학작품 연구를 할 때 통계를 활용할 수 있음을 서술함.

예상 문항 진로역량

문학작품을 연구할 때 통계를 어떻게 활용하는지 말해 보세요.

출제이유

전공과 연계성이 없어 보이는 과목에서도 전공 연계성을 확인할 수 있다. 생활기록부에는 구체적 기록이 없으므로 이를 사례제시 등을 통하여 구체적으로 답변하기 위한 준비가 필요하다.

'사회문화 현상 탐구하기' 활동에서 '대중문화' 단원과 자신의 진로를 연계하여 '사회 문제와 문학'을 주제로 글쓰기를 함. 사회 문제를 소재로 다룬 문학 작품을 소개하고 우리 사회가 직면한 여러 문제를 다양하게 다룬 문학 작품이 딱딱한 신문 기사보다 더욱 크게 와 닿을 수 있다는 점을 통해 문학 작품이 주는 의미를 돌아보게 되었음을 서술함.

예상 문항　진로역량

사회 문제를 소재로 다룬 문학 작품을 소개하고 어떻게 사회를 반영하고 있는지 말해 보세요.

출제 이유

문학이 사회를 반영한다는 내용은 문학을 전공하는 지원자에게는 매우 중요한 내용이다. 이를 구체적으로 잘 파악하고 있는지, 자신의 의견은 어떤지를 확인하고자 한다.

주제탐구활동에서 '데이비드 흄'을 탐구 주제로 선정하고 활동지를 작성함. 흄 사상의 핵심 개념인 감정과 공감 능력에 대해 일목요연하게 정리하여 서술함. 특히 다른 사람의 행복과 불행을 함께 느낄 수 있는 공감 능력이 도덕성의 기초라고 본 흄의 주장에 동의하며, 사회적으로 유익한 행위에 대해 사회적 시인의 감정을 갖는 것은 공감 능력 때문이라는 부분에 관심을 표명함.

예상 문항　진로역량

데이비드 흄 사상의 핵심 개념인 감정과 공감 능력을 키우는데 문학은 어떤 역할을 할 수 있는지 말해 보세요.

출제 이유

윤리 사상과 문학의 연계성을 이해하고 있는지 확인하고 그에 따른 지원자의 생각을 확인하여 향후 인문학도로서 진로역량을 평가하고자 한다. 인문학을 지원하는 학생들은 여러 가지 윤리적 사상에 대한 자신의 생각을 정리하고 기록해 두면 좋다.

(6)-1 독서활동

예상 문항   진로역량

자신의 진로를 정하는데 가장 큰 영향을 끼친 책을 말해 보세요.

출제 이유

진로역량을 책과 관련지어 구체적으로 답변하는지 확인하고자 출제하였다.

(6)-2 독서활동

독서 활동 예상 문항   진로역량

자신이 읽은 책 중 가장 좋아하는 작품에 대해 말해 보세요.

출제 이유

국어국문학을 전공하고자 하는 지원자는 어떤 책을 가장 좋아하는지, 그 이유는 무엇인
지를 통하여 진로역량을 평가하고자 한다.

(7) 행동 특성 및 종합 의견

예상 문항   진로역량

지원자가 생각하는 가독성이 좋은 글은 어떤 글인지 말해 보세요.

출제 이유

글쓰기에 대한 지원자의 평소 생각을 확인하여 문학도로서 진로역량을 평가하고자 한
다.

(8) 자기소개서

① 1번 문항 독서 연계

'독자들은 무엇을 궁금해할까?'라는 생각으로 평소 글쓰기를 합니다. 소설을 읽다보면 재미있는 소설은 다음 장면이 궁금해지는데 그걸 글쓰기에 반영하려고 노력했습니다.

자기소개서 기반 예상 문항 진로역량

지원자가 읽었던 작품 중 다음 장면이 궁금해지는 소설은 무엇인지 말해 보세요.

출제 이유

자기소개서에서 가장 중요한 문장에 대한 구체적 사례와 근거를 확인하고자 한다. 이를 통하여 평소 소설을 잘 읽었는지, 소설을 읽으면서 지원자는 어떤 작가가 되길 희망하고 어떤 글을 쓰고 싶어했는지를 종합적으로 파악하고자 한다.

② 1번 문항 활동 연계

인문계열 국어국문학과 지망

[자기소개서 일부]

'대중문화 속 비속어, 유행어, 줄임말의 사용'을 주제로 '예능 프로그램'의 언어를 분석하여 방송에서 신조어의 사용은 어느 정도 허용되어야 한다는 주장을 하였습니다. 이는 방송에서 프로그램의 성격에 맞는 언어를 사용하면 좋고 특히 오락성 있는 예능 프로그램 등에서는 어느 정도 유행어, 신조어 등을 허용하며 대중과 공감할 수 있다고 생각했습니다.

자기소개서 기반 예상 문항 학업역량

대중문화에서 유행어, 신조어 등을 일부 허용하는 것에 대한 자신의 의견을 말해 보세요.

출제 이유

방송 등 대중문화에서 유행어, 신조어 등을 허용할지, 허용한다면 어디까지 허용해야 하는지에 대한 구체적 생각을 확인하여 방송작가를 꿈꾸고 있는 지원자의 언어관에 대한 생각을 파악하고자 한다.

라. 영어영문학과 면접 문항

1) 영어영문학과 면접 특징 및 준비

영어영문학과는 영어로 쓰인 문학과 영어라는 언어를 매개로 영어권 사회와 문화에 대한 이해를 심화시키고 인문학도로서 갖추어야 할 분석력, 상상력, 표현력을 함양하는 것을 교육 목표로 삼는다. 영어를 수준 높은 의사소통 도구로 활용할 수 있는 능력을 길러주고, 다양한 재현과 담론의 창을 통해 세상과 '나'를 성찰하게 함으로써, 세계 속의 한국, 한국 속의 세계를 이끌어갈 지식인과 지도자를 양성하는 것 또한 우리가 목표하는 바이다.(출처: 서울대학교 영어영문학과 홈페이지) 이런 목적에 맞게 영어영문학과에서는 영어와 영문학을 중심으로 공부하고 각 학문 영역의 역사, 변천 과정과 현대적 가치를 탐구한다. 면접을 통하여 세계적 언어로 자리매김한 영어의 소통 능력과 영미권 문학에 대한 이해를 바탕으로 영어를 사용하는 사람들의 문화를 이해하는 능력을 평가하고자 한다.

이 책에서는 영어영문학과 면접 특징에 맞게 생활기록부와 자기소개서를 이용하여 추출한 면접 문항과 출제 의도를 제시하고자 한다. 이를 통하여 학생 스스로가 생활기록부와 자기소개서를 분석하여 영어영문학과에 맞는 면접 문항을 만들 수 있고 입시에 바로 적용할 수 있다. 많은 도움이 되길 바란다.

(1) 수상실적

1학년 : 토론대회(장려상) / 표창장(모범상)
2학년 : 표창장(봉사상) / 토론대회(최우수상)
3학년 : 외국소개포스터그리기(우수상)

예상 문항 진로역량

토론대회에서 최우수상을 수상하였는데 그 내용을 말해 보세요.

출제 이유

학교생활기록부에 기록된 토론대회에 대한 구체적 내용을 확인하고자 한다. 어떻게 준비했고, 주제는 무엇이며, 자신의 주장과 상대방의 주장 및 근거는 무엇인지, 토론을 통해 배우고 느낀 점은 무엇인지 파악하고자 한다.

(2) 자율활동

교내 축제 준비위원으로 전인교육 차원의 다양한 동아리 활동을 통하여 익힌 재능과 개인의 잠재적인 특기를 발휘할 수 있도록 공연 오디션을 심사하고 영상을 편집하는 등 적극적으로 참여함. '행사계획과 축제계획'을 주제로 한 학생자치회 대의원회 정기회의에 학생회로서 참여하여 학급 건의 사항을 포함하여 학생들의 의견수렴, 의사결정, 참여와 실천 등의 자치활동 자세에 대해 배움. 학생회를 행사를 마무리하고, 새 학기를 계획하는 교장 선생님과의 대화에서 배우고 나누며 더불어 행복한 학교를 위한 토의 활동에 참여함.

예상 문항 공동체역량

학생자치 활동 중 가장 기억에 남는 활동을 말해 보세요.

생활기록부에 기록된 내용은 한계가 있다. 면접을 통하여 구체적으로 어떤 활동을 하였고, 이를 통하여 여러 의견을 어떻게 수렴하고, 자신의 의견이 어떻게 반영되었는지를 확인하여 공동체역량을 평가하고자 한다.

(3)-1 동아리활동

명사 초청 강연 사이트 중 자신의 진로인 번역가와 관련하여 '새로운 언어를 배워야 하는 이유'의 강연을 영어로 시청하고 유창한 영어로 새로운 언어를 배움으로써 지역색을 벗어나 세계적인 시각을 가질 수 있고 또한 자신과 다른 언어를 사용하는 사람들의 다양한 시각과 의견들을 들을 수 있다는 점을 들어 긍정적으로 의견을 표현함.

예상 문항 진로역량

새로운 언어를 배움으로써 지역색을 벗어나 세계적인 시각을 가질 수 있다고 했는데 그 이유를 말해 보세요.

출제 이유

활동에서 자신이 주장했던 내용에 대한 근거를 구체적으로 제시할 수 있는지 판단하여 자신의 의견을 효과적이고 설득력 있게 전달할 수 있는지 등 의사소통 능력을 평가하고자 한다.

(3)-2 동아리활동

진로탐색토론활동에서 '4차 산업혁명과 인문 소양 교육의 필요성'이라는 주제로 탐구활동을 전개함. 급속히 변화하는 시대에서 상대적으로 순수인문학은 소외되고 있다는 견해를 밝히면서, 인생의 좌표를 이해하기 위해서는 과거를 통해 반성하고 미래를 조망하는 능력이 필요한데 이러한 능력은 인문학을 통해 배양할 수 있음을 주장함.

진로역량

최근 순수인문학이 소외되고 있는데 인문학의 필요성과 인문학 소외 현상을 극복할 방안을 말해 보세요.

출제 이유

인문학 관련 전공 지원자가 평소 생각해야할 문제이고, 지원자가 인문학 소외 현상의 문제점을 파악하고 이를 극복할 방안이 있는지를 판단하려고 한다.

(4)-1 진로활동

'희망학과 소개하기'를 주제로 영어영문학과나 통번역학과에 관심을 가지게 된 계기에 대해 발표 수업을 진행함. 국제 구호 단체에 정기적으로 후원활동을 하면서 후원 단체에서 맺어준 결연 아동이 편지를 쓰면 관련 종사자들이 현지에서 영어로 번역하고, 그걸 다시 한국에서 한국어로 번역하여 후원자의 집으로 배송된다는 과정을 알게 된 후 영어를 번역하는 일에 관심을 갖게 됨. 그 후 영어 동화책을 번역하는 봉사활동에 참여하면서 자신의 꿈과 희망 진로를 결정하게 되었다고 소개함.

예상 문항 진로역량

영어 동화책을 번역하는 봉사활동에 참여한 내용을 말해 보세요.

출제 이유

지원자의 희망 진로와 연관하여 실제로 동화책을 번역한 내용에 대한 구체적 사실을 확인하고자 한다. 어떤 책을 번역했는지 번역과정에서 어려웠던 점은 없었는지 활동을 통해 배운점 등을 구체적으로 파악하고자 한다.

(4)-2 진로활동

진로주제탐구 수업에서 '영미권 문화가 우리나라에 끼친 영향'을 주제로 발표 수업을 함. 영미권 문학의 발전 과정과 특징을 시대순으로 구분하여 표를 통해 이해하기 쉽게 설명해 줌. 또한 영문학과 국문학의 공통점과 차이점, 영미권 문화가 우리나라에 끼친 영향에 대해서도 일목요연하게 정리하여 발표함.

예상 문항 학업역량

영미권 문화가 우리나라에 끼친 영향이 무엇인지 말해 보세요.

출제 이유

생활기록부에 기록된 내용에 대한 구체적 사실을 확인하고자 한다. 활동한 내용에 대한 구체적 내용을 답변해야 하고 이를 위해선 활동에 대한 핵심 내용을 기록해 두어야 한다.

(5) 세부 능력 및 특기 사항

① 한국사

현대 외교정책에 관심이 많은 학생답게 '고종의 외교정책'을 주제로 발표 수업을 진행하면서 기존의 고종에 대한 평가와 자신만이 내리는 고종의 평가를 비교함.

예상 문항 학업역량

고종의 외교정책에 대해 기존의 평가와 자신만의 평가를 비교하여 말해 보세요.

출제 이유

수업에서 더 깊이 공부한 내용이 생활기록부에 적혀 있지만 구체적인 내용이 없어 이를 확인하고자 한다. 특히 기존의 평가와 자신의 평가가 무엇인지 이를 통하여 어떤 역사의식의 가지고 있는지 판단하려고 한다.

② 국어
정보전달 말하기 활동에서 번역가를 소재로 자진하여 발표함. 번역가가 하는 일, 번역가의 종류, 유명 번역가 되는 방법과 관련 자격증 등을 설명하였음.

예상 문항 진로역량

번역가에게 요구되는 가장 중요한 능력은 무엇이고 이를 키울 방법은 무엇인지 말해 보세요.

출제 이유

지원자의 진로역량과 관련하여 가장 중요한 질문이다. 이를 통하여 지원자의 진로에 대한 이해와 현재 노력 과정을 평가하고자 한다.

③ 통합 사회
'한 문화를 다른 문화로 옮기는 작업'이라고 스스로 정의하고 각 문화를 꿰뚫지 않는다면 언어적 능력이 좋아도 문화를 이해하기 어렵다는 점을 강조하여 발표함.

예상 문항 진로역량

지원자는 번역을 '한 문화를 다른 문화로 옮기는 작업'이라고 스스로 정의하였는데 그 의미를 설명해 보세요.

출제 이유

번역이라는 추상적 개념을 구체적 내용으로 정의한 과정과 이유를 확인하여 희망 전공에 대한 이해 정도를 평가하고자 한다.

④ 언어와 매체

단어를 의미, 형태, 기능에 따라 9품사로 나눠서 쉽게 암기하는 자신만의 방법을 창의적으로 만들어 품사송이란 제목의 노래를 만들어 부름.

예상 문항 학업역량

언어와 매체 시간에 만들었던 '품사송'을 한소절 불러보고 그 의미를 말해 보세요.

출제 이유

수업 시간에 배운 내용을 자신의 것으로 어떻게 소화하고 있고 체계화하고 있는지를 판단하여 학업역량과 소통 능력을 평가하고자 한다.

⑤ 문학

고전문학 작품 속에 드러난 당시 사회의 현실과 인물들의 가치관을 파악하고 오늘의 현실과 관련지어 생각해 볼 줄 아는 감상력을 지니고 있음. 특히 '어부사시사(윤선도)'를 학습한 후, 연시조의 형식과 정서의 표출 방식 등을 변용하여 패러디 작품을 창의적으로 작성하여 발표함.

예상 문항 학업역량

고전문학 작품 속 사회 현실이 오늘의 현실과 어떤 관련이 있는지 말해 보세요.

출제 이유

문학이 당시 사회를 반영한다는 점을 어떻게 인식하고 있는지 특히 고전 작품이 현재에 어떤 의미를 가지는지에 대한 생각을 확인하여 인문학적 소양을 평가하고자 한다.

⑥ 영어I

픽처북 한 권을 선정하여 그 속에 나오는 일러스트 그림으로 이야기를 재구성하는 학습에서 발표자의 역할을 맡아 팀원들의 생각을 종합하여 정리하고 재구성된 이야기에 맞게 그림을 재배열한 후 한 편의 스토리가 되도록 잘 발표함.

학업역량

픽처북에 나오는 그림으로 이야기를 재구성하는 학습에서 자신의 역할에 대해 말해 보세요.

출제 이유

통번역가를 희망하는 지원자의 영어를 활용하는 능력을 평가하고자 한다. 전공 적합성과 매우 관련이 크기 때문에 영어I 시간에 활동한 내용을 구체적으로 답변할 필요가 있다.

⑦
실용
영어

Math Beyond Careers 단원을 학습한 후 문제해결력을 주제로 Marvin Redpost Why Pick on Me(Louis Sachar)를 읽고 주인공 Marvin이 처한 상황을 해결할 구체적 방법과 예상되는 결과를 6컷의 만화로 잘 표현하였으며 스토리 구성과 표현 능력이 매우 우수함.

예상 문항 학업역량

실용 영어 시간에 Marvin Redpost Why Pick on Me(Louis Sachar)를 읽고 6컷 만화로 표현했는데 그 내용을 말해 보세요.

출제 이유

역시 통번역가를 꿈구는 지원자의 영어 학습에 대한 능력을 평가하고자 한다. 특히 원서를 읽고 이를 요약하고 만화 등 다른 방법으로 표현한 활동에 대해 구체적으로 답변하여 학업역량 및 진로역량을 표현하도록 한다.

⑧
세계
지리

한편 영국의 브렉시트 진행 상황을 찾아보고 이에 대한 자신의 견해 및 대안을 제시해 보는 등 지역 탐구를 통해 지리적 지식수준을 높이게 됨.

예상 문항 학업역량

영국의 브렉시트에 대한 자신의 의견을 말해 보세요.

출제 이유

세계적 이슈인 시사 문제에 대해 지원자는 어떤 생각을 가지고 있는지 판단하여 인문 및 사회적 소양을 평가하고자 한다.

⑨
생활과
윤리

'국제 분쟁의 해결과 평화' 단원을 미리 탐구하고 학습하여 학급 친구들을 대상으로 윤리 수업을 진행함. 수업 초반에 사드 배치와 관련된 영상을 보여주고 다양한 이해관계가 얽혀있는 국제 분쟁의 문제를 소개함. 많은 노력과 정성이 돋보이는 피피티 자료를 통해 수업을 준비 및 진행하였으며, 전체적으로 재미있고 깔끔한 구성의 수업을 완성하여 친구들의 호응을 얻음.

예상 문항 학업역량

우리나라에 사드를 배치한 것과 관련하여 어떤 이해관계가 있는지 자신의 생각을 말해 보세요.

출제 이유

찬반 논란이 예상되는 사회적 이슈에 대해 지원자의 의견을 통하여 분석력 및 논리성을 판단하고자 한다. 이런 문제는 정답을 정하기 어려우므로 자신의 주장을 논리적 근거로 표현할 수 있게 준비해야 한다.

⑩
독서

영국의 언어인 '영어'가 아메리카 대륙에 상륙해 영미문학을 다채롭게 발전 시킬 수 있었던 점을 중심으로 영미문학의 발전 과정을 통시적으로 분석하 여 발표함.

예상 문항 학업역량

영미 문학의 발전 과정을 말해 보세요.

출제 이유

영어영문학과를 희망하는 지원자의 영문학에 대한 지식과 이해의 정도를 측정하여 학업 역량을 평가하고자 한다.

⑪
확률과 통계

확률과 통계 관련 탐구에서 '공문서의 영어 한자 오남용 실태'를 주제로 공 문서에 사용된 영어와 한자에 관한 통계자료를 분석하면서 통계를 통해 한글로 표현해도 되는 것을 영어와 한자로 쓰는 것이 생각보다 많음을 알 았고 자신의 진로인 통번역가가 되어서 올바른 영어의 쓰임새에 관심을 가 지고 한글과 영어의 소통이 잘 될 수 있도록 연구를 하고 싶다고 발표함.

예상 문항 학업역량

'공문서의 영어, 한자 오남용 실태'를 조사하면서 어떤 문제가 있었고 이를 해결할 방안은 무 엇인지 말해 보세요.

출제 이유

영어 활용이 중요한 시대이지만 우리말과 우리글에 대한 이해와 바른 사용도 함께 중요하 다. 지원자의 활동을 통하여 분석력 및 문제해결력을 평가하고자 한다.

⑫
영어
독해와
작문

자신이 영어에 더 관심을 갖고 독해력을 향상시킬 수 있었던 방법으로 원서번역 봉사 경험을 꼽고, 어휘와 문장구조를 넘어 다른 나라의 문화까지 알아가는 과정이 즐거웠으며, 언어와 문화를 뗄 수 없음을 깨달았다는 내용을 발표하여 큰 호응을 얻음.

예상 문항 학업역량

언어와 문화는 뗄 수 없음을 깨달았다고 했는데 그 내용을 말해 보세요.

출제 이유

생활기록부에 추상적으로 기록된 내용만으로는 지원자의 구체적 활동을 확인할 수 없다. 특히 지원 전공과 밀접히 관련된 활동이므로 구체적 확인이 필요하다.

⑬
사회
문화

다른 나라의 언어와 문화에 관심이 많아 문화 변동 단원에 흥미를 가지고 수업에 참여함. 문화 동화와 문화 병존, 문화 융합의 예를 우리나라의 사례에서 찾아 정리함.

예상 문항 학업역량

사회문화 시간에 공부한 문화 동화와 문화 병존, 문화 융합의 예를 우리나라의 사례에서 찾아 정리했다고 했는데 그 내용을 말해 보세요.

출제 이유

생활기록부에 기록된 활동의 결과에 대한 구체적 내용을 확인하고자 한다. 이를 통하여 학업역량을 평가하고자 한다.

미국의 홍콩에 대한 특별 대우인 미국산 군사장비 수출 종료 및 미국 국방
이중용도기술에 대해 중국과 같은 수준으로 제한 시행 및 홍콩인에 대해
중국인에 준한 비자 발급 시행하고 추가 관세를 부여하는 여러 미국의 조
치를 정리하며 미중 관계와 국제 정세에 대해 생각해보는 기회를 가짐.

예상 문항 진로역량

최근 미중 관계와 국제 정세에 대한 자신의 의견을 말해 보세요.

출제 이유

국제 문제에 대한 지원자의 인식과 의견을 확인하고자 한다. 이를 통하여 분석력, 논리력을
평가하고자 한다.

(6)-1 독서활동

예상 문항 진로역량

자신의 진로를 정하는데 가장 큰 영향을 끼친 책을 말해 보세요.

출제 이유

진로역량을 책과 관련지어 구체적으로 답변하는지 확인하고자 출제하였다.

(6)-2 독서활동

예상 문항 진로역량

자신이 읽은 책 중 다른 사람에게 꼭 소개하고 싶은 책이 있다면 말해 보세요.

출제 이유

인문 계열 지원자에게 독서는 매우 중요한 활동이다. 그동안 읽었던 모든 책의 내용을 다
기억할 필요는 없지만 중요하다고 생각하는 책에 대해서는 그 내용과 그 책을 읽고 느낀
점 등 완벽히 소화할 필요가 있다. 이를 확인하고자 출제하였다.

(7) 행동 특성 및 종합 의견

예상 문항 공동체역량

학급 임원 활동을 통하여 학급을 위해 노력했던 활동을 말해 보세요.

출제 이유

공동체를 위하여 어떤 일을 했는지를 확인하는 것은 매우 중요하다. 특히 활동에 대한 지원자의 뚜렷한 소신 및 노력 과정을 구체적으로 확인하여 공동체역량을 평가하고자 한다.

(8) 자기소개서

> ① 1번 문항
>
> 이런 활동들을 통해 우리 문학을 외국에 널리 보급시키기 위해 영어영문학과에 진학하고자 합니다. 그동안 영어를 통하여 그들의 문화를 배우고 이해했다면 앞으로는 우리의 문화를 널리 알리는 데 영어를 사용하고 싶은 꿈을 가지고 있습니다. 세계의 문화를 우리에게 우리의 문화를 세계에 널리 알려 우리는 물론 세계의 문화 발전에 공헌하는 것을 목표로 준비하겠습니다.

자기소개서 기반 예상 문항 진로역량

통번역가가 되어 우리 문화를 세계에 널리 알리고 싶다고 했는데 가장 먼저 알리고 싶은 우리 문화는 무엇인지 말해 보세요.

출제 이유

자기소개서에 나타난 자신의 포부를 구체적으로 확인하여 희망진로와 전공에 맞는 학생인지 판단하고자 한다.

② 2번 문항	1학년 때 학생문화부 부원으로 축제에서 공연을 기획하였고 특히 여러 팀이 참가하는 오디션을 준비하여 공연 당일 원활한 진행을 위해 노력했습니다.

자기소개서 기반 예상 문항 　공동체역량

축제 공연 기획에서 자신의 역할에 대해 말해 보세요.

출제 이유

자기소개서에 쓴 내용은 고등학교 활동에서 가장 중요하다고 지원자가 생각하는 내용이다. 이를 확인하여 지원자가 생각하는 가장 중요한 활동이 무엇이고 그 과정에서 어떤 점을 배우고 느꼈는지를 파악하고자 한다.

 맺음말

대입 선발 방법은 다양하다. 하지만 결국 학생부 위주(교과, 학생부종합전형)와 수능 위주로 크게 나눌 수 있다. 학생부 위주의 학생부종합전형은 단순 내신 성적만이 아닌 고교 3년간 이루어진 모든 학습 및 활동 경험을 '종합적'으로 평가한다. 여기서 '종합적'으로 평가한다는 말이 사실 와닿지 않는다. 도대체 무엇을 어떻게 평가한다는 말인지 막연하고, 실제 '가보지 않은 길'에 대한 두려움이 있어 막상 무엇을 할 것인지 막막한 것이 현실이다.

중학생 및 고등학교 1학년의 경우 경험이 없어서 학생부종합전형 대비가 어렵다. 이 점은 이해가 가는 부분이다. 하지만 고등학교 2, 3학년의 경우에도 막상 자신이 제대로 준비하였는지, 앞으로 무엇을 어떻게 할지 어려운 것은 똑같다. 이때 '학생부종합전형은 무엇이며, 이렇게 준비해야 한다.'는 코치를 누군가 해준다면 준비하는 학생에게는 좋은 일이지만, 현실적으로 개별적 지도받기가 쉽지 않다.

사람은 어떤 문제를 해결하기 어려울 때, '선례', '사례', '판례', '경험담' 등으로 표현되는 구체적 경험을 참고(벤치 마킹)한다. 그래서 '모방은 창조의 어머니'라는 말도 있다.

머리말에서 말하였듯이, 이 책은 학생부종합전형을 준비하는 학생들에게 다양하고 구체적인 정보를 제공하기 위해 기획되었다. 계열 선택, 학생부 로드맵, 교과 선택, 과제 탐구, 세특 대비 및 자소서, 면접 준비까지 학생부종합전형에서 필요한 모든 요소를 계열에 맞게 한꺼번에 기록하였다. 특히 구체적인 사례를 통하여 독자에게 단계별 필요한 내용을 속 시원하게 알려주고자 하였다.

학생부종합전형 준비에 정답은 없다. 책에서 제시한 방법과 사례도 정답이라고 할 수 없다. 원래 정답이 존재하지 않기 때문이다. 하지만 '막연함'을 넘는 실마리를 얻을 수 있다. 이를 바탕으로 계획을 세우고 실천할 수 있는 계기를 만들 수 있다. 또한, 학생부종합전형 준비에 자신감을 가진 학생도 이 책을 통하여 자신의 준비 과정을 점검할 수 있다.

맺음말까지 읽은 독자는 학생부종합전형을 위해 무엇을 준비해야 하고, 실천할지 구체적으로 생각해야 한다. 그동안 자신의 준비 과정과 비교해 보면서 더 관심 있는 부분 및 미흡했던 부분이 있다면, 다시 보기를 추천한다. 그곳에서 더 얻을 수 있고 더 발전시킬 수 있는 내용은 무엇인지 생각하고, 실천하며, 기록하기를 바란다. 그러한 활동 모두가 '학생부종합전형 준비' 과정이다.

마지막으로 책을 읽으며 자신의 목표를 향해 걸어가고 있을 독자 여러분에게 큰 도움 되길 바라며, 응원한다.

저자 일동

선생님을 돕는 에듀테크 '꿈구두 교육'
진로, 진학, 미래, 학습 분야 베스트셀러 추천도서

합격한 학생들의 학생부 엿보기

합격생들이 가장 많이한 활동 합격생들의 창체기록과 교과 세특 합격생들의 교과선택과 기록 워크북

선생님, 컨설턴트분들의 비밀 지도서

진로(직업), 진학(입시) 기반 활동 매뉴얼
공부실력 높이는 지도 전략 진학의 기초와 합격하는 입시 지도전략

고등학교 1, 2, 3학년 공부의 모든것

공부가 안된 이유 10가지 학년별 공부 끝내기
과목별, 점수대별 성적 올리기 내신, 모의고사 공부의 모든 전략

학생부와 성장의 꽃! 과제탐구

과제 탐구는 누구나, 어디서든 가능한 방법 제시
나만의 과제탐구 주제잡기 수행평가, 발표활동에서 뽐내기 전략과 차별화 세특작성

이제는 합격 수기다! 자소서 끝판왕

종합 전형의 합격 수기!
자소서로 종합전형 로드맵을 구성하라 따라만하면 나만의 자소서 완성! 모든계열의 활동 연결과 기록비법

면접끝 기본

면접 준비의 정석을 알려주는 기본편 이것 하나면 면접준비 혼자서도 할 수 있다!

면접끝 심화

특수대, 교대, 의대 MMI, 제시문기반면접 제대로 준비할 수 있는 심화면접 준비서.
계열별 전문가의 예시답변 수록

중학 생활의 모든것!

중1 자유학기제 진로성장 전략
중2 평가가 시작 성적올림 전략
중3 고입, 대입의 시작! 나의 입시 전략을 세우는 시간
고교 학점제 완벽 대비

영어 내신과 최저 전략서

영어에서 자주 틀리는 원인과 해법 헷갈리는 구문, 어휘, 어법 깨기
수행 평가, 수능 듣기, 독해의 약점 극복과 1등급 준비서

국어 내신과 최저 전략서

오답 빈도가 높은 국어 문제 분석과 솔루션으로 오답이 강점으로 탈바꿈!
수행평가, 수능 국어의 핵심 개념 학습

수학 내신과 최저 전략서

수포자눈물닦아주기 프로젝트 왜 수학을 포기 하는 지 알고, 극복! 수포자 유형별, 극복 전략, 점수 업로드!

교육학 수업의 바이블

교육학 교양과목을 즐겁게!
교육학과 실제교육의 연결스토리 논술, 면접문항으로 활동 극대화 학생과 함께 토론하고 참여하는 수업 교재

소프트웨어 수업의 종합지침서

초, 중, 고를 잇는 SW, IT, AI 수업과 활동이 이 한 권으로 완성! 자기 주도로 준비 하는 솔루션 전략으로 특기자 전형, 종합 전형 합격

인문, 사회, 자연, 공학, 의생명, 교육 편

A-Z 각 계열의 최고 바이블 계열 선택에서 과제연구, 세특 자소서, 최종 면접까지 학교생활의 끝판왕 계열합격 끝판왕

20대를 시작하는 너에게

새내기대학생 상황별 생활가이드 20대는 처음이지? 21세기 사회 생활트렌드 분석한 나만의 자기계발서

교육너머 교육을 기획하는 사람들!

어떻게 살 것인가 : 성장 하지 않는 다면 결코 만족할 수 없을 것이다!
역량 성장과 도전을 위한 실전 가이드

AI 기반의 온라인 학생 컨설팅상담 프로그램
My Best 진로, 진학, 미래, 학습

고등 My Best 1. 실력
계열성향검사

계열성향 검사로 나에게
맞는 계열 파악 나의 계열에
따른 직업, 학과 나의 계열에
따른 활동 전략

고등 My Best 2. 실력
학생부 로드맵

나의 학생부 준비 점수 분석
점수별 학생부 보완 활동
전략 나의 계열별 학교 활동
솔루션

고등 My Best 3. 실력
합격 공부

학년별, 점수대별 나만을
위한 공부코치 국영수, 사과
내신준비의 모든것 국영수,
사과 수능준비의 모든것

고등 My Best 4. 실력
3색줄 독서 솔루션

나의 독서 능력분석과 향상
전략 진로 독서와 노벨상
수상자의 딥다이브 독서법
3색줄 독서전략으로 심층독서

고등 My Best 5. 실력
합격 과제탐구

과제탐구 준비도를 파악하라!
마베대로 따라하면, 과제탐
구 끝 워크시트를 채우며 작
성하는 코칭

고등 My Best 6. 입시
합격 대학&전형

현재 내신&모의고사 기반 입시
컨설팅 고 1, 2학년의 대학과
전형 다지기 컨설팅 고3의
마지막 전략 완성 컨설팅

고등 My Best 7. 입시
합격 교과선택

고교학점제 기반의 학과별
필수 선택 학과3개의 교과
선택과 교과정보 우리학교
교육과정에 없는 교과 해결법

고등 My Best 8. 입시
합격 학생부

합격생들이 가장 많이한 활동
합격생들의 창체기록과 교과
세특 합격생들의 교과선택과
기록 워크북

고등 My Best 9. 입시
합격 자소서

종합전형의 합격 수기!
자소서로 종합전형 로드맵을
구성하라 챕터별로 따라 하면
나만의 자소서 완성

고등 My Best 10. 입시
합격 교과선택

꼭 준비해야하는 반출20개
질문 학교별 기출 빅데이터
자료 답변 예시와 개인화하는
방법

중학 My Best 11, 12 중학
중학계열성향검사
공부 끝판왕

고교학점제 준비는 계열파악이
먼저! 계열별 학교활동 로드맵
과목별 공부접근법, 방법 알기
플래너로 시간을 내가 관리

중학 My Best 13. 중학
고입 & 대입가이드

고교 선택전략! 일반고 vs
특목고 나의 자존감, 회복
탄력성을 읽어라 각 학교의
특징과 준비 방법 익히기

역량 My Best 14, 15 역량
미래역량 창의성 솔루션
미래역량 리더십 솔루션

나의 리더십과 창의성 역량
지수를 파악 실행할수 있는
리더십 역량 계발 창체활동
역량을 키우는 방법

역량 My Best 16, 17 역량
미래역량 문제해결 솔루션
미래역량 소통 솔루션

나의 문제 해결과 소통 역량
지수를 파악한다 세특의 핵심
문제해결력 키우기 소통역량
을 높이는 방법을 계발

역량 My Best 18, 19 역량
미래역량 프로젝트 솔루션
미래역량 전략적사고 솔루션

나의 프로젝트와 전략적사고
역량지수를 파악한다
프로젝트 역량을 올리는 방법
전략적사고 역량을 키우는 방법

AI 기반의 온라인 학생 컨설팅상담 프로그램
고등학교 3개년 성장 플랜(연간 커리큘럼)

1학년

1학기			2학기		
3월 1주 학기별 지도계획 안내 3주 계열검사 (마베1)	**4월** 1주 계열검사 직업·학과구성(마베1) 3주 학생부가이드 (마베2)	**5월** 1주 학교알리미 학교 운영 계획서 기반·학생부 로드맵(마베2) 3주 합격공부법 (마베3)	**9월** 1주 대학 및 전형 (1학년 1학기 기준) (마베6) 3주 모의고사 약점 분석 (입시네비)	**10월** 1주 합격 학생부 (마베8) 3주 교과선택(마베7)	**11월** 1주 합격 공부법 (마베3) 3주 학습플래너 (입시네비)
6월 1주 학교교육과정 기반교과선택(마베7) 3주 학습플래너 (입시네비)	**7월** 1주 독서 (마베4) 3주 독서발표 (마베4)	**8월** 1주 과제탐구 (마베5) 3주 과제탐구 주제 잡기·레퍼런스 정하기(마베5)	**12월** 1주 자소서(합격수기) (마베9) 3주 자소서 써보기 (마베9)	**1월** 1주 과제탐구 2학년 준비(마베5) 3주 진로 독서 (마베4)	**2월** 1주 대학 및 전형 (1학년 2학기 기준) (마베6) 3주 모의고사 약점 분석(입시네비)

2학년

1학기			2학기		
3월 1주 역량검사 (전략적사고)(마베19) 3주 역량검사 (프로젝트)(마베18)	**4월** 1주 대학 및 전형 - 1학년 2학기 기준 (마베6) 3주 공부법 (마베3)	**5월** 1주 학생부가이드 (마베2) 3주 학습플래너 (입시네비)	**9월** 1주 대학 및 전형 - 2학년 1학기 기준 (마베6) 3주 모의고사 약점 분석(입시네비)	**10월** 1주 교과선택 (마베7) 3주 수시판단 (입시네비)	**11월** 1주 공부법 (마베3) 3주 합격 학생부 (마베8)
6월 1주 교과선택 (마베7) 3주 독서 (마베4)	**7월** 1주 과제탐구 <키워드탐구하기> (마베5) 3주 학습플래너 (입시네비)	**8월** 1주 역량검사 (소통) (마베17) 3주 역량검사 (문제해결)(마베16)	**12월** 1주 자소서(합격수기) (마베9) 3주 자소서써보기, 학생부연계 (마베9)	**1월** 1주 면접 경험 (마베10) 3주 학습플래너 (입시네비)	**2월** 1주 수시판단 (입시네비) 3주 모의고사 약점 분석(입시네비)

3학년

1학기			2학기		
3월 1주 역량검사 (창의성)(마베15) 3주 역량검사 (리더십)(마베14)	**4월** 1주 대학 및 전형 - 2학년 (2학기 기준)(마베6) 3주 수시판단 (입시네비)	**5월** 1주 학생부가이드 (마베2) 3주 합격 학생부 (마베8)	**9월** 1주 모의고사 약점 분석(입시네비) 3주 면접실습 (마베10)	**10월** 1주 공부법 (마베3) 3주 정시판단 (입시네비)	**11월** 1주 면접 최종 (마베10) 3주 정시판단 (입시네비)
6월 1주 과제탐구 <키워드추가, 탐구추가> (마베5) 3주 과제탐구마무리 (마베5)	**7월** 1주 자소서마무리 (마베9) 3주 면접 이해 (마베10)	**8월** 1주 자소서 (마베9) 3주 수시판단 (입시네비)	**12월** 1주 정시판단 (입시네비) 3주 정시판단 (입시네비)		

* 학교와 학생의 요구에 따라, 제공되는 프로그램은 조정이 가능합니다.

계열 합격 끝판왕
인문계열

초　판 1쇄 발행 2022년 8월 15일
초　판 2쇄 발행 2023년 8월 15일

기　획　　정동완
지은이　　박상철 백광일 김형준 이범석 최희원 김홍겸 김재형 장희재
펴낸이　　꿈구두
펴낸곳　　꿈구두
디자인　　안혜숙 Moi N-Design

출판등록　2019년 5월 16일, 제 2019-000010호
블로그　　https://blog.naver.com/edu-atoz
이메일　　edu-atoz@naver.com
ISBN　　979-11-91607-27-7
　　　　　979-11-91607-29-1(세트)

책값은 표지 뒤쪽에 있습니다.
파본은 구입하신 서점에서 교환해드립니다.